"十四五"国家重点出版物出版规划项目

川西北生态示范区国土空间规划研究

裴新生 肖达 黄建中 编著

·上海·

图书在版编目（CIP）数据

川西北生态示范区国土空间规划研究 / 裴新生，肖达，黄建中编著. —上海：同济大学出版社，2024.7
 ISBN 978-7-5765-1179-6

Ⅰ.①川… Ⅱ.①裴… ②肖… ③黄… Ⅲ.①国土规划—研究—四川 Ⅳ.① F129.971

中国国家版本馆 CIP 数据核字（2024）第 105687 号

"十四五"国家重点出版物出版规划项目
国家重点研发计划"国土空间优化与系统调控理论与方法"项目（编号：2022YFC3800800）

川西北生态示范区国土空间规划研究
裴新生　肖　达　黄建中　编著

责任编辑　由爱华　金　言
责任校对　徐逢乔
封面设计　张　微

出版发行	同济大学出版社　www.tongjipress.com.cn	
	（地址：上海市四平路1239号　邮编：200092　电话：021-65985622）	
经　销	全国各地新华书店、建筑书店、网络书店	
排版制作	南京文脉图文设计制作有限公司	
印　刷	上海安枫印务有限公司	
开　本	787mm×1092mm　1/16	
印　张	16.25	
字　数	406 000	
版　次	2024年7月第1版	
印　次	2024年7月第1次印刷	
书　号	ISBN 978-7-5765-1179-6	
审 图 号	川S【2024】00088号	
定　价	168.00元	

版权所有　侵权必究　印装问题　负责调换

编委会

主　　编：裴新生　肖　达　黄建中

编　　委：钱　慧　刘振宇　王永峰　朱介鸣　颜文涛　王　颖　赵　炜
　　　　　何　飞　彭伟辉　黄　华　赖楚杨　傅　鼎　关颖彬　蒋秋奕
　　　　　宗立阳　周于明晓　康晓娟　余向克　黄中杰　李绪刚
　　　　　杨　铭　赵　川

主编单位：上海同济城市规划设计研究院有限公司

参编单位：四川省国土科学技术研究院（四川省卫星应用技术中心）
　　　　　四川大学
　　　　　四川省社会科学院

序言

将主体功能区规划、土地利用规划和城乡规划融合为统一的国土空间规划,建立国土空间规划体系并监督实施,是国家面向生态文明时代推进空间治理现代化,对空间规划制度进行改革的顶层设计。这是一项系统工程,规划编制技术体系的构建是重要基础,离不开地方实践探索。本书正是在这样的背景下应运而生,对川西北生态示范区的国土空间规划编制的技术路线进行了深入探索,具有较高的学术价值和实践意义。

川西北生态示范区是我国少数民族地区的典型代表。我国的少数民族地区一般具有以下三个方面的特征:第一是在地理分布上与生态脆弱区高度耦合,地广人稀、资源富集、文化多样。第二是在国家生态安全格局中具有突出地位,面临着生态退化问题,发展与保护存在冲突。第三是对自然资源依赖性强,经济社会发展水平低,自我发展能力弱。这些特征在川西北生态示范区都十分明显。

川西北生态示范区全域面积23.3万平方千米,生态空间量大面广,人居空间占比仅在0.3%左右,自然资源丰富,多种资源人均占有量均高于全省乃至全国平均水平,文化多样性特征丰富,藏族、羌族、彝族等多民族集聚,藏羌彝民族走廊和茶马古道两条重要文化廊道穿越而过,拥有众多的文化遗产,受复杂地形地貌的影响,人居空间分布十分零散;川西北生态示范区在国家生态安全格局中承担着水土保持、生物多样性维护等多重战略作用,但同样面临着生态退化问题,在气候变化和人为活动的影响下,生态退化趋势越来越明显,局部地区的生态问题十分严重。尽管川西北生态示范区有着丰富的资源禀赋和独特的风貌景观,但整个地区经济总量约占四川省的1.4%,人均GDP约为全省平均水平的58.7%,地方发展诉求强烈,但发展动力不足,保护与发展之间的矛盾冲突越来越大。

本书对川西北生态示范区国土空间规划的研究重点聚焦两个难题:一是国土空间规划如何支撑少数民族地区的可持续发展;二是省级次区域层面的专项规划在整个规划体系中应发挥的作用。

民族地区的可持续发展应该以生态文明为导向,落实主体功能区战略,选择合理的城镇化模式和路径,通过对国土空间开发保护格局的优化调控,提升空间治理能力,实现高质量发展。基于这一导向,川西北生态示范区国土空间规划在编制中针对其空间特征与突出问题,在规划理论与方法方面进行了系统探索和创新:在一般"双评价"技术路线上有针对性地优化了评价维度、内容和指标,设计出一套针对这类地区、体现地域特色的空间本底评价方法;针对地广人稀、生态保护与发展冲突的问题,提出"大分散、小集聚"的空间格局优化思路和"三增三减"的优化策略;重点关注生态空间优化的思路,从生态战略功能保障、生态服务功能提升、生态资源价值转换等几个方面探索大尺度生态空间格局优化的方法和治理优化的路径;落实以人民为中心的发展思想,关注城镇化和城乡转型问题,研究地方实际的城镇化模式,分析传统乡村生产生活方式的特征和变化,探索乡村人居空间格局优化的路径,关注旅游发展问题,协调旅游发展与生态保护的矛盾,优化旅游空间格局和支撑体系。

作为"五级三类"国土空间规划体系中的省级"区域类"专项规划,川西北生态示范区国土空间规划同时还要为四川省国土空间规划提供支撑,发挥传导的作用,以及省级国土空间规划和地州级国土空间总体规划的衔接工作的作用。

本书第1章对当前国土空间规划改革背景和要求进行了阐述,结合国内外的探索和经验,将省级"区域类"专项规划的特征归纳为特色性、协调性和传导性三个方面,结合四川省实际明确了省级层面对川西北生态示范区国土空间规划的要求。

第2章至第6章针对川西北生态示范区的特征与问题、规划编制的重点与难点,对资源环境承载力评价和国土空间开发适宜性评价、国土安全与综合风险评估、文化与景观脉络识别与结构评估、生态空间格局构建与修复治理、农牧业空间格局优化、城镇化路径与城镇化空间格局优化等几个关键议题进行了深入研究,探讨适合民族地区国土空间格局优化和高质量发展的规划路径。

第7章聚焦川西北生态示范区国土空间规划的传导要求,构建了规划传导体系,探索刚弹结合的省级次区域国土空间规划的传导路径。

一切真知都源于实践,本书是对川西北生态示范区国土空间规划编制实践探索的系统总结与理论提炼,为省级次区域专项规划、民族地区的国土空间规划等同类规划编制提供了一个可参考的样板,为国土空间规划编制技术体系的构建提供了有价值的样本,对国土空间规划的研究、实践和教学都有很好的借鉴价值。

上海同济城市规划设计研究院有限公司院长
同济大学建筑与城市规划学院教授、博导
上海市工程勘察设计大师

前言

2019年《中共中央 国务院关于建立国土空间规划体系并监督实施的若干意见》发布,标志着我国"五级三类"的国土空间规划体系正式开始建立,各级国土空间规划的编制工作也大规模开展。本书源于《川西北生态示范区国土空间规划(2021—2035年)》编制过程中的相关研究。《川西北生态示范区国土空间规划(2021—2035年)》具有一定的特殊性。一方面,它是"五级三类"的国土空间规划体系中针对"特定区域的空间开发保护利用"、支撑《四川省国土空间规划(2021—2035年)》的专项类规划。作为支撑四川省"一干多支、五区协同"发展理念的五大片区之一,川西北生态示范区的国土空间规划介于省级和市(州)级之间,是省域范围内跨越市(州)边界的、具有社会经济和自然地理等方面共同特征的空间,在规划层级上可以定义为省级次区域国土空间规划;规划针对省级国土空间规划无法细化、市县级国土空间规划自身无法协调的重点问题的解决,既有省级规划协调性的特征,又兼具传导性的特征。

另一方面,川西北生态示范区本身具有鲜明的地域特色,是功能重要的生态示范区、低水平低密度的发展凹陷区和自然与人文资源富集地。巨大的空间尺度下各类要素叠合交织,形成了多元的空间类型特征以及复杂的保护和开发关系。生态空间重要性高、保护压力大,农牧空间特色初具,但局部超载严重,自然条件限制较大、人居空间细碎分散,旅游与景观空间类型丰富,但价值转换不充分等诸多空间特征及问题,向川西北生态示范区"生态—社会—经济"整体的高质量发展提出了挑战,也为规划研究的深入展开提供了丰富的素材。

因此,规划编制团队集结和梳理了编制过程中作为规划支撑的相关专题研究,围绕省级次区域国土空间规划的特色性、协调性和传导性特征,选择了若干重点研究议题重新编写形成本书。本书内容由内涵界定、总体思路与重点议题三部分构成。第一部分对应第1章,包括省级次区域国土空间规划的内涵与特征,以及四川省五大片区规划的要求。第二部分对应第2章,包括川西北生态示范区的特征与问题、发展机遇与挑战,以及川西北生态示范区国土空间规划的核心思路与重点内容。第三部分对应第3—7章,分为基于特色性的川西北生态示范区国土空间的本底综合评价、针对协调性的国土空间格局优化研究(生态、农业和城镇三类空间),以及围绕传导性的国土空间规划传导体系研究。

目录

序言
前言

001	第1章	省级次区域国土空间规划的提出与内涵界定
002	1.1	国土空间规划改革背景
003	1.2	省级次区域国土空间规划的内涵与意义
012	1.3	省级次区域国土空间规划的特征
014	1.4	四川省省级次区域国土空间规划的要求
019	第2章	川西北生态示范区国土空间规划的重点难点与规划思路
020	2.1	川西北生态示范区的特征与问题
027	2.2	川西北生态示范区的发展机遇与挑战
029	2.3	川西北生态示范区国土空间规划的核心思路
031	2.4	川西北生态示范区国土空间规划的重点内容
039	第3章	立足生态优先的川西北生态示范区国土空间本底综合评价
040	3.1	资源环境承载能力与国土空间开发适宜性评价
074	3.2	国土安全与综合风险评估
101	3.3	文化、景观脉络识别与结构评估
127	第4章	强调分级管控的生态空间格局构建与生态治理修复
128	4.1	研究背景与技术路线
132	4.2	基于生态系统服务（ESs）测度的生态空间格局构建
137	4.3	基于生态保护重要性评价的自然保护地体系优化

140	4.4 基于生态功能协同与权衡的生态空间管控策略
143	4.5 基于层级传导和问题导向的生态修复治理格局
147	4.6 川西北生态示范区生态价值转化思考

157　第5章　面向价值提升的农牧业发展路径与农业空间格局优化

158	5.1 研究背景与技术路线
159	5.2 农牧业发展现状与空间格局优化
173	5.3 乡村人居空间现状与格局优化

189　第6章　基于统筹协调的城镇化模式与城镇化空间格局优化

190	6.1 研究背景与研究内容
190	6.2 人口变化趋势与城镇化模式引导
201	6.3 城乡风貌体系与引导策略
210	6.4 旅游发展与空间布局优化

225　第7章　突出刚弹结合的川西北生态示范区国土空间规划传导研究

226	7.1 研究背景与思路
227	7.2 国土空间规划传导体系
231	7.3 市(州)级国土空间总体规划指引——以阿坝州为例
237	7.4 重点片区国土空间规划指引

| 246 | 参考文献 |
| 249 | 后记 |

第 1 章

省级次区域国土空间规划的提出与内涵界定

1.1 国土空间规划改革背景

2013年党的十八届三中全会通过《中共中央关于全面深化改革若干重大问题的决定》，提出加快生态文明制度建设方面的新方针，要求"建立空间规划体系，划定生产、生活、生态开发管制边界，落实用途管制""完善自然资源监管体制，统一行使国土用途管制职责"，确立了空间规划体系改革的基本方向。

2015年中共中央、国务院印发《生态文明体制改革总体方案》（以下简称《方案》），立足我国社会主义初级阶段的基本国情和新的阶段性特征，以建设美丽中国为目标，以正确处理人与自然关系为核心，以解决生态环境领域突出问题为导向，保障国家生态安全，改善环境质量，提高资源利用效率，推动形成人与自然和谐发展的现代化建设新格局。《方案》在生态文明体制改革目标中提出："构建以空间治理和空间结构优化为主要内容，全国统一、相互衔接、分级管理的空间规划体系，着力解决空间性规划重叠冲突、部门职责交叉重复、地方规划朝令夕改等问题。"为实现这一目标，《方案》在建立空间规划体系方面又进一步明确了改革路线，提出了"编制空间规划""推进市县'多规合一'"与"创新市县空间规划编制办法"等举措，为之后一段时期的空间规划改革试点与经验总结奠定了基调，形成了推进生态文明建设—实施国土空间开发保护政策—编制国土空间规划这一从宏观目标到政策手段，再到具体实施工具的完整施政架构[①]。

2018年《中共中央关于深化党和国家机构改革的决定》出台，组建自然资源部，"统一行使全民所有自然资源资产所有者职责，以及所有国土空间用途管制和生态保护修复职责"。2019年《中共中央 国务院关于建立国土空间规划体系并监督实施的若干意见》发布，标志着我国"五级三类"的国土空间规划体系正式建立。"五级"对应我国的行政管理体系，即国家级、省级、市级、县级和乡镇级。国家级规划侧重战略性，省级规划侧重协调性，市县级和乡镇级规划侧重实施性。"三类"规划包括总体规划、详细规划和相关专项规划。总体规划是对国土空间保护、开发、利用、修复的全局安排。详细规划是对具体地块用途和开发建设强度等作出的实施性安排，是开展国土空间开发保护活动、实施国土空间用途管制、核发城乡建设项目规划许可、进行各项建设等的法定依

---

① 谭纵波，龚子路.任务导向的国土空间规划思考——关于实现生态文明的理论与路径辨析[J].城市规划，2019，43（9）：61-68.

据。相关专项规划是指在特定区域（流域）、特定领域，为体现特定功能，对空间开发保护利用作出的专门安排，是涉及空间利用的专项规划。总体规划是详细规划的依据、相关专项规划的基础；相关专项规划要相互协同，并与详细规划做好衔接。

1.2 省级次区域国土空间规划的内涵与意义

1.2.1 次区域与次区域规划

区域是指在地理学、经济学或社会学等范畴上具有一定程度的共性的连续空间单元[①]。次区域是由区域概念延伸出的相对概念，是在同一语境下与区域相比具有更小空间尺度的有共性特征的特定单元。

区域规划是在城市规划的基础上扩大范围而开展起来的[②]。经过实践和理论的发展与成熟，区域规划在涉及要素的横向维度与空间层次的纵向维度上均发生了扩展，在要素维度上不局限于物质空间布局的范畴，而成为对社会、经济、科技等都有干预的政策手段的继续[③]；在空间层次上突破城市规划的范围，根据实际需要打破各级行政边界，在空间层次上可以跨市、跨省，成为以行政单元为规划编制主体的法定规划之外空间治理的重要内容。

由于次区域概念的相对性，次区域同样具有不同的空间层次。在我国现行的行政区划层级和国土空间规划体系下，如果将省级空间规划作为区域规划，那么在省域范围内跨越地市边界的空间规划可称为省级次区域规划。本书以四川省川西北生态示范区为案例，对省级层面的次区域规划的重点难点和规划思路进行了探讨。

1.2.2 国际相关规划经验借鉴

区域规划的思想源于西方，但西方各国普遍的土地私有制和地方自治传统使得跨越行政边界的区域规划从思想的提出到政策的落实经历了漫长的过程。区域规划深刻影响了城市空间形态、社会经济政策、政府组织形式和意识形态等，紧密地结合在各国

---

① 崔功豪,魏清泉,刘功伟.区域分析与区域规划[M].2版.北京：高等教育出版社,2006: 1-2.
② 胡序威.国土规划与区域规划[J].经济地理,1982(1): 3-8.
③ 刘亦师.区域规划思想之形成及其在西方的早期实践与影响[J].城市规划学刊,2021(6): 109-117.

的空间规划体系中。因此,本书选取了中央政府具有较强管控能力的荷兰、英国和法国作为经验借鉴的国际案例。

1. 荷兰:兰斯塔德地区

与行政区划层级对应一致,荷兰的空间规划体系也包括国家、省、市三级(图1-1)。2018年以前通过结构规划、土地利用规划与项目规划等多种形式的规划内容予以表达和实施,2018年以后由环境愿景、规划替代,希望实现多部门、多领域管理条例的多规合一[①]。三级政府采取联合治理,以互相信任为基础,在整体上保持上下级政策和规划的相对一致性,同时通过互相合作、协调和制约承担各自的职责。

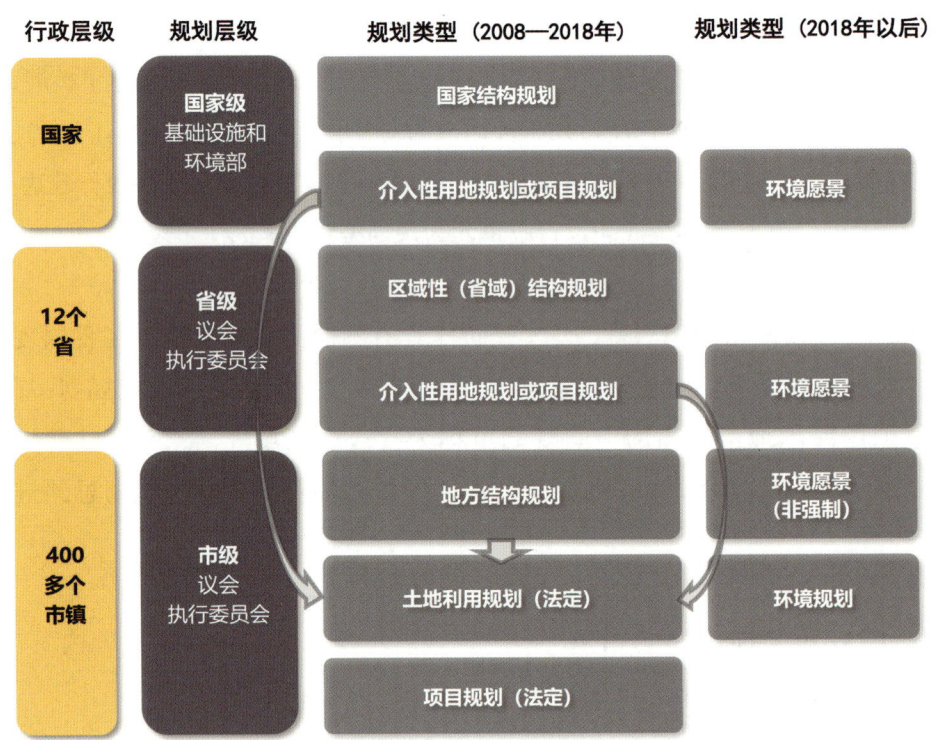

图1-1 荷兰空间规划体系示意图
资料来源:根据文献《荷兰空间规划体系及其新动向》《荷兰的空间规划管理体系及其启示》[②],[③]自绘

---

① 周静,沈迟.荷兰空间规划体系的改革及启示[J].国际城市规划,2017,32(3):113-121.
② 张书海,冯长春,刘长青.荷兰空间规划体系及其新动向[J].国际城市规划,2014,29(5):89-94.
③ 牛赓,翟国方,朱碧瑶.荷兰的空间规划管理体系及其启示[J].现代城市研究,2018(5):39-44.

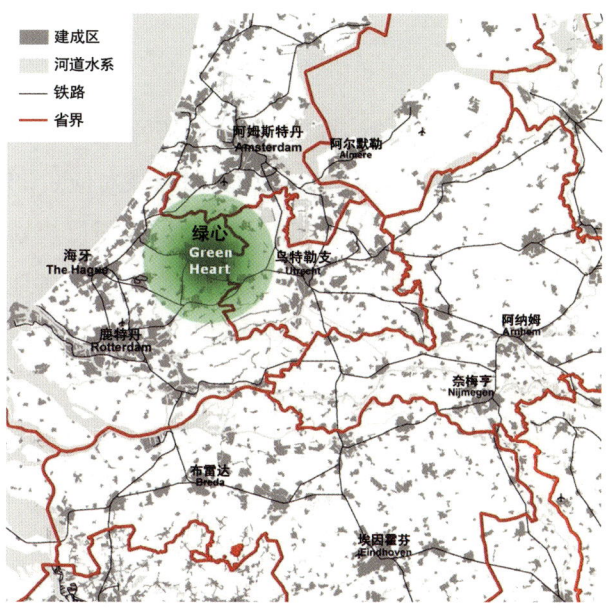

图1-2 兰斯塔德地区空间要素分布示意图
资料来源：根据 *Metropolitan government and governance in the Dutch Randstad: new perspectives and lessons from abroad*[1] 改绘

兰斯塔德地区是荷兰西部一个由鹿特丹、海牙、阿姆斯特丹、乌得勒支等多个市镇，以及包围其中的开敞绿色空间（绿心）共同组成的环形城市群，属于跨市镇层级的区域。在市镇政府各自保持一定自治权、省级政府也并未强势主导区域层面合作的体系背景下，兰斯塔德地区规划成为区域协同发展较为独特的典型案例，体现了央地之间对生态型地区强控与发展的平衡过程[2]。荷兰没有主导区域层面空间规划的权力机构，兰斯塔德地区由于对控制城市蔓延、保护绿色空间的重要性，直接上升为国家级空间规划战略，国家层面长期以来不断采取政策措施，并投入大量资源。国家与地方在绿心保护与发展上的理念经过长期磨合，逐渐达成共识，由中央政府与兰斯塔德地区共同搭建整合各级政府利益的区域协调框架，建立由国家相关部委、省政府、环绕绿心的主要城市及其相关部门代表共同参与的绿心平台。严格控制绿心内的商业和居住开发，在维护自然与文化景观价值的基础上，允许开发发展与生态保护兼容度高的政府性项目，使得兰斯塔德绿心从坚持天然无损、封闭单一的功能，向开放综合、发挥生态价值的方向转变（图1-2）。

---

[1] EVERS D, J DE VRIES. Metropolitan government and governance in the Dutch Randstad: new perspectives and lessons from abroad[C]//AESOP-ACSP Joint congress. Bridging the Divide: Celebrating the City. Chicago, 2008.

[2] 张佶，李亚洲，刘冠男，等．寻求强控与发展的平衡——空间规划央地协同治理的国际经验与启示[J]．国际城市规划，2021，36（4）：82-90．

2. 英国：大伦敦地区

英国空间规划体系分为国家、区域、地方三级（2010年后区域层级逐渐弱化），基本与涵盖国家、大区、郡—区—教区（社区）的行政区划层级对应（图1-3）。国家层面包括非法定的国家规划政策框架和法定的国家重大基础设施项目规划。区域层面设定区域合作机构，协调国家和地方在跨地区空间规划上的矛盾，保证各地方规划部门公共组织之间的有效合作，参与地方规划的审查，注重协调过程。结合行政区划及社会经济联系，英格兰地区划分为八个大区和大伦敦地区，除大伦敦地区之外不制定文本性规划[①]。地方层面包括地方规划和社区规划两种，分别由区级机构（相当于市）和社区单元制定，强调可实施性。

图1-3 英格兰地区空间规划体系示意图
资料来源：根据《英国空间规划体系各层级衔接问题探讨——以大伦敦地区规划实践为例》[②]《英国空间规划经验及其对我国的启示》[③]绘制

---

① 2010年，英格兰规划体系改革撤销了在区域层面的法定空间规划《区域空间战略》（Regional Spatial Strategy, RSS），只有大伦敦地区保留了区域性的《伦敦规划》。
② 田颖，耿慧志.英国空间规划体系各层级衔接问题探讨——以大伦敦地区规划实践为例[J].国际城市规划,2019,34(2): 86-93.
③ 周姝天，翟国方，施益军.英国空间规划经验及其对我国的启示[J].国际城市规划,2017,32(4): 82-89.

图1-4 大伦敦地区的次区域空间层级示意图　图1-5 中央活动区、内伦敦与外伦敦示意图
资料来源：*The London Plan: the Spatial Development Strategy for London Consolidated with Alterations since 2011*[①]

大伦敦地区由于行政体制上的特殊性，在区域层面编制了唯一一个区域性法定规划文件《伦敦规划》(*The London Plan*)。《伦敦规划》通过目标层层细化和过程把控的方式，将国家层面的政策要求落实到地方。在向上衔接方面，《伦敦规划》与国家政策框架保持一致，城市展望和子目标都围绕国家框架中的目标——深化编制，并根据自身情况选择性地补充框架之外的特定内容。在向下传导和实施保障方面，一是通过法定规划的审批程序，利用空间布局和各类策略保证地方规划中城市愿景的实现和区域特色的发挥；二是通过规划法规定地方规划和社区规划与伦敦规划在空间策略上的一致性；三是划定东西南北中五大次区域，作为打破行政边界的协作区域，以次区域规划作为规划政策空间落实和不同层级规划联系的重要框架；四是建立完善的规划实施框架内容与机制，通过非法定规划的补充细化落实《伦敦规划》，通过年度动态监测评估和审查实施情况，如非法定的《机遇地区和强化地区规划框架》结合次区域规划，在次区域层面对各类地区加以标注，将主要的空间发展优先地区和基础设施建设融合在一起，使得次区域规划成为重要的规划实施工具[②,③]（图1-4，图1-5）。

3. 法国：大巴黎地区

法国的行政区划层级包括国家、大区、省和市镇四级，由于市镇这一级单元过小，法

[①] Greater London Authority.The London Plan: the Spatial Development Strategy for London Consolidated with Alterations since 2011. London: Greater London Authoriy, 2016: 59-60.
[②] 杜坤, 田莉. 城市战略规划的实施框架与内容：来自大伦敦实施规划的启示[J].国际城市规划, 2016, 31(4): 90-96.
[③] 吴骞. 尺度重构下的国外首都特大城市地区空间规划分析[J].国际城市规划, 2019, 34(2): 78-85.

国在四级政府之外设置了市镇联合体这一治理层级,市镇联合体是由若干市镇政府横向联合并获得中央政府认可后组成的非行政单元,目的在于处理与联合体内的市镇密切相关而各自无法独立解决的公共问题。大区、省和市镇政府之间相互平行且独立,拥有各自清晰的事权,大区和省对市镇在规划上没有直接管理权,但是通过财政权力在公共基础设施方面对市镇和市镇联合体起到辅助作用。

法国空间规划体系由国家战略、区域规划和城市规划三部分组成,前二者分别对应国家和大区的行政层级(图1-6)。而根据规划范围的大小,城市规划又分为区域性城市规划和地方性城市规划。区域规划的对象包括大区以及跨省或跨大区的

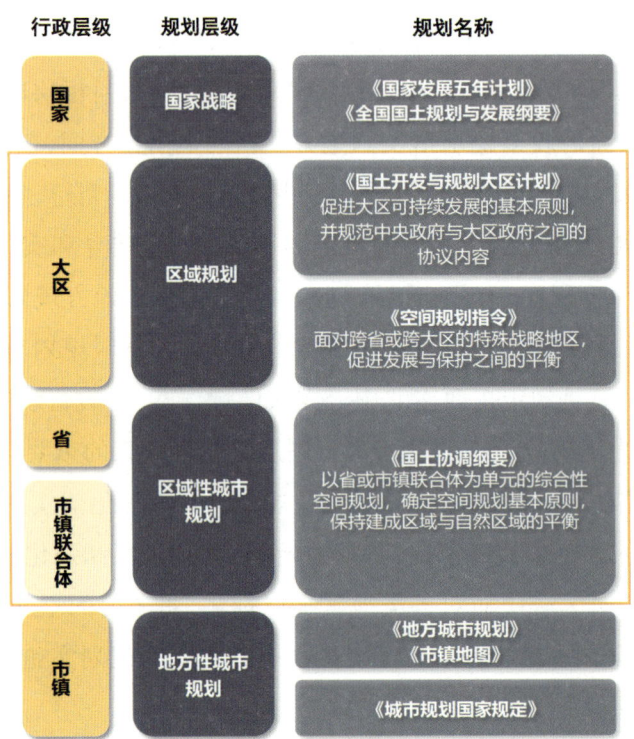

图1-6 法国空间规划体系示意图
资料来源:根据《法国国土开发政策框架及其空间规划体系——特点与启发》[1]《从土地利用到资源管治,从地方管控到区域协调——法国空间规划体系的发展与演变》[2]绘制

---

[1] 刘健.法国国土开发政策框架及其空间规划体系——特点与启发[J].城市规划,2011,35(8):60-65.
[2] 刘健,周宜笑.从土地利用到资源管治,从地方管控到区域协调——法国空间规划体系的发展与演变[J].城乡规划,2018(6):40-47+66.

特殊战略地区[①]，大区层面的《国土开发与规划大区计划》确定中期实现促进大区可持续发展的基本原则，并用以规范中央政府与大区政府之间的协议内容，特殊战略地区的《空间规划指令》主要针对重点设施选址困难的区域、生态环境面临危机的区域等，整合国家和相关地方的空间规划总体目标和指导原则，促进发展与保护之间的平衡[②]。区域性城市规划的对象为省或市镇联合体的行政辖区，通过《国土协调纲要》应对大量市镇因规模小、布局散而难以独立承担土地开发与空间管理职能的现实问题。

因此，对法国区域规划的探讨包括区域规划和区域性城市规划两个层面。以大巴黎地区为例，大巴黎包含两个层次，由巴黎市和周边近郊三省合并而成的巴黎大都市区，以及由巴黎大都市区与周边四省组成的巴黎大区。巴黎大区缘起于20世纪70年代对巴黎无限扩张局面的扭转，意在改变传统单中心的空间格局，在更大范围内平衡巴黎与周边地区的发展。而巴黎大都市区产生于21世纪初巴黎竞争力和吸引力逐渐下降的情况下，希望通过有效的区域整合改变长期以来权力分散的形势，通过立法将巴黎大都市区确定为一个固定的行政层级，突出巴黎的核心作用，在巴黎大都市区外围，则通过行政强制力量和给予资金补助推动功能或发展诉求相近的自治市镇形成联盟并逐渐扩大规模，减少市镇级行政主体的数量[③]。《巴黎大区总体规划》（SDRIF）在巴黎大区中划定了14个"大都市共同利益区"并确定了每个"利益区"的发展战略，指导地区间通过签订协议的方式推动区域性项目落实。而巴黎大都市区的规划实施由国家政府、大区政府和以巴黎市政府为首的本地公共团体提出的三种城市愿景交错进行，各市镇联盟的国土开发大纲也在三方的指导下整合协调、共同完成。

不同国家由于政治经济体制、社会发展阶段、历史文化传统等因素，空间规划体系中的区域规划在规划层级、类型与地域范围等方面呈现出一定的差异性和各自的侧重点，同时也反映了一些共性特征：区域空间的特色性、区域规划过程的协调性，以及与其他层级规划的衔接性与传导性等。荷兰没有区域层面的管理机构，但兰斯塔德地区在生态保护与发展方面具有特殊性，为了解决这一特定地区的特色化问题成立了相关平台，制定由中央政府直接主导的空间战略，而在具体规划发展框架的确定上也体现了各级政府之间在生态保护与生态价值转化之间不断协调的过程。英国大伦敦地区的规划

---

① 这一类规划归为区域规划或区域性城市规划存在争议。
② 刘健.法国国土开发政策框架及其空间规划体系——特点与启发[J].城市规划,2011,35(8): 60-65.
③ 严涵,聂梦遥,沈璐.大巴黎区域规划和空间治理研究[J].上海城市规划,2014(6): 65-69.

既通过层层细化传导保证对上对下的协调一致,也在一致性之外补充了发挥区域特色的内容,并增加了次区域规划加强层级联系和空间落实。法国大巴黎地区的规划根据区域发展的不同阶段利用区域规划工具灵活地调整重点空间范围与区域空间格局,解决特定时期的特定问题,而各级政府主导的不同城市愿景的交错过程也反映了区域协调整合的特征。

1.2.3 省级国土空间规划作为区域规划的定位与核心内容

省级国土空间规划在空间规划体系中起到承上启下的作用,"承上"要体现党和国家的意志,落实国家层面各类规划在省域范围内的要求和战略安排;"启下"要对下位市级规划提出约束性和指导性要求,同时可依据省域国土空间开发保护格局对省级区域规划的编制和实施提出需求,确保各类跨行政区的重大发展问题在国土空间规划体系内得到有效响应。在实现生态文明目标的过程中,市县及乡镇国土空间规划兼有保护导向和开发导向的双重任务,而全国、省级跨区域国土空间规划更倾向于承担保护导向的任务。省级国土空间规划以供给决定需求、以节约推动集约,针对目前规划面对的建设用地、农用地、生态用地互相矛盾的问题,首先要做的是夯实底数、底盘、底线,其次是特别强调资源紧约束条件下,要严控增量守红线,盘活存量促发展。

作为国家空间规划的下位规划,各省级国土空间规划需要按照全国国土空间规划纲要确定的国土空间开发保护总体战略、主要目标、管控方向、重大任务等,立足省域资源环境禀赋和经济社会发展阶段,针对国土空间开发保护的突出问题、风险挑战、未来趋势,明确省级国土空间发展的总体定位,制定省级国土空间开发保护战略,完善和明确量化规划指标体系。具体而言,省级国土空间规划已形成相对统一的内容指引,主要包括:

(1)落实与细化国家层面的定位与目标、空间战略格局,立足省域自然地理本底,统筹生态、农业、历史文化等重要保护区域和廊道,形成省域国土空间保护格局。分析人、地、产、城、交通关系,确定城镇、产业开发的轴带和重要节点,依托基础设施支撑体系,形成省域国土空间开发格局,完善和细化省级主体功能区。

(2)做好省际与省内区域协调,根据区域一体化特征来确定侧重点。省际协调做好与相邻省份在生态保护、环境治理、产业发展、基础设施、公共服务等方面的协商对接,确保省际之间生态格局完整、环境协同共治、产业优势互补,基础设施互联互通,公共服务共建共享。省内协调方需要明确省域内重点区域的引导方向和协调机制,按照内涵式、绿色化、集约型的高质量发展要求,加大存量建设用地盘活力度,提高经济发展优势区域的经济和人口承载能力。

(3) 明确开发保护布局、资源保护利用和基础支撑体系,开发保护布局以生态保护红线、永久基本农田、城镇开发边界等三条控制线,以及生态空间、农业空间、城镇空间作为基础。资源保护利用包括自然资源和历史文化资源,涉及地上地下空间的统筹。基础支撑体系包括基础设施、防灾减灾以及生态修复与综合整治工作。开发保护布局、资源保护利用与基础支撑体系三者需要在空间上相互协调与融合。

(4) 落实传导、促进实施,以省域国土空间格局为指导,统筹市县国土空间开发保护需求,通过分区传导、底线管控、控制指标、名录管理、政策要求等方式,对市县级规划编制提出指导约束要求。

1.2.4 省级次区域国土空间规划的意义

国土空间规划体系在空间层级上刚性和弹性并存,既突出了统一性和一致性,又考虑了地方和空间尺度、领域的差异性;在层级上对应了国家行政管理层级,也给了省级以下政府因地制宜开展工作很大自主权[1]。"因地制宜、特色发展"是自然资源部《省级国土空间规划编制指南(试行)》中的一项重要原则。我国国土空间幅员辽阔,不同地区自然条件、人文特点、经济社会发展水平、城镇发展阶段千差万别,各自存在的问题和承担的国家使命也各不相同,而这种差别在一个省内也普遍存在[2]。对于地域面积较大的省,内部差异更加明显和多样,省级国土空间规划无法完全反映内部区域差异和特定发展诉求,因此有必要在省级层面加强区域分类指引和针对性的特色化研究,建立省级和市县级规划之间的衔接桥梁。此时规划编制单元并不拘泥于行政单元,可以有生态单元(如吉林的"长白山区域")、流域单元(如"长江经济带")等与自然地理条件关系密切、以生态环境治理等为主线的特定地域空间单元,城市群、都市圈等重点集聚发展的区域协同单元(如"上海大都市圈"),以及兼具共同自然地理特征和紧密社会经济联系的综合特色单元等,这些非行政单元的特殊需求主要通过次区域专项规划的编制来落实。

---

[1] 庄少勤,赵星烁,李晨源.国土空间规划的维度和温度[J].城市规划,2020,44(1):9-13+23.
[2] 张险峰,吴邦銮,王健,等.立足省情,因地制宜、特色发展——省级国土空间规划基本原则解读[EB/OL].(2020-03-13).https://mp.weixin.qq.com/s/QalAyLWti7YFmiQJmEEiMg.

目前已公示的省级国土空间规划,大部分对于前两种以单独的自然地理或社会经济要素划分的省级非行政单元关注较多,河北省、湖南省和四川省的国土空间规划中增加了省域范围内的综合特色分区层级,但采取了不同形式的规划落实手段。河北省在省级国土空间规划中提出"环京津核心功能区、沿海率先发展区、冀中南功能拓展区、冀西北生态涵养区四区融合发展"的总体空间格局,并在下一级的市县国土空间规划编制指南中制定这四类区域的分区指引,确定分区涵盖市县范围和编制指引。湖南省在市县国土空间编制技术导则的规划要求中简要提到应突出长株潭地区、大湘西地区、湘南地区、洞庭湖地区四大区划板块特征要求。四川省在省级国土空间规划中形成主体功能明确、空间联动发展的成都平原经济区、川南城镇组群、川东北城镇组群、攀西经济区和川西北生态示范区五大片区,并进一步编制片区国土空间规划。

1.3 省级次区域国土空间规划的特征

在我国国土空间规划体系中,省级次区域规划介于省级和市级之间、兼具"省级"和"专项"特点,在规划类型上是省级国土空间规划的重要专项规划。省级次区域规划主要针对省级国土空间规划无法细化、市县级国土空间规划自身无法协调的重点问题,适用于空间尺度大、类型特征多元、保护和开发关系复杂的区域。规划范围不突破省级行政辖区,多为跨地市行政区划的次区域尺度;规划性质不是区域交通、能源、水利、生态环境等相对单一的专项规划,而是涉及区域经济社会发展、空间资源配置、基础设施保障等的综合性规划;是省级层面进行差别化公共政策制定、消除行政壁垒、促进资源要素跨区域合理流动和优化配置的重要支撑[①]。省级规划通过次区域规划兼顾内部差异,深化细化对下一层次的传导,提升国土空间规划的实效性,确保规划有用、能用、好用。总体而言,省级次区域国土空间规划应具有特色性、协调性和传导性三大特征。

1.3.1 特色性

特色性是划分和定义次区域的重要依据之一。选定的次区域通常具有社会经济、

---

① 王健,朱沛,刘晋媛,等.省级次区域国土空间规划实践探索与思考[J].城乡规划,2021(Z1):31-37.

自然地理等方面的共同特色,内部多个行政主体具有发展的共同目标和定位,或需要解决的共同问题。特色有多种不同的维度,次区域划分的特色性依据也存在不同的情况。从目前国土空间规划语境中划分的次区域来看,特色性依据主要包括三类:基于自然地理与区位特征,如河北省的沿海率先发展区,强调对海洋资源综合评价分析与保护利用,加强陆海统筹与港城关系。基于省域范围内其他区域的比较优势和协同关系,如川西北生态示范区可以视为对省级主体功能区细化和重组的结果,川西北生态示范区与省内其他次区域的主体功能定位差异显著,其他次区域大部分或全部为重点开发区,而川西北生态示范区全部为重点生态功能区与限制开发区。基于重大战略功能,如河北省环京津核心功能区,与首都地区规划建设标准衔接,围绕京津冀协同发展和雄安新区建设,提升承接北京非首都功能疏解和产业转移能力。次区域定义的特色性决定了次区域规划编制内容的特色性。作为支撑省级规划的专项规划,省级次区域规划的编制应该基于次区域划定的逻辑,突出片区特征,聚焦次区域发展的特色化内容——对特定空间的管控的深化细化、针对特定矛盾与问题的回应与解答,以及对于特定目标的路径设计等。

1.3.2 协调性

协调性包括横向和纵向两个方面,横向指对次区域内各类空间之间(尤其是建设空间与非建设空间)、发展与保护的不同诉求之间的协调平衡,通过对资源要素的合理配置与流动引导,以开发保护的强度序列构建更精细的空间规划与管控框架与分区指引,实现以经济、社会、环境综合效益为标尺的区域空间均衡与差异化协同发展[1]。纵向是指次区域规划跨地市(州)行政区划,在对接和落实国家和省级的要求之外,重点关注跨区域协同的重点领域和关键区域,加强在地市层面的统一实施,如生态流域共治与生态结构完整性的维护、毗邻地区基础设施互联互通,以及以此为支撑的全域景观与旅游体系的构建等。省级次区域规划以一种柔性的尺度重构方式,完善了各级地方政府之间的治理关系[2],通过次区域这一空间层级的补充,促进了省级与地市级国土空间规划在区域协同"目标—行动"上的衔接与协调一致。

---

[1] 解永庆,张婷,曾鹏.省级国土空间规划中主体功能区细化方法初探[J].城市规划,2021,45(4):9-15+23.
[2] 张京祥.国家—区域治理的尺度重构:基于"国家战略区域规划"视角的剖析[J].城市发展研究,2013,20(5):45-50.

1.3.3 传导性

传导性是指次区域规划将国家和省级战略与地方实际诉求进行更紧密的上下互动与横向协同,整合与省市级总体规划、各类专项规划以及详细规划的传导关系,有机融入国土空间规划编制体系;建立和完善"目标—指标—空间要素"的管控逻辑框架,在动态协调过程中采取多元的、刚性与弹性结合的空间治理手段,包括策略、结构、规划分区、控制线、名录、空间落位的传导等。省级次区域规划应厘清与省级国土空间传导之间的关联关系,突出次区域规划传导的差异化特色化内容,如基于地方特色的指标与边界、基于次区域规划实际方案的各类重点片区的指引与传导等。需要注意的是,省级次区域规划的内容框架不是自上而下、均质统一的面面俱到,或者遵循一般的省级规划的普适性框架,而是针对区域特色在不同空间层次解决次区域的重点矛盾与特定问题,是对省级规划内容的深化与补充。

1.4 四川省省级次区域国土空间规划的要求

1.4.1 四川省"一干多支、五区协同"的发展理念

2018年,四川省委针对"四川省域发展不充分、不平衡,省内经济总量居全国前列但人均排位相对靠后,区域发展不平衡"的局面,提出了构建"一干多支、五区协同"区域发展新格局的理念,并于6月30日在四川省委十一届三次全会公报中明确了这一新时期省域发展格局构想:做强"主干",支持成都加快建设全面体现新发展理念的国家中心城市;发展"多支",打造各具特色的区域经济板块,推动环成都经济圈、川南经济区、川东北经济区、攀西经济区竞相发展,形成四川区域发展多个支点支撑的局面(图1-7);大力促进"五区协同"发展,推动成都平原经济区(成都和环成都经济圈)、川南经济区、川东北经济区、攀西经济区、川西北生态示范区协同发展;推动成都与环成都经济圈协同发展;推动甘孜藏族自治州、阿坝藏族羌族自治州、凉山彝族自治州与内地协同发展;推动区域内各市(州)之间协同发展。

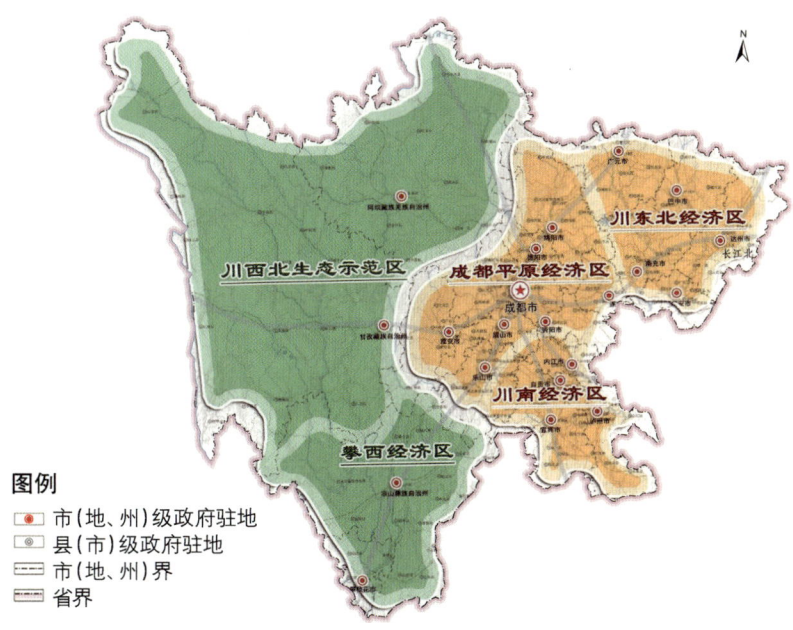

图1-7 四川省五大片区示意图
资料来源：根据《四川省国土空间规划（2020—2035年）（草案）》①改绘

1.4.2 四川省五大片区规划的定位与编制特征

五大片区规划作为省级国土空间规划在特定地区的专项规划，在四川省国土空间规划体系中向上承接全省国土空间规划要求，是对省级国土空间规划的落实和深化，是各片区内国土空间开发保护利用的政策总纲，同时也是编制片区内下位国土空间规划的依据，向下对各片区市县国土空间规划进行约束和指导。

五大片区规划的编制方法与省级规划同样参考《省级国土空间规划编制指南》，但相应的重点内容和编制深度则与省级规划间存在差异。五大片区规划需要提出各区域国土空间开发保护战略和全域国土空间总体格局，制定保护修复和开发引导安排，提出空间指引政策、管控要求、空间要素配置和支撑体系方案，促进相关市州协调联动。与省级规划对比，特有的部分主要体现在国土空间开发和保护关键问题研究和规划（如同城化问题、产业协同布局问题、贫困地区持续健康发展、重点区域建设、开发建设与生态保护矛盾冲突等），以及市（州）际国土空间开发和保护协调（生态保护、资源开发、城镇布局、产业布局、综合交通等跨市协调与合作发展）两个方面。

---

① 四川省自然资源厅.关于征求《四川省国土空间规划（2020—2035年）（草案）》社会公众意见的公告[EB/OL].（2021-06-10）.https://dnr.sc.gov.cn/scdnr/scyjzj/2021/6/10/e3c8fd7fad3f47079b0b440ffef844b7.shtml.

五大片区规划具体编制内容按四川省国土空间规划工作相关要求,可分为八个部分(表1-1)。

表1-1 四川省五大片区规划编制内容

编制要求	具体内容
(1) 现状分析与问题风险识别	在全省资源环境承载能力和国土空间开发适宜性评价基础上,深化分析本片区的资源环境禀赋条件;在省域国土空间规划生态格局基础上,深化识别本片区重要的生态敏感空间,明确农业空间和城镇建设空间最大合理规模和适宜空间。分析本片区国土空间开发保护现状,分析本片区国土空间开发保护的成效和问题,识别国土安全、生态保护、资源利用、人居环境等方面的风险
(2) 国土空间发展战略与目标	基于省委、省政府提出的"一干多支、五区协同"战略,落实省级国土空间规划和其他相关规划的要求,研究区域发展趋势与格局,并借鉴国内外各类型区域协同发展的模式和策略,研判各片区国土空间保护和开发利用的战略和总目标、分阶段目标。落实上级管控指标和要求,明确片区规划管控指标和要求,发挥承上启下的传递作用
(3) 国土空间开发保护总体格局	在省级国土空间规划"双评价"基础上,明确本片区的国土空间保护、开发、利用总体格局,因地制宜构建全域国土空间格局。根据本片区实际情况,对全省国土空间规划涉及本片区的主体功能区划定,生态保护红线、永久基本农田、城镇开发边界的划定要求与指标分解等提出完善的深化建议,引导政策和管控要求
(4) 国土空间保护和开发布局	在省级国土空间规划的基础上,提出本片区山、水、田、林、湖等各类自然资源保护、修复和利用的要求,确定各类自然保护区域的名录、范围和保护利用要求。提出本片区内各城市产业发展方向和三次产业的协同发展策略,明确重大产业空间布局。明确本片区内交通协同发展策略,明确区域主要交通通道及交通枢纽等基础设施的布局,制定区域交通提升策略,明确区域内主要市政基础设施协同布局策略。贯彻以人为本的理念,明确本片区的公共服务协同发展策略,构建优质生活圈,提高市民幸福感、获得感
(5) 国土空间开发和保护关键问题研究和规划	研究本片区国土空间开发和保护关键问题,提出国土空间规划相关布局和保障措施。深化、细化相关专项规划,满足开发和保护利用安排要求,并形成专题研究成果,指导相应市县国土空间规划编制。明确国土空间开发建设策略,本片区支撑全省发展的规划策略和邻接地区规划管控策略等
(6) 市(州)际国土空间开发和保护协调	研究本片区各市(州)之间国土空间开发和保护存在的不协调问题,提出跨市(州)统筹协调的策略,对生态保护、资源开发、城镇布局、产业布局、综合交通等跨市(州)协调的内容进行具体部署,并对各市(州)国土空间规划提出要求
(7) 规划管控与引导	落实省级国土空间规划要求,完善国土空间规划传导机制体系,重点针对本片区各市(州)国土空间规划提出分区引导、指标管控和政策引导的要求,对国土空间开发和保护关键问题、市(州)际国土空间开发和保护协调等问题,提出各市(州)国土空间规划落实的要求
(8) 规划实施保障	落实省域国土空间规划要求,提出规划实施相关的配套政策和保障机制建议等

1.4.3 对川西北生态示范区规划的要求

省级规划对川西北生态示范区的定位是西北示范、"两山"转化：加强川西北生态示范区的生态保护与修复，提升特色文化旅游功能，大力发展生态经济，建设国家生态文明建设示范区、国家全域旅游示范区和现代高原特色农牧业基地。坚持生态功能区的主体地位，因地制宜推动以生态农牧业为代表的农产品主产区布局。以生物多样性保护和水源涵养为核心，科学推进退耕还林还草还湿，全面提升区域生态服务功能，协调农牧业生产与生态保护修复。重点发展全域旅游、特色农牧业、清洁能源、民族工艺、生态经济等。着力补齐重大基础设施短板，加强松潘、红原、甘孜、康定、泸定、稻城、理塘等县城和新都桥镇、香格里拉镇、磨西镇等重点城镇的旅游服务带动作用，结合灾害影响优化调整城乡居民点布局。

总体而言，川西北生态示范区国土空间规划要重点解决好生态保护和生态资源的价值转换问题，引导人口向重点发展地区集聚，提高资源集约利用水平，探索生态资源价值转化。具体而言，一是国土空间开发和保护关键问题研究和规划，需要针对川西北生态示范区生态保护空间划定调整、产业转型、开发建设与生态保护矛盾冲突、生态修复等关键问题进行针对性研究，提出具体的国土空间开发和保护策略，以及对相应空间和设施的具体安排。二是州际国土空间开发和保护协调，需要重点研究两州之间国土空间开发和保护存在的不协调问题，对生态保护、资源开发、城镇布局、产业布局、综合交通等跨州协调的内容进行具体部署，并对两州国土空间规划提出要求，关注片区内重点地区的发展，提出发展指引与管控要求，促进合力发展。三是整体性、系统性地落实规划管控与引导，依托生态示范区的统筹优势，完善国土空间规划传导机制体系，重点针对川西北生态示范区两州国土空间规划提出分区传导、指标管控和政策引导的要求，对国土空间开发保护关键问题、州际国土空间开发和保护协调等问题，提出各州县国土空间规划落实的要求。

第2章

川西北生态示范区国土空间规划的重点难点与规划思路

2.1 川西北生态示范区的特征与问题

2.1.1 基本概况

川西北生态示范区(以下简称"川西北地区")位于四川省西北部,介于东经97°22′~104°7′、北纬27°58′~34°20′之间,北邻青海、甘肃两省,西接西藏自治区,东与成都平原经济区及川东北经济区毗邻,南接云南省及攀西经济区。川西北地区辖区面积约23.3万平方千米,包括甘孜藏族自治州和阿坝藏族羌族自治州,共31个县(市),占四川省总面积的47.8%(图2-1)。

图2-1 川西北地区区位示意图

图 2-2　川西北地区地形地貌示意图

表 2-1　川西北地区地貌特点和分布

地貌	特点	主要区域
丘状高原	海拔 3 500～4 000 米，地表丘陵起伏	甘孜州的石渠、色达、德格大部分地区，甘孜、炉霍的北部以及理塘、稻城的部分地区； 阿坝州的若尔盖、红原、阿坝、壤塘、九寨沟、松潘、黑水、马尔康、金川、小金
山原河谷	河谷较深，山顶谷宽坡平，草沼密布	甘孜州的道孚、新龙、雅江以及甘孜、炉霍、理塘、乡城、稻城的部分地区
高山峡谷	峡谷深切，崖壁陡峭	甘孜州的康定、泸定、丹巴和得荣、九龙南部的横断山区，以及石渠县境的金沙江峡谷区；阿坝州的汶川、理县、茂县

川西北地区处于我国三级阶梯大地形中最高一级青藏高原东部、青藏高原向四川盆地过渡地带，空间上呈现出一定的"阶梯形"分布特征，地势由西北向东南倾斜，整体呈西北高、东南低；海拔高程介于 780～7 556 米，垂直落差较大，最大为 6 580 米；具有独特丰富的气候环境与地质地貌类型（图 2-2，表 2-1）。

1. 功能重要的生态示范区

川西北生态示范区是唯一以"示范区"命名的片区，全域 31 个县（市）均为国家重点生态功能区。作为长江上游重要生态保护区和四川省的生态安全屏障,川西北地区拥有众多大面积的自然保护区,保护主体包含内陆湿地、森林生态及野生动物三大类,对于维持区域生态环境稳定及维护我国生物多样性具有重要意义。全区自然保护区面积超过6万平方千米,占示范区全域的26.7%。

2. 低水平低密度的发展凹陷区

川西北地区是集民族地区、革命老区、生态脆弱区于一体的特殊区域。受自然条件限制,川西北地区地广人稀,2017年常住人口仅为212.6万人,人口密度远低于全省、全国平均水平。经济发展水平相对较低,区内两州无论是经济总量还是人均水平均与全省平均水平存在较大差距,全区地区生产总值为556.7亿元,约占四川省的1.4%;人均GDP仅为2.62万元/人,约为全省平均水平的58.7%(表2-2,图2-3)。

川西北地区城镇化水平较低,在四川省21个市(州)中分别位列第19位及第21位(图2-4)。城乡差距大、城乡居民收入不均衡现象严重。2017年,阿坝、甘孜两州的农村人均可支配收入分别达到11 751元、10 444元,分别是21个市(州)中第17位、第21位。甘孜州城乡居民收入比达2.82,阿坝州城乡居民收入比为2.58,分别为全省最高和第4位(图2-5)。

表2-2　2017年四川省五大片区主要指标比较

五大片区	面积（平方千米）	GDP（亿元）	人均GDP（万元/人）	城镇化率	城乡收入比	人口密度（人/平方千米）	人口抚养比	大专以上人口比重
成都平原经济区	86 469	23 379	6.15	58.16%	2.12	439.30	42.35%	15.54%
川南经济区	35 268	6 088	3.93	48.82%	2.22	439.56	44.08%	7.22%
川东北经济区	64 004	5 919	2.77	43.61%	2.37	333.33	42.13%	6.70%
攀西经济区	67 696	2 625	4.32	40.75%	2.38	89.69	52.48%	6.62%
川西北生态示范区	232 616	556.7	2.62	34.26%	2.69	9.14	45.35%	9.40%

注:"人口抚养比"涉及的年龄结构数据来自"四川省公安厅2018年度人口及变动情况统计年报表";"大专以上人口比重"涉及的素质结构数据来自"2015年1%人口抽样调查数据";其他数据均来自《2018年四川省统计年鉴》。

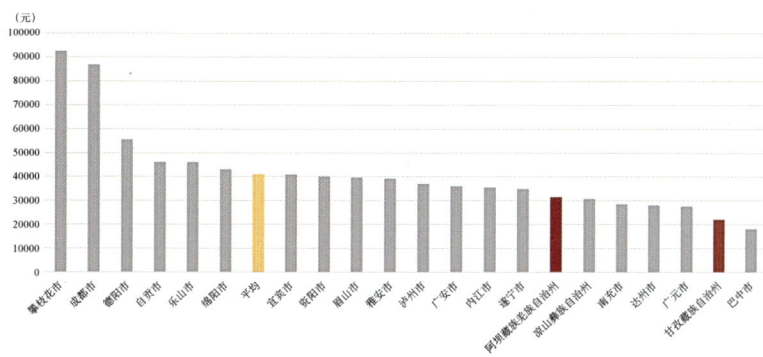

图2-3 2017年四川省各市（州）人均地区生产总值比较

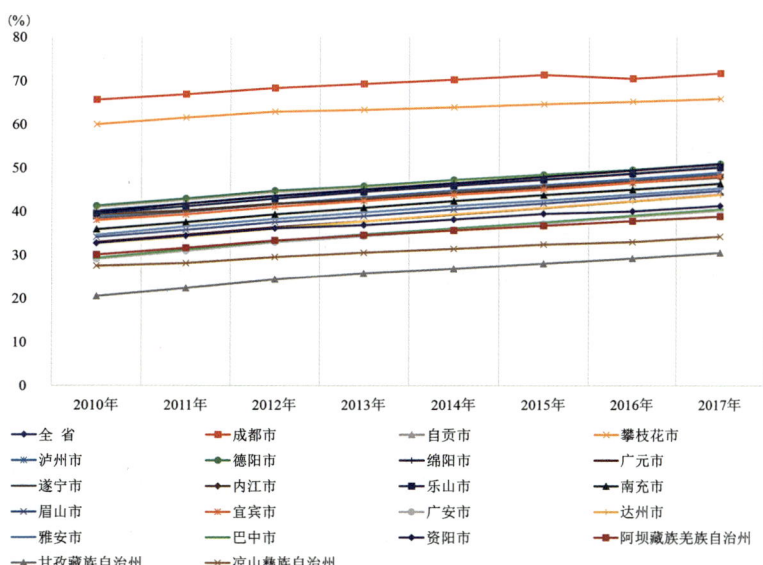

图2-4 四川省各市（州）常住人口城镇化率变化

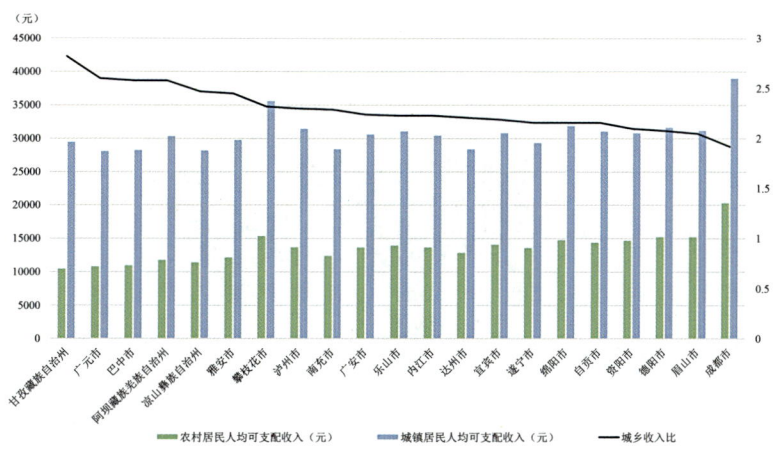

图2-5 2017年四川省各市（州）城乡居民人均可支配收入与城乡收入比

在空间建设上,川西北地区土地利用建设开发强度低,地表覆盖以林地和草地为主。23.3万平方千米的土地中,农林用地占比为86.7%,建设用地占比仅为0.3%,自然保护与保留用地占比约为13%。农林用地中,林地面积占比最大,其次是牧草地(图2-6)。

3. 特色鲜明的资源富集地

川西北地区自然资源富集,多种资源人均占有量均高于全省乃至全国平均水平。天然的森林资源和广袤的茫茫草地为野生动物提供了良好的栖息之地,野生动物在此生息繁衍,境内国家级保护动物众多,还盛产冬虫夏草、贝母等名贵中草药材。

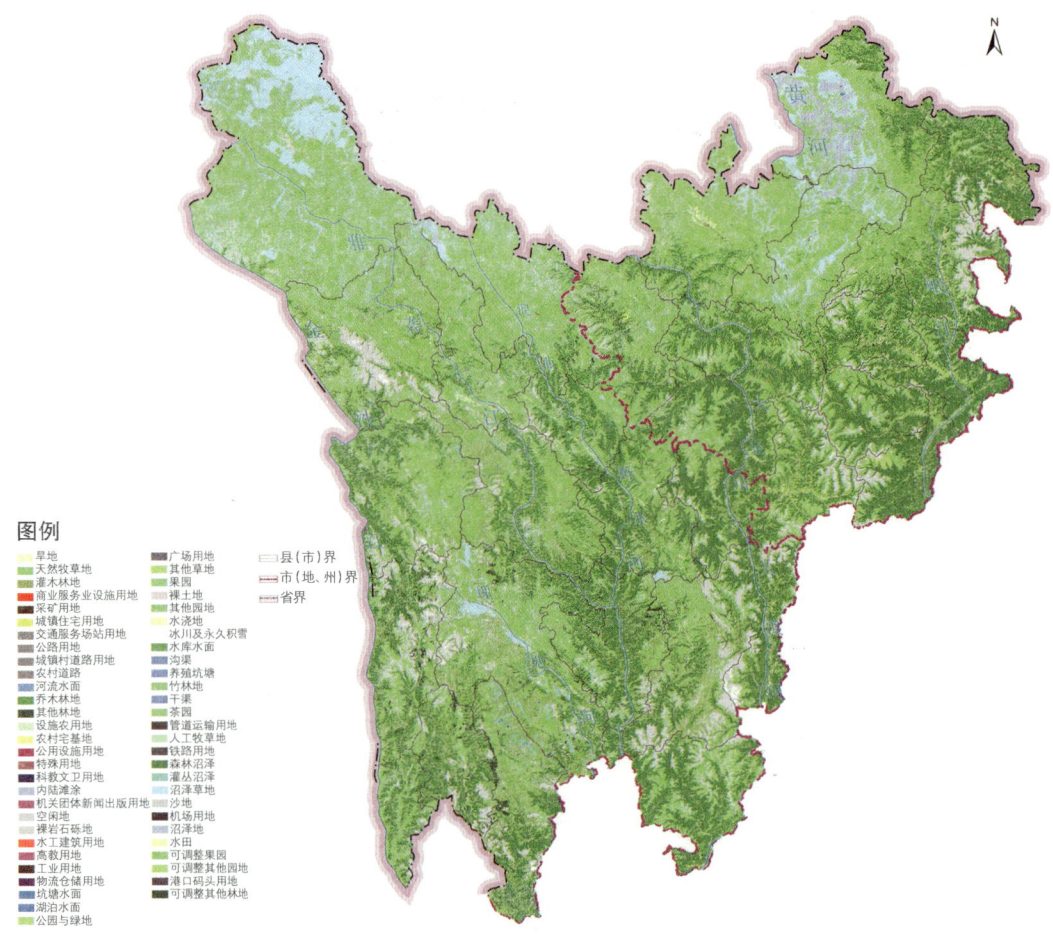

图2-6 川西北地区国土资源现状图

川西北地区地质上位于"三江"及"巴颜喀拉—松潘"成矿带,成矿条件优越,矿产资源种类齐全、总量丰富。其中,非能源矿产资源种类以贵金属、稀有金属矿产为主,保有资源储量较大,在省内优势明显。能源资源上,铀矿作为国家战略性能源矿产,四川省内仅阿坝州境内有分布和开发利用;风、光、水电作为绿色发展的清洁能源,川西高原更具有得天独厚的优势。

川西北地区文化多样性特征丰富,区内少数民族人口占比高,藏、羌、彝族集聚,甘孜州人口中藏族人口比重达到88%,阿坝州人口中藏族人口占比达66%、羌族占比达16%。人文景观资源丰富,区内现有省级历史文化名城松潘,省级历史文化名镇理县薛城镇、汶川县水磨镇,以及包括小金县两河村在内的省级历史文化名村四处,此外还有全国特色景观旅游名镇(村)等。文化簇群多样,包容协调度高,文化生态良好,多元的民族文化相互融合发展是川西北地区宝贵的人文财富。区内现有格萨尔文化圈、香格里拉文化圈、木雅文化圈、嘉绒文化圈、羌文化圈、白马文化圈、安多文化圈等多个文化圈,以及藏羌彝民族走廊、茶马古道两条文化廊道,拥有众多的非物质文化遗产(图2-7)。

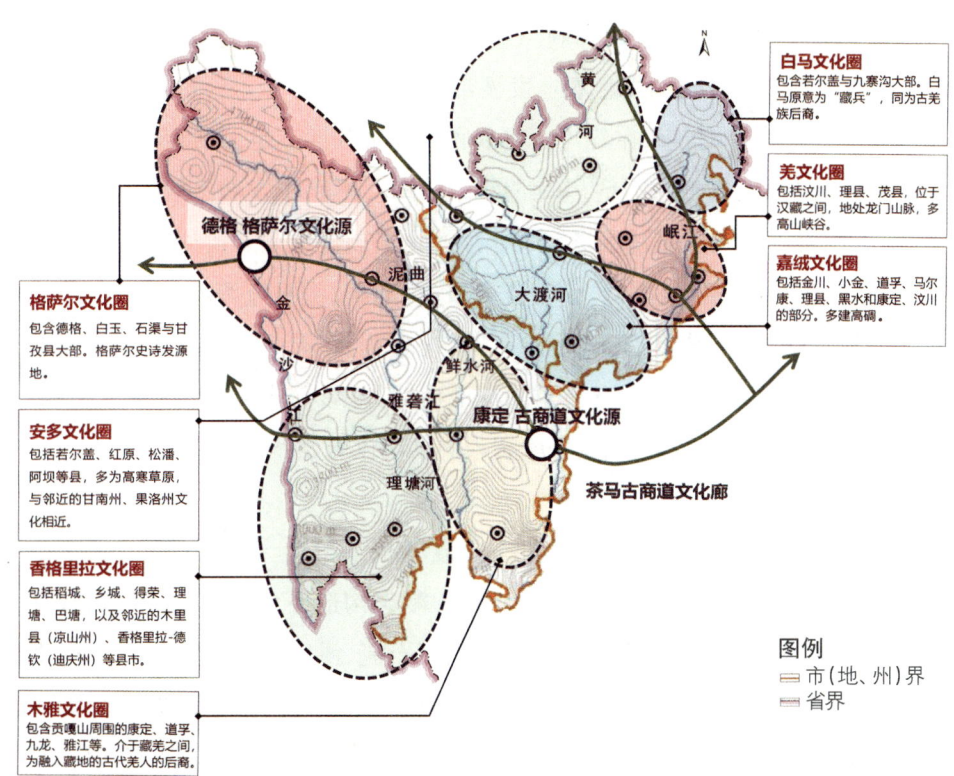

图2-7 川西北地区文化圈分布示意图

2.1.2 空间特征及其问题

1. 生态空间重要性高、保护压力大

川西北地区是我国重要的生态保护区,以水源涵养与生物多样性保护功能为主。根据《全国主体功能区规划》,川西北地区包括川滇森林及生物多样性生态功能区、若尔盖草原湿地生态功能区两大国家重点生态功能区。区内生态本底保持总体良好,但局部地区生态功能弱化退化,山体松散,滑坡、泥石流、洪灾等灾害频繁,草原退化、虫害问题较严重。据统计,草地"三化"面积约为14 080万亩,占全国的6.96%,68%的湖泊湿地呈现萎缩退化状态,年萎缩速率达0.55%。

2. 农牧空间特色初具,但局部超载严重

川西北地区第一产业产值虽然长期低于全省平均水平,但生产能力不断提高、产值稳步增长。2018年,全区水果产量超过16万吨,其中苹果约6万吨,占全省的9.5%左右,仅次于凉山州和雅安市;全区蔬菜播种面积约2.7万公顷,总产量超过92万吨;中药材播种面积3 233公顷,总产量5 468吨。基本形成了北部高原生态畜牧业发展区,金沙江、雅砻江、大渡河和岷江流域特色农业发展带的生产格局。

川西北地区农牧业发展存在着与自然本底条件协调性不足,局部超载严重的问题。农业生产条件较差,光热条件不足,基础生产力低下,不利于发展一般性质的规模性种植业,目前区内耕地开发量已达水资源农业生产承载规模上限。耕地中坡耕地比例高,总体质量不高,存在植被覆盖率低、水土流失严重,地震、泥石流等灾毁耕地面积大且恢复困难等问题。同时,区内各县市牧业超载情况较为普遍,以各县市现有草地量为基础,对地区合理载畜量进行计算,冬春季除石渠县外,全部市县均为重度以上超载;夏秋季虽超载情况略有缓解,但未超载及轻度超载的县市仅有8个。

3. 自然条件限制较大,人居空间细碎分散

川西北地区地形起伏悬殊,地层岩性复杂,断裂构造发育,地震活动频繁,山体松散,自然灾害风险高,地质灾害点多面广,滑坡、泥石流、洪灾等灾害频繁,对城乡发展建设造成较大限制。川西北地区高山高原的复杂地形导致了人居聚落的零散、细碎分布。从城镇建设适宜性角度来看,由于区内高山林立,地形复杂且灾害分布多而广,整体上城镇开发的适宜性较低,可供城镇建设拓展利用的空间较少。乡村居民点的零散分布使得交通等设施配置难度极大。虽然近年来交通条件已有极大改善,但整体上基础依然薄弱,末端限制严重、进出通道匮乏、综合立体交通走廊建设相对滞后,公路抗灾能力偏弱。乡村地区基础设施缺项严重,各项基础设施及公共服务设施覆盖率均落后于全省平均水平。

4. 旅游与景观空间类型丰富,但价值转换不充分

川西北地区是世界级自然价值和人文价值兼备的旅游区,区内旅游资源种类多、品级高,人文与自然景观要素丰富。川西北地区是中国香格里拉国际生态旅游区的核心区及第二大藏族聚居区和最大羌族聚居区,有九寨沟、黄龙、大熊猫栖息地3个世界自然文化遗产地。自然景观资源种类丰富、特色鲜明,雪山、高原、峡谷、盆地、森林、冰川、大江大河等自然奇观居全国前列。文化历史积淀丰厚、内涵博大精深、形态多姿多彩,红色文化、宗教文化、藏羌民族文化等多种文化交融。

但川西北地区依然存在资源价值挖掘尚不充分且缺乏系统化整合等问题。受限于生态保护要求,以及政府财力、旅游交通基础设施与景区配套服务设施建设水平等,丰富的旅游资源尚未充分转化为旅游发展的动力,当前川西北地区旅游发展水平偏低,旅游接待人次、旅游收入等指标在全省各市州中靠后。城乡景观风貌品质参差不齐、混乱杂糅、特色受损,人居聚落景观形态、风貌特征模糊,未能体现景观特色的多元价值。

2.2 川西北生态示范区的发展机遇与挑战

2.2.1 发展机遇:生态文明语境下的区域协同

当前我国的社会经济发展进入转型发展阶段,发展理念和治国方针也从工业文明向生态文明转变、从高速度发展向高质量发展转变。在生态健康、绿色发展的新语境下,生态资源的保护与价值转换成为关注重点,绿水青山就是金山银山。作为极具生态价值的示范区,切实贯彻新发展理念,立足于区内生态资源,以提升生态环境质量为基本前提,探寻生态文明背景下生态脆弱地区的高质量发展路径是川西北地区未来发展的重要议题。

与此同时,区域协同成为时代发展主题。国家区域视角下,多重国家政策扶持使得欠发达地区迎来发展机遇。"一带一路"建设、长江经济带发展、新时代西部大开发、黄河流域生态保护和高质量发展等国家战略深入实施,政策红利、改革红利和发展红利的持续释放将对示范区的高质量发展形成有力支撑。同时，为促进区域协调发展，国家加大力度支持革命老区、民族地区、边疆地区加快发展，在生态补偿、扶贫开发、基础设施建设、民生投入等方面的专项扶持政策向欠发达地区倾斜，为后发地区高质量发展奠定政策基础。四川省内部为解决区域发展不平衡与不充分问题，提出"一干多支"发展战略，推动"主干"引领带动、"多支"竞相发展、"干""支"协调联动，打造各具特色的区域经济板块，促进区域协调发展、着力形成"四向拓展、全域开放"立体全面开放新态势，推动各区域共同繁荣发展、同步全面小康。川西北地区是"五区"中的重要一区，也是唯一以"生态示范区"命名的片区，在区域协同过程中可进一步凸显区域特色，与周边省区、与省内其他片区在生态环境共保共治、区域合作及协调发展、基础设施共建共享等方面深化合作。在建设交通强省的目标下，四川省不断推进"四向八廊"战略性综合运输通道建设，川藏、成都至兰州（西宁）等重大铁路项目、山地轨道交通以及支线机场、通用机场的建设将促成川西北地区交通地理格局发生历史性的改变，交通基础设施体系的逐步完善将为川西北地区的高质量发展奠定基础。

2.2.2 风险挑战："生态—社会—经济"整体的高质量发展

宏观背景和发展环境的转变为川西北地区的发展带来了新的风险和挑战。一方面，气候变化、环境问题和能源危机已经成为新时期全球面临的三大热点问题。全球气候变化将持续对生态脆弱地区带来挑战，气温上升、温室效应加强、冻土消融、雪线上升等诸多生态风险逐渐加剧，这些将对川西北地区所在的青藏高原生态系统带来严重影响，进而可能加剧水土流失、植被退化、生物多样性等生态问题，进一步导致川西北地区生态功能的退化。从长远来看，冰川规模收缩、永久雪线上移，融雪径流的下降还会影响川西北地区的碳汇功能。

另一方面，当前我国进入"生态—社会—经济"整体的高质量发展阶段，这一阶段转变对高标准保护带来挑战。川西北地区是具有极高生态价值的地区，区内生态空间占比高、保护要求高，人类活动对川西北地区生态系统的影响已经超过了气候变化对生态系统带来的影响。虽然人居空间面积占比少，但人类生产生活空间与生态空间高度混杂。农牧业生产、城镇建设、旅游开发等各类空间开发利用活动与生态保护的冲突尤为突出。畜牧业的持续超载造成了草场退化、生物多样性降低等生态问题。城镇化的持续推进和全域旅游的进一步推进将不可避免地带来基础设施、民生设施及旅游设施建设等各类活动的增加，将持续对川西北地区整体的生态保护带来冲击。高质量发展与高标准保护本质是对空间治理政策机制完善和创新的挑战。川西北地区虽已初步建立了以生态保护红线和自然保护地为主体的生态空间管控体系，但仍在管控体系和管控手段方面存在诸多不足。同时，人口城镇化稳步推进、全域旅游发展等也对国土资源的空间配置及对国土空间的精细化治理提出了更高要求。建立与川西北地区社会经济发展水平相适应的空间治理体系，是提高全域空间资源统筹配置效率，实现川西北地区高标准保护、高质量发展、高品质生活的重要保障。

2.3 川西北生态示范区国土空间规划的核心思路

川西北生态示范区国土空间规划是支撑《四川省国土空间规划（2021—2035年）》的省级次区域专项规划。从国际经验来看，次区域规划应具备特色性、协调性和传导性特征。川西北地区规划的编制的核心思路应紧扣这三大特征，突出川西北地区的地域特色，协调国土空间保护与开发的矛盾，研究跨行政区的重大空间诉求和矛盾冲突，深化落实省级国土空间规划的要求，指导区内两州的国土空间总体规划编制，促进区域整体的高质量发展。

2.3.1 特色性研究：本底特色综合评价

川西北地区的地域特色主要体现在自然地理格局、多元文化交织以及国家重要生态功能区的战略定位三个方面。川西北生态示范区国土空间规划在编制中需要重点研究这三大特色。

自然地理格局特征是影响人类生产生活活动和国土空间开发保护利用格局的基础。川西北地区地处青藏高原向四川盆地的过渡地带，区域特征鲜明丰富的地形地貌和气候环境造就了本地特色的农牧业生产活动和人居空间分布特征。同时，川西北地区位于多条地震断裂带交会的活动区，各种自然灾害频发，极大限制了人类生产生活和各类国土空间开发利用活动。因此，川西北生态示范区国土空间规划中应加强对区域本底特征的基础研究：一方面是构建针对高原地区特色的评估技术方法，加强自然资源本底对人类空间活动的承载能力和适宜性研究，充分了解生态、农业和城镇三类空间的本底特征，识别各类人类活动与自然本底的矛盾冲突，分析自然本底对各类活动的承载容量、限制情况以及各类活动空间适宜性。另一方面是要加强风险评估，对各类灾害发生和影响的风险程度进行综合评估，为国土空间开发保护利用格局的优化提供科学支撑。

川西北地区是国家重要的生态功能区，自然生态空间比重较大并且类型丰富多样，生态空间的保护与功能品质的提升对维护大区域生态环境意义重大。因此，川西北生态示范区国土空间规划中需要围绕其重要生态功能区的战略定位，加强对生态空间的研究，在底线思维下进行多元价值识别和综合整体评估，识别现状生态空间保护、利用、修复中的问题与不足，确定不同生态空间功能优先级以及对不同开发利用活动的包容程度，为统筹协调生态、生产、生活三类空间的整体格局，构建解决矛盾冲突的空间方法，提升生态空间的综合效益提供支撑。

川西北地区是文化簇群多样的藏羌人口聚居区，区内藏、羌、彝族集聚，具有丰富的文化多样性特征。川西北地区独特的自然地理格局也影响了文化景观格局的演变，区内几大流域之间由山脉形成天然阻隔，因此不同流域空间之间相对独立，形成了不同的自然景观、聚落生产与文化脉络特征，造就了川西北地区独特的文化景观，成为本地区宝贵的文化与景观资源。川西北生态示范区国土空间规划中应加强对文化资源及其空间格局和特色景观风貌的研究，为文化景观资源的保护与资源的价值转换、地方特色景观风貌的构建与管控提供支撑。

2.3.2 协调性研究：空间格局整体协同

次区域专项规划是针对"域"的规划，重点是对生态、农业和城镇三类空间之间以及三类空间内部的开发保护利用关系的协调，优化全域国土空间格局。生态地区面临的共性的保护与发展的问题、生态空间与农业和城镇空间的矛盾问题在川西北地区尤为突出，如农牧业生产的超载现象已经成为生态环境退化的重要原因。各类开发保护的政策空间管控之间也存在着各种矛盾和冲突，如生态保护红线内还存在不少散布的建设用地和永久基本农田。大量重要生态功能区的保护与管控也对城镇建设、旅游开发等形成较大的限制。如何协调保护与发展的矛盾，在生态严格管控的基础上找到地区发展的动力，做好"两山"资源转化，走出一条"守护+展示"的新型发展道路是川西北生态示范区国土空间规划需要重点研究的问题。与此同时，川西北地区自然生态空间比重较大且类型丰富多样，生态空间内部管控的统筹协调也尤为重要。一方面，仍有部分关键的生态保护极重要地区未纳入现状管控体系。另一方面，现状各自然保护地的管控之间也存在着相互重叠交叉现象；生态空间内部的统筹协调也是川西北地区空间格局优化的重要任务。

此外，作为省级的面向次区域国土空间开发保护利用全过程以及全域全要素管控的"多规合一"规划,川西北生态示范区国土空间规划还需要协调区内两州之间的矛盾和需求,在宏观上需要处理跨州级行政区域的问题,而本地区人口社会结构的复杂(多民族和游牧文化)意味着在微观上需要考虑需求的多元化和差异化。因此,川西北生态示范区国土空间规划需要在省层面就各类指标、重要资源、重点地区、重点项目做好统筹与协同,同时针对多元化的需求对各类空间提出差异化的指引。

2.3.3 传导性研究:规划传导与反馈体系

《中共中央 国务院关于建立国土空间规划体系并监督实施的若干意见》中明确指出,要"健全规划实施传导机制,确保规划能用、管用、好用"。川西北生态示范区国土空间规划作为省级次区域专项规划的一个重要任务就是要发挥其上承下导的作用,在落实省级空间规划安排的同时进行次区域尺度的深化细化,并能向下传导至实施性更强的州市县规划。因此,川西北生态示范区国土空间规划的编制要从有效指导区内两州国土空间总体规划和相关专项规划编制的角度强化传导路径的设计,既包括自上而下的规划内容传导,也包括自下而上的反馈机制。同时,规划还需要注重内容深度的把控,既要在省级国土空间规划的基础上做一定程度的深化细化,又不能简单地采用编制深度下沉的方式替代下层级规划。

2.4 川西北生态示范区国土空间规划的重点内容

川西北地区作为国家重要生态功能区,生态约束性强,城镇发展和农牧业生产受限严重,存在生态保护与超载放牧、原住民人居空间发展等方面的冲突。与此同时,川西北地区经济发展水平欠佳、人民生活水平仍待改善,发展仍然是本地要务。国土空间规划需要同时解决高标准保护和高质量发展问题,协调好保护和开发的关系。在推动"全体人民共同富裕取得更为明显的实质性进展"的背景下,如何在保护生态的前提下促进生态资源价值转换,激活川西北地区的高质量内生发展动力也是规划必须回答的问题。规划运用情景分析的方法,通过对不同导向下国土空间开发保护利用的模拟,最终明确了规划期内川西北地区国土空间规划的总体格局,结合川西北地区的地域特色,制定了空间开发保护策略。同时,基于省级次区域专项规划的任务与特点,结合规划需要解决的关键问题,明确了规划需要深入研究的重点议题。

2.4.1 多情景模拟下的国土空间开发保护总体格局

川西北地区是一个重要的生态主导功能区域,80%左右的空间为生态空间,而在生态空间之外存在着占比约14.3%的多宜性空间(图2-8)。为了更好地支撑国土空间开发保护格局的建立,针对多宜性空间,从生态保护、农牧业发展、城镇建设等角度出发,提出不同的情景方案,探讨不同的情景方案下可能的国土空间开发保护格局。

1. 情景一:优先考虑生态保护和农牧业发展

在生态保护的基础上考虑优先保障农牧业发展,城镇有限增长。这种情景下形成的生态、放牧、种植业、城镇的空间占比为80.8% ∶ 16.7% ∶ 1.8% ∶ 0.7%,国土开发和

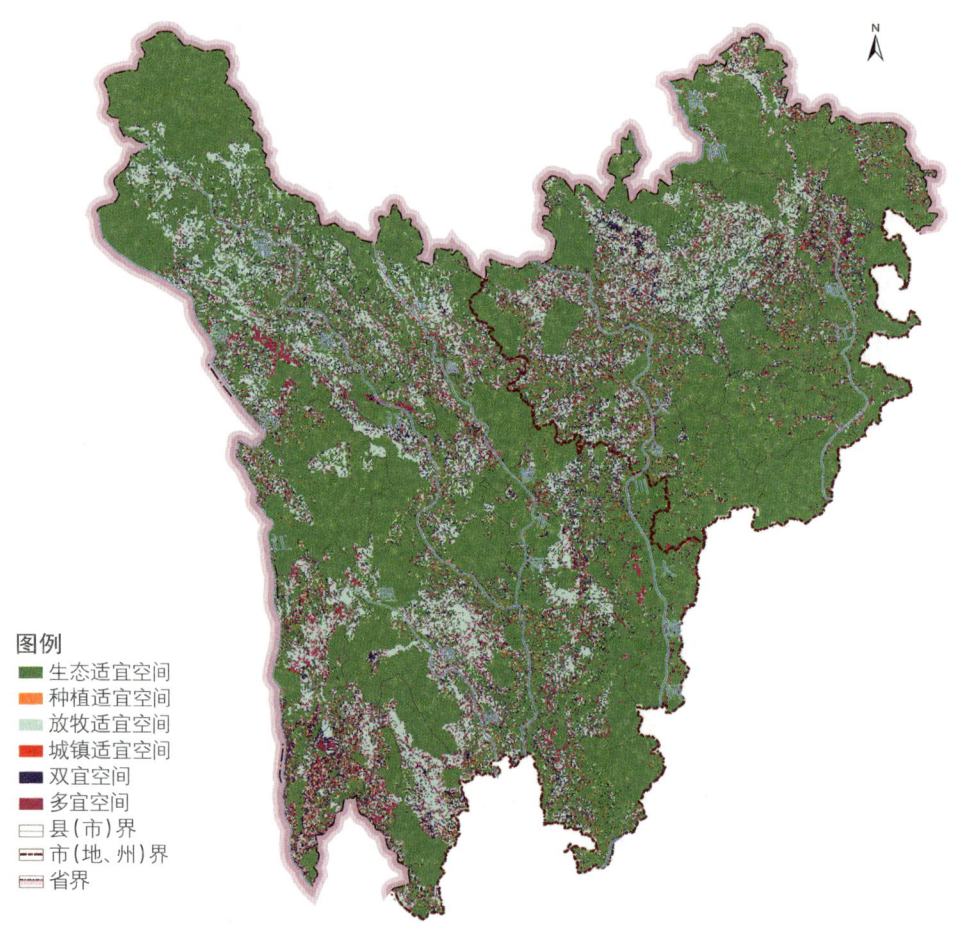

图2-8 适宜性综合评价结果

保护格局的主要表现是生态空间最大化的格局特征、农牧业发展空间最充足的特点,以及点状的城镇布局模式,城镇建设开发的过程中除了贯彻组团化发展模式,在部分重要节点区域预留区域生态廊道,该情景的城镇建设开发强度保持在0.7%左右(图2-9)。

2. 情景二:基于自然梯度规律,统筹考虑城镇发展

川西北地区存在比较明显的自然梯度特征,最明显表征是高程和地貌,这不仅是一个海拔要素因子,其背后也有气象气候和水文的内涵。川西北地区主要呈现了四个梯度:第一梯度是3 000米等高线以下川谷低丘区域,是城镇和耕地分布的区域;第二梯度是3 000~4 000米等高线的山丘区,是林草主要分布区域,是生态、牧业混合区域;第三梯度是4 000~5 000米等高线的山地区,是少数灌木和草地分布的区域,是夏季高山牧场区域;第四梯度是5 000米等高线以上区域,是川西北地区高频率积雪和裸岩山体

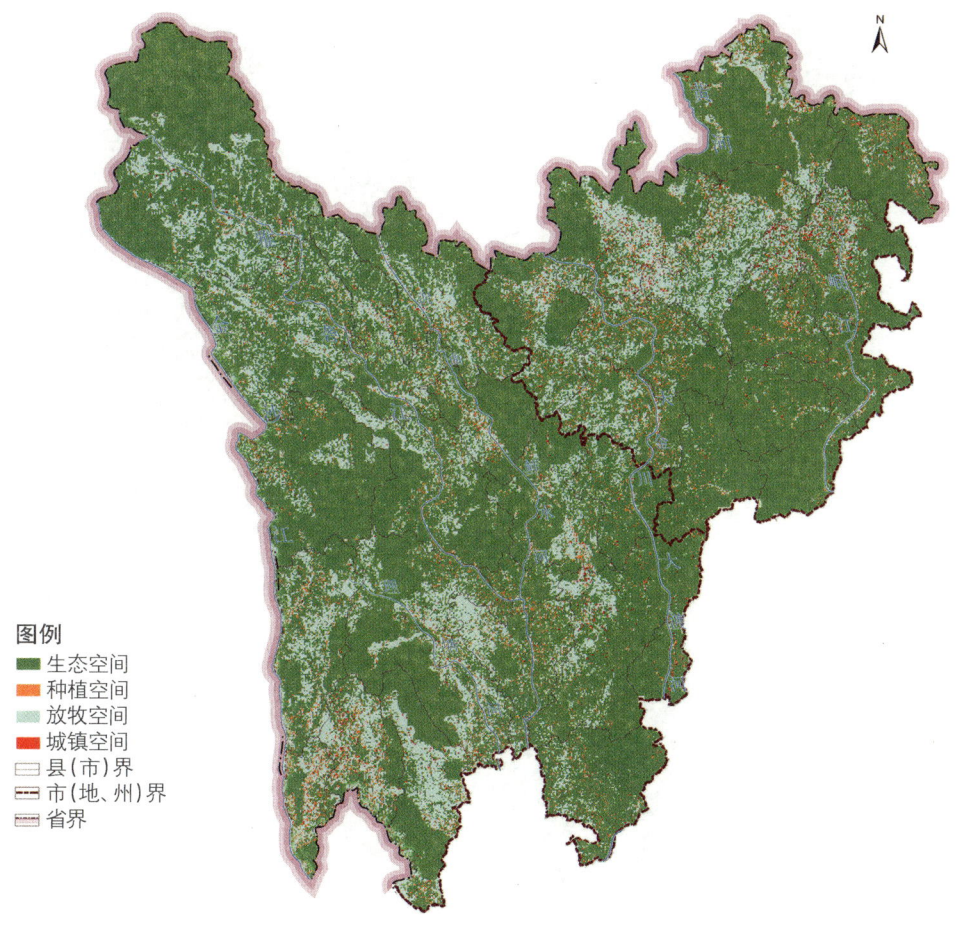

图2-9　情景一:生态保护和农牧业生产优先型空间格局

的主要分布区域,是重要而脆弱的生态空间。

基于评价和自然梯度规律,考虑各个梯度的多宜性空间选择的不同优先级,同时统筹考虑城镇发展的需求,形成情景二。这种情景下形成的生态、放牧、种植业、城镇的空间占比为80.7%、16.3%、1.6%、1.3%。该情景下国土开发和保护格局的主要特点是城镇在规模和空间布局上有一定发展,能够较好地满足本地区城镇建设需求,该情景的城镇建设开发强度保持在1.3%(图2-10)。

综合川西北地区生态主导功能的特点和自然梯度规律,规划确立了"面上保护、点状开发"的总体思路和"区域一体、山水相通,提质强心、组群联动以及开放协同、安全共建"的空间战略,针对生态空间与农牧业空间和城镇空间之间的矛盾,重点理顺生态保护与农牧业开发和城乡建设之间的关系。以生态廊道串联重要生态功能区,形成区域一体化面上生态保护的基底。有重点地推进点状开发,通过城镇间的联动发展,促进

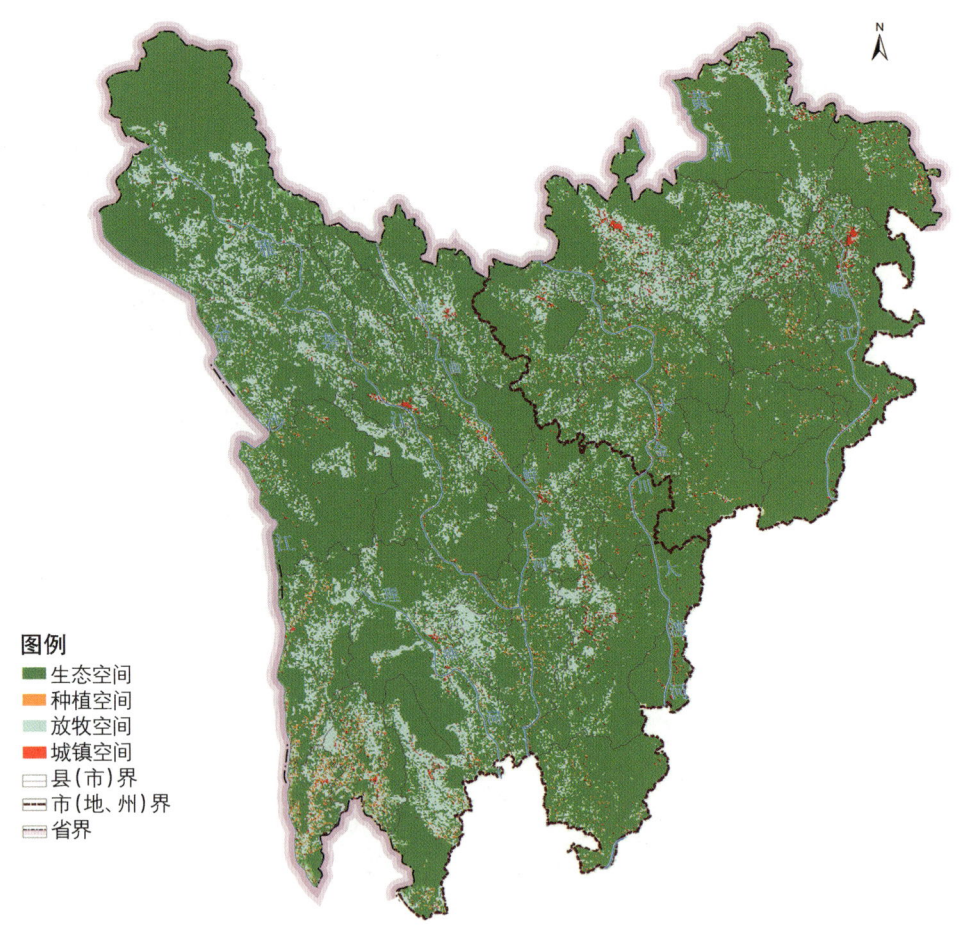

图2-10 情景二:基于自然梯度规律的城镇建设统筹发展空间格局

生态旅游文化资源的低影响生态化开发。同时，推动突出开放、安全等重要议题的空间落实。最终，在全域内形成"两屏、七区、四廊、多点"的开发保护总体格局（图2-11）。

2.4.2 "三增三减"的国土空间开发保护总体策略

基于川西北地区国土空间的特点和"面上保护、点状开发"的总体思路，规划进一步提出了"增减并行"的空间规划策略，以"三增三减"强化生态管控的同时优化各类空间布局及土地利用结构，保障生态地区的高质量发展。

1. 增加生态管控层次，减少保护与开发的矛盾

第一增减针对生态空间，通过增加生态管控层次，减少保护与开发的矛盾。从

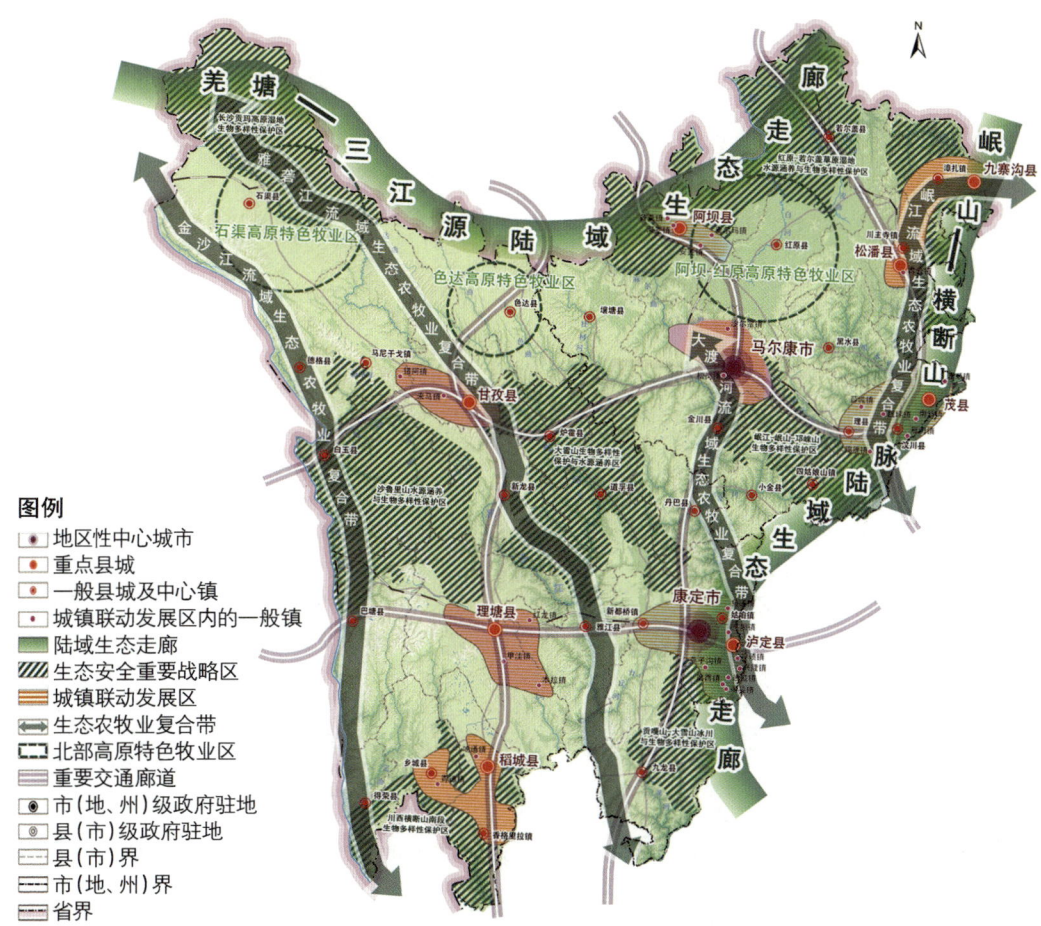

图2-11 川西北地区国土空间开发保护总体格局规划概念图

生态功能重要性出发，将生态安全格局进行管控落地，形成由核心生态区、重要生态区、生态维育区和生态调控区组成的全域覆盖的四级管控分区，把四级管控分区作为落实主体功能区战略、落实川西北地区生态保护核心功能的主要抓手，规范川西北地区的国土空间开发与保护行为，缓解保护与开发的矛盾。针对各级分区的构成及其承担的功能，依据相关的法源和管理依据拟定各分区针对各种开发行为的管制措施，明确各分区土地利用结构优化方向，制定相应的管控政策，并传导给下层级规划。

2. 增加特色农牧业产出，减少低效农地

第二增减针对农牧业空间，通过调整农牧业空间内部结构，减少低效率耕地、增加特色农牧业空间及产出，实现农业生产结构的优化。川西北地区为国家农业可持续发展规划的保护发展区及全国特色农产品发展优势区，重点应发展高原生态特色农牧业。现状农牧业的生产与自然本底条件存在着很多协调不足的现象。规划通过结构优化、分类引导缓解区内农牧业生产与自然本底及生态保护之间的矛盾冲突。农业生产方面，基于种植业承载力和适宜性评价，按照适地适用的原则确定耕地和永久基本农田保护的目标规模和优化布局，调整农业生产结构，增加特色农业生产空间的比例。牧业生产方面，基于牧业开发与生态保护存在一定的共生关系，重点对放牧活动强度进行分类管控引导，协调生态保护和牧业开发的冲突。

3. 增加服务设施支撑，减少低效建设用地

第三增减针对建设空间，大保护前提下通过减少低效建设用地，增加公共服务设施及旅游服务设施等的建设用地指标，改善民生、增强对全域旅游发展的支撑。虽然川西北地区是人口总量极低的生态地区，营造安全的高品质人居空间也是规划的重要任务。针对人居空间分布零散、特色资源转化不足以设施配置存在明显短板等问题，从提高空间效率、改善人居环境角度出发，以"大分散、小集中"为基本原则引导人口分布优化，引导建设用地指标向重点地区投放倾斜，提高土地利用效率。同时，为支撑资源价值转换，协调生态保护与旅游发展的矛盾，保障旅游业发展的空间需求，规划提出整治和控制低效旅游开发用地，以生态四级管控分区对旅游开发行为的要求为基础，依托城镇优化旅游服务中心体系，明确全区新增建设用地用于保障文旅用地比例的控制性指标，通过引导资源向高等级旅游服务中心定向投放提高服务水平，支撑全域旅游发展。

2.4.3　基于特色性、协调性和传导性的重点研究议题

结合省域次区域专项规划的特点，从川西北地区的本底特征和需要解决的关键问题出发，规划需要重点研究的议题包括三个方面。

首先是基于特色性的川西北地区国土空间的本底综合评价。川西北地区的本底综合评价首先要考虑其作为国家重要生态功能区的战略定位，所有的评价需要立足于生态优先的基本原则，针对川西北地区的地域特色展开，具体包括资源承载能力评价和国土空间开发适宜性评价（以下简称"双评价"）、国土安全与综合风险评估以及城乡景观风貌特色评估。"双评价"作为国土空间规划的基础性研究，重点关注如何在国家通用标准的基础上针对川西北高原生态地区的地域特征进行针对性的本地设计，构建科学可行的评价框架，提升"双评价"对规划的支撑作用。国土安全与综合风险评估针对川西北地区自然灾害频发的特点，旨在摸清川西北地区自然灾害风险隐患底数，为优化城镇发展方向和规模提供依据以及构建区域联防体系、提高国土空间的安全与韧性提供支撑。城乡景观风貌特色评估针对川西北地区独特的自然与文化景观资源，通过对城乡景观脉络的梳理和风貌价值的评估，为构建区域风貌体系、加强风貌管控、凸显地方特色和提升资源价值提供支撑。

其次是针对协调性的国土空间格局优化研究，包括生态空间、农牧业空间和城镇空间三个方面。生态空间格局优化研究，基于国家对川西北地区生态层面的战略要求，针对生态空间内部管控体系的问题以及保护与开发的矛盾，重点关注区内整体生态格局构建、生态空间管控体系的优化以及生态治理修复格局的安排。农牧业空间格局优化研究针对农牧业生产与生态保护冲突以及自然资源本底不匹配等问题，探索川西北地区农牧业高质量发展的路径，构建高原生态特色农牧业产业体系、优化农牧业空间格局，同时基于本地农牧业生产生活的空间关系，研究乡村人居空间格局的优化。城镇空间格局优化一方面应重点关注如何构建川西北地区特色城镇化模式，合理引导人口空间分布，优化城镇空间格局。另一方面应思考如何协调旅游与生态的矛盾，合理利用高品质旅游资源，实现旅游资源开发利用的空间布局。

最后是围绕传导性的国土空间规划传导体系研究。传导体系的构建重点是遵循事权对应、刚弹相济、有效反馈的基本原则，在完善细化四川省"四级三类"规划编制体系的基础上，针对川西北地区的特点，构建川西北地区的片区规划编制体系与传导框架，保障次区域规划所确定的规划要点能够通过传导体系由下层级的规划有效落实。

第3章

立足生态优先的川西北生态示范区国土空间本底综合评价

3.1 资源环境承载能力与国土空间开发适宜性评价

3.1.1 "双评价"的基础作用与工作难点

"双评价"是编制国土空间规划、完善空间治理的基础性工作。"双评价"有助于认识区域资源禀赋特点，研判国土空间开发利用问题和风险，识别生态系统服务功能极重要和生态极脆弱空间，明确农业生产、城镇建设的最大合理规模和适宜空间，为科学编制国土空间规划，优化国土空间开发保护格局，划定生态保护红线、永久基本农田和城镇开发边界等提供技术支撑。

川西北地区总面积较大、地形地貌差异大、生态功能重要且脆弱、灾害多发，本底条件复杂，因此"双评价"工作的开展面临着基础数据获取难和评价方法须与地方特色相结合的两大难题。基础数据是"双评价"的重要基础，数据的完整性、准确性和精度会直接影响结果。"双评价"所需要的数据庞杂多样，数据来源也涉及多部门(图3-1)。由于基础数据获取难度大，同时搜集到的基础数据在精度上也参差不齐，不利于后续的基础数据处理。针对这一问题，评价工作重点采用了省级层面的相关数据，并以地区层面数据进行补充完善。结合地方特色的本地化设计是"双评价"识别自然地理特征和认识本底条件的重要保障，评价技术方法、评价因子、指标阈值等都需要根据实际情况进行优化和调整。

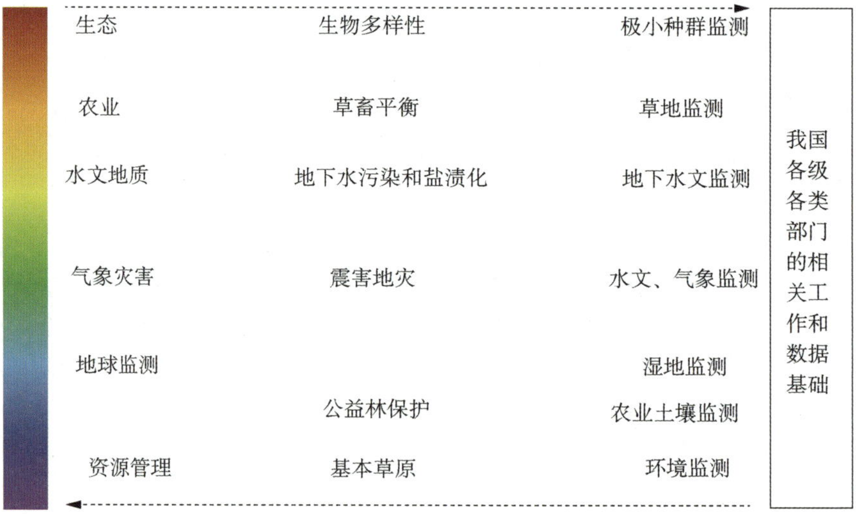

生态	生物多样性	极小种群监测	
农业	草畜平衡	草地监测	我国各级各类部门的相关工作和数据基础
水文地质	地下水污染和盐渍化	地下水文监测	
气象灾害	震害地灾	水文、气象监测	
地球监测		湿地监测	
	公益林保护	农业土壤监测	
资源管理	基本草原	环境监测	

图3-1 "双评价"基础数据图谱

3.1.2 针对川西北地区特色的评价框架设计

1. 落实国家对川西北地区的生态功能落位要求

川西北地区是国家重要的水源涵养、水土保持与生物多样性保护区域,是青藏高原生态屏障、黄土高原—川滇生态屏障的重要组成部分,也是长江黄河上游生态屏障和水源涵养地。《全国主体功能区划》明确的国家重点生态功能区中有3个位于川西北地区,即若尔盖草原湿地生态功能区、川滇森林及生物多样性生态功能区和三江源草原草甸湿地生态功能区。《全国生态功能区划》提出的50个全国重要生态功能区中也有3个位于川西北地区内,即若尔盖水源涵养重要区、岷山—邛崃山生物多样性保护重要区和横断山生物多样性保护重要区(部分)。《中国生物多样性保护优先区域》明确了川西北地区内有3个生物多样性保护优先区域,即岷山—横断山北段生物多样性保护优先区域、横断山南段生物多样性保护优先区域和羌塘—三江源区生物多样性保护优先区域。

2. 关注基于自然地理格局的梯度特征

川西北地区山水林草沙等自然要素丰富,具有高山峡谷等丰富的地貌特征。作为位于我国第二阶梯和第三阶梯的过渡地带,川西北地区的自然地理格局垂直差异的特征比较明显,导致气候、人类活动、生物多样性分布和灾害风险的空间差异,形成了一个以高程为主要指针的梯度特征。3 000米等高线、4 000米等高线、5 000米等高线分别代表着河谷、丘原、山峰的地貌边界线,同时也界定了田和水、林和草、冰和雪、原和峰的自然分布,造成了人类生产生活的适宜程度的差异。

3. 兼顾区域特征和全国尺度的阈值选择

作为次区域规划研究,本次川西北地区的"双评价"工作主要是在全国和省级的基础上,围绕本区域主要特征,进行进一步的特征识别与问题解析。因此,评价技术方法既需要充分考虑本区域的地方特征也要兼顾全国和省级尺度的阈值校核,指标的选择要突出区域特征,而阈值的选取则要同时兼顾本区域的级差和全省乃至全国的标准。对于难以获得的地方数据,研究通过国家气象信息中心、地理空间数据云、中国生态系统评估与生态安全格局数据库、国家生态科学数据中心资源共享服务平台等开放平台获得相关数据予以替代。各类单项评价结果的校核也充分利用国家各类研究机构已经完成的研究成果进行比对、验证和校正。

4. 评价框架设计

"双评价"研究主要包括本底评价、综合分析、成果应用三个部分(图3-2)。本底评价包括生态评价、农业评价和城镇评价。综合分析以本底评价为基础,包括资源环境禀赋特征分析、现状问题和风险识别、潜力分析和情景分析。成果应用重点是根据"双评价"的结论对国土空间规划中的格局优化、三线划定、指标分解、修复治理等提出建议。

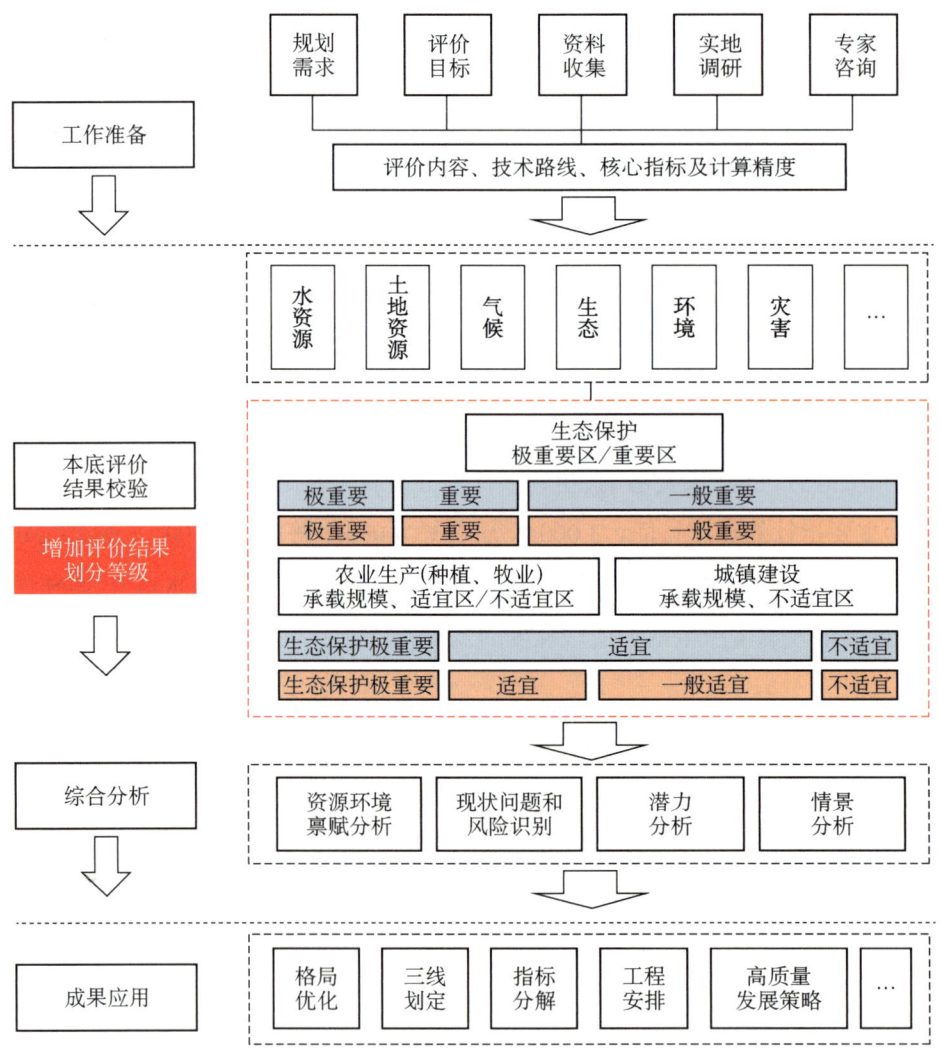

图3-2 本次研究采用的资源环境承载能力评价国土空间开发适宜性评价技术框架
资料来源:根据《资源环境承载能力和国土空间开发适宜性评价指南(试行)》绘制

针对川西北地区过渡地带复杂性、自然地理格局的独特性、资源利用的约束性等特征，"双评价"对普适性的研究框架进行了若干细化和优化，主要包括三个方面。一是根据影响因子对农业生产和城镇建设的影响机理及对适宜性评价流程进行拆解，形成要素权重叠加、要素因子叠加和要素修正三个评价流程，分别对应限制类指标、禁止类指标和修正类指标。二是强化多源要素对生态修复评价的修正，包括天然林公益林、湿地调查数据、野生动植物调查数据对生态系统服务功能重要性评价的修正，以及石漠化调查数据、沙化和荒漠化调查数据对生态脆弱性评价的修正。三是基于青藏高原特有作物青稞对种植业评价进行优化，同时利用宜草数据对牧业适宜性评价进行优化。通过评价框架的优化设计，整个评价过程能够充分利用各类现有资源，使得评价过程更科学，结果更贴合实际自然本底和现实情况。

3.1.3 响应国家战略的生态评价

党的十八大以来，生态文明建设已经成为现代化建设的战略目标，科学的生态评价是生态文明建设的重要基础工作。川西北地区是国家生态安全屏障的重要组成部分，具有重要的生态系统服务功能，同时川西北地区也面临着沙化、石漠化、水土流失等脆弱性退化问题。本次评价从生态系统服务功能重要性和生态脆弱性问题两大部分展开（图3-3）。

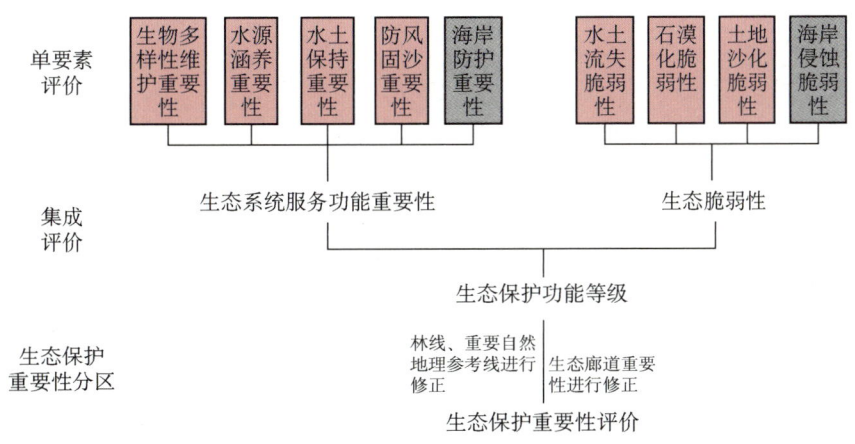

图3-3 生态保护重要性评价技术框架

1. 重要的生态系统服务功能

川西北地区重要的生态系统服务功能包括生物多样性维护、水源涵养、水土保持和防风固沙共四个方面。

1）物种丰富,具有重要的生物多样性维护功能

川西北地区生物多样性维护功能主要体现在生态系统、物种和遗传资源三个层次。在生态系统方面,川西北地区具有丰富的森林资源、湿地资源,并且具有冰川和永久积雪等特殊的地质资源要素(图3-4—图3-9)。在森林资源中,由连片的岷江冷杉、川滇冷杉、川西云杉、理塘杜鹃、紫花针茅草原等构成的生态系统是川西北地区维护生物多样性的重要区域。在湿地资源中,川西北地区不仅有河湖、沼泽,而且还有冰融湖(川西地区称为海子)。

在物种方面,根据国家重点保护野生动植物名录、世界自然保护联盟(IUCN)濒危物种及中国生物多样性红色名录,川西北地区栖息有大熊猫、雪豹、藏狐、岩羊、藏羚羊、藏马鸡、金钱豹、金丝猴等重要的保护物种,同时也是我国乃至世界的重要候鸟迁徙廊道。这些国家重点野生动物主要栖息在自然保护地和各类其他生态系统中。此外,川西北地区还分布有极小种群野生植物分布区[①]及其他生物多样性保护优先区域[②](图3-10,图3-11)。

在遗传资源层次方面,川西北地区分布有重要的水产种质资源保护区,主要有黄河上游特有鱼类水产种质资源保护区(国家级)、阿拉沟高原冷水性鱼省级水产种质资源保护区、雅砻江鲈鲤长丝裂腹鱼省级水产种质资源保护区(图3-12)。

---

① 参见:《四川省极小种群野生植物拯救保护工程实施方案(2012—2015年)》。
② 参见:《四川省生物多样性保护优先区域规划(2022—2030年)》《四川省生物多样性保护战略与行动计划(2011—2020年)》。

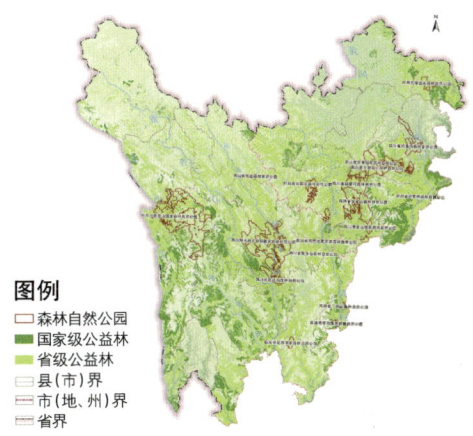

图 3-4 森林自然公园和公益林分布示意图

图 3-5 永久冰川积雪和地质公园分布示意图

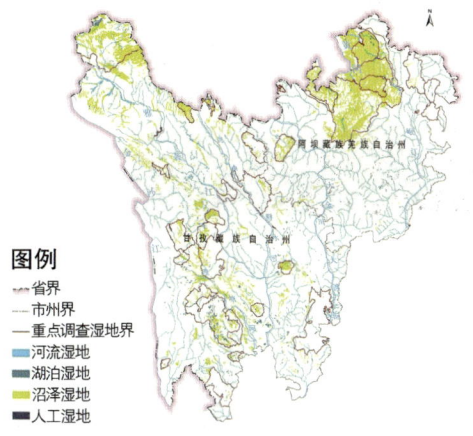

图 3-6 川西北地区重要湿地分布示意图
资料来源：国家林业局.中国湿地资源（四川卷）[M].北京：中国林业出版社，2015：351.

图 3-7 川西北地区国家级极小种群保护野生植物分布
资料来源：《四川省极小种群野生植物拯救保护工程实施方案（2012—2015年）》

图 3-8 国家公园和自然保护区（截至2020年12月30日）

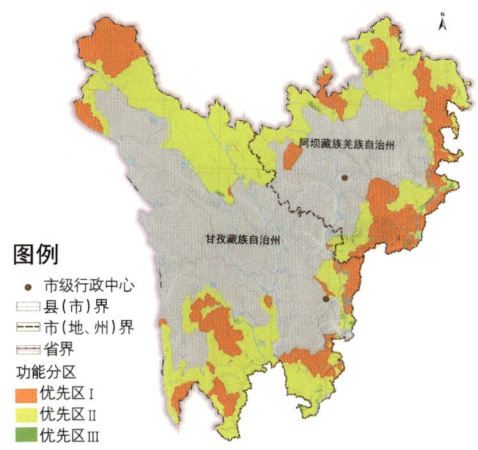

图 3-9 生物多样性保护优先区域
资料来源：《四川省生物多样性保护优先区域规划（2022—2030年）》

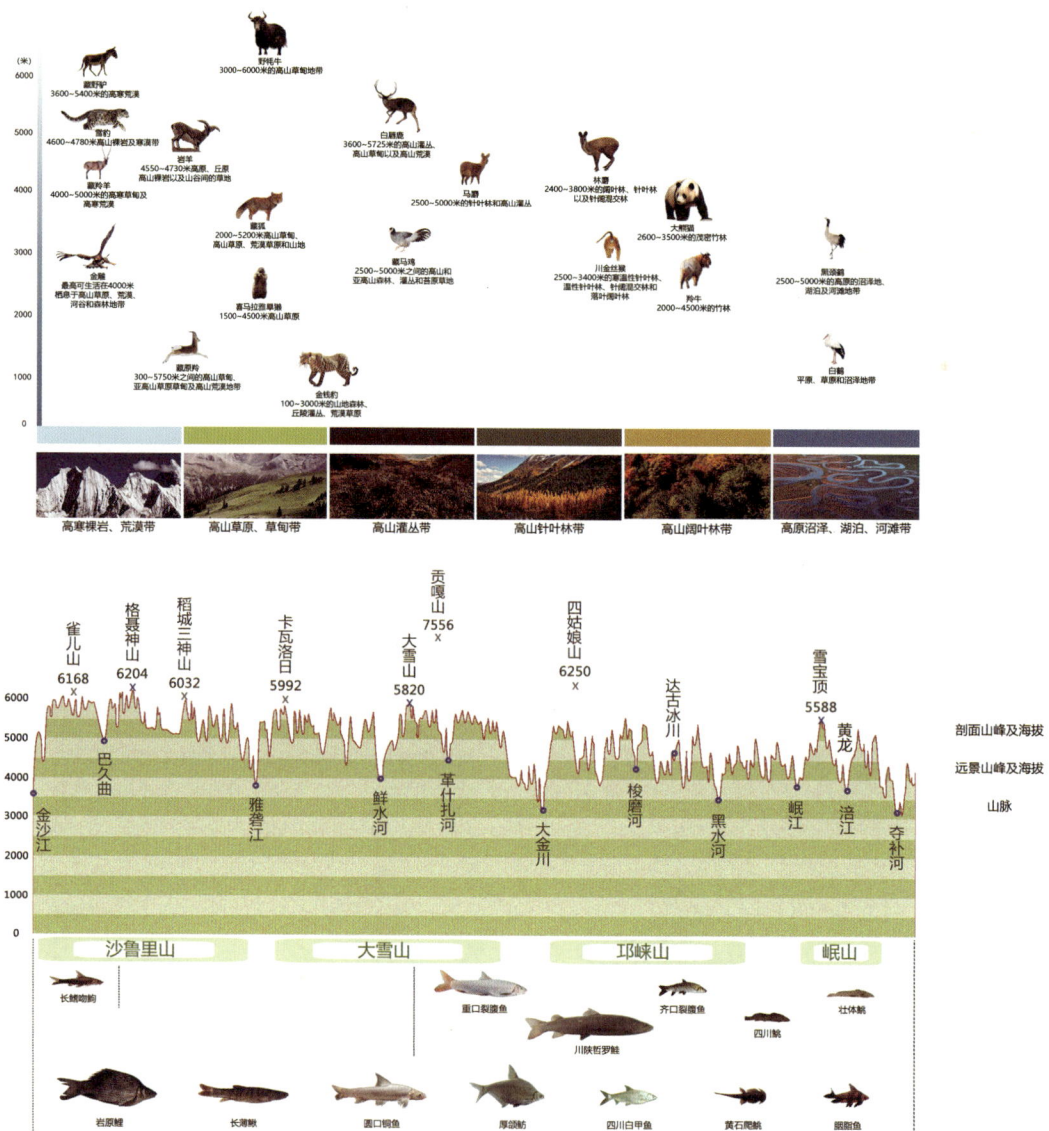

图 3-10 动植物在川西北地区的垂直分布

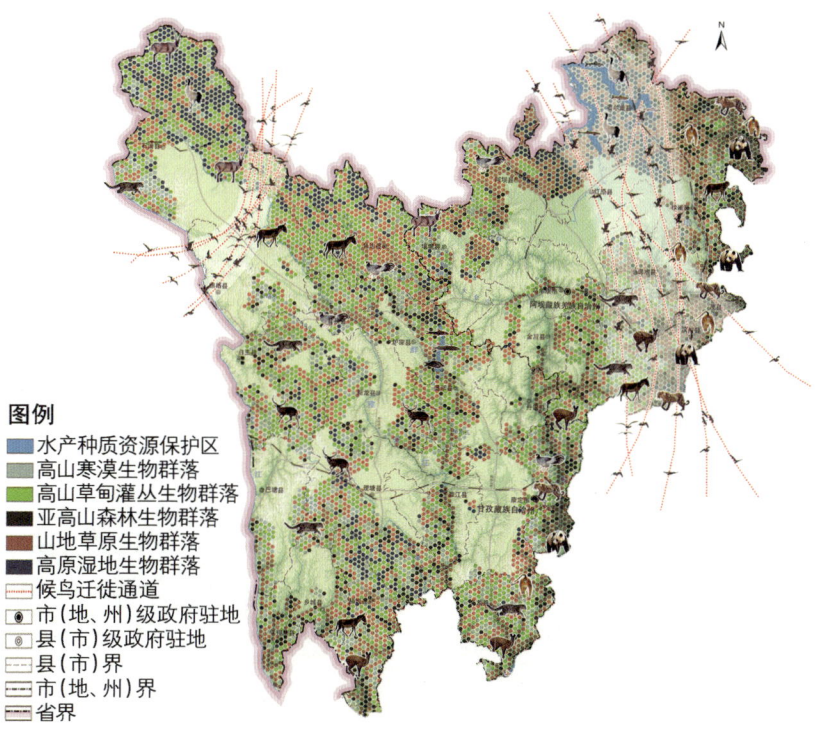

图 3-11　川西北地区物种和生态系统分布示意图

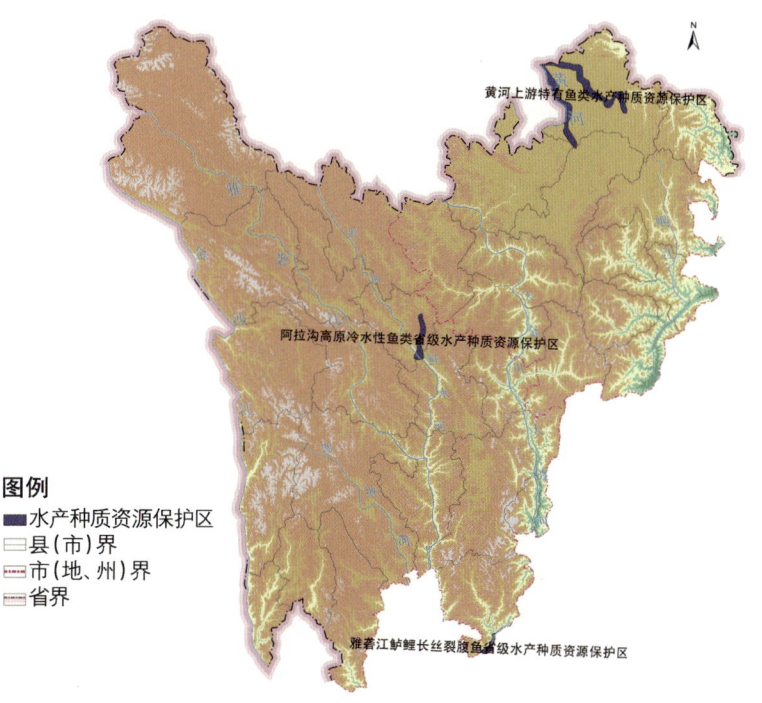

图 3-12　水产种质资源保护区示意图

综合评价生态系统、物种和遗传资源，川西北地区极重要的生物多样性维护功能主要分布在石渠、若尔盖、沙鲁里山、大雪山，以及岷山—岷江—邛崃山一线，占全域面积约为43.4%（图3-13）。

图3-13　生物多样性维护功能重要性评价

2)湿地冰川广布,水源涵养功能重要

川西北地区水源涵养功能重要性评价在综合考虑河流源区、河流供水功能、地表覆盖、地形等因子的基础上,通过水平衡方程计算水源涵养量来衡量水源涵养功能重要性,并利用永久冰川积雪、湿地以及重要水源保护区进行修正。川西北地区的石渠、若尔盖湿地以及岷山—岷江—邛崃山一线山林区域是水源涵养极重要区,占全域面积约为18.3%(图3-14)。

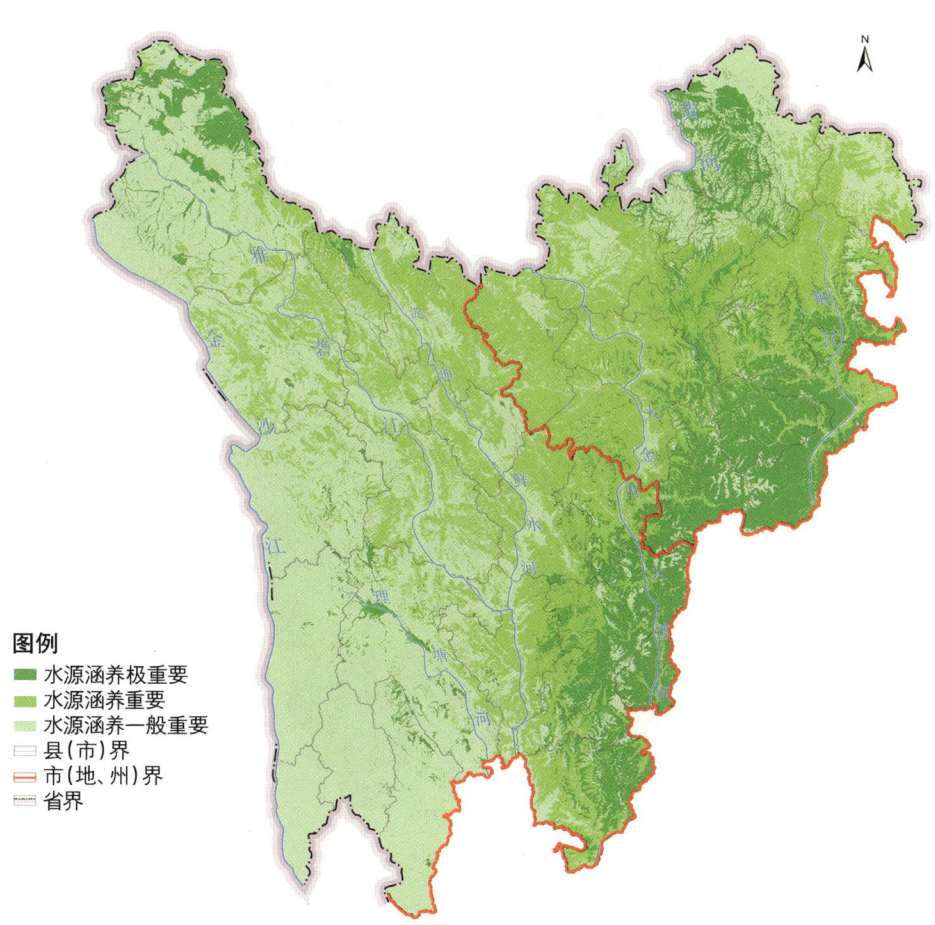

图3-14 水源涵养功能重要性评价

3）地质环境脆弱，山林地区水土保持功能重要

川西北地区水土保持功能重要性评价综合考虑土壤可蚀性、地形、降雨等因子。川西北地区的北部和东部具有较高的植被覆盖度，全域以山地为主，沙鲁里山、大雪山、岷山、邛崃山山脊以及半山林草富集区域，是水土保持功能极重要区，占全域面积约为23.8%（图3-15）。

图3-15　水土保持功能重要性评价

4）气候恶劣，林草的防风固沙功能重要

防风固沙功能评价一般以防风固沙量（潜在风蚀量与实际风蚀量的差值）作为主要评估指标，主要考虑因素包括风速、降雨、温度、土壤、地形和植被等因子。川西北地区大多属于大风气候区域，年大风天数超过30天，甚至部分地区超过100天（图3-16）。全域土质偏砂性，西南部地区植被覆盖偏低（图3-17，图3-18）。沿巴颜喀拉山脉分布的甘孜州石渠、德格、甘孜、色达、壤塘等县具有极重要的防风固沙功能，占全域面积约为11.1%（图3-19）。

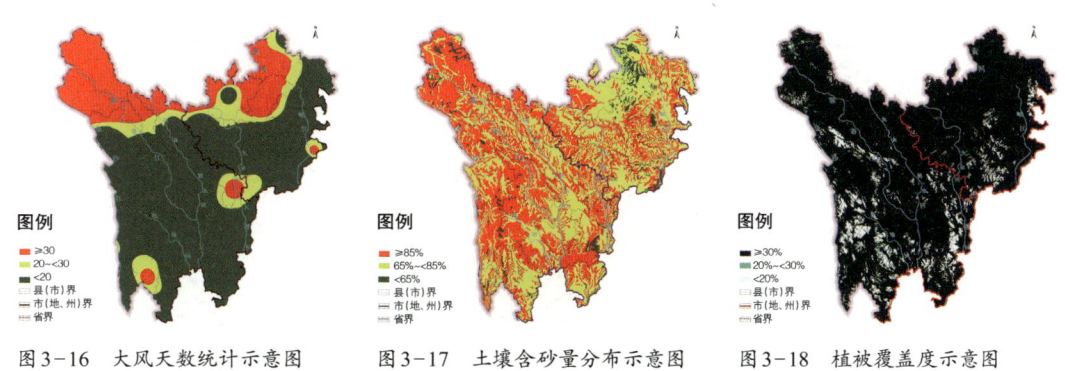

图3-16　大风天数统计示意图　　图3-17　土壤含砂量分布示意图　　图3-18　植被覆盖度示意图

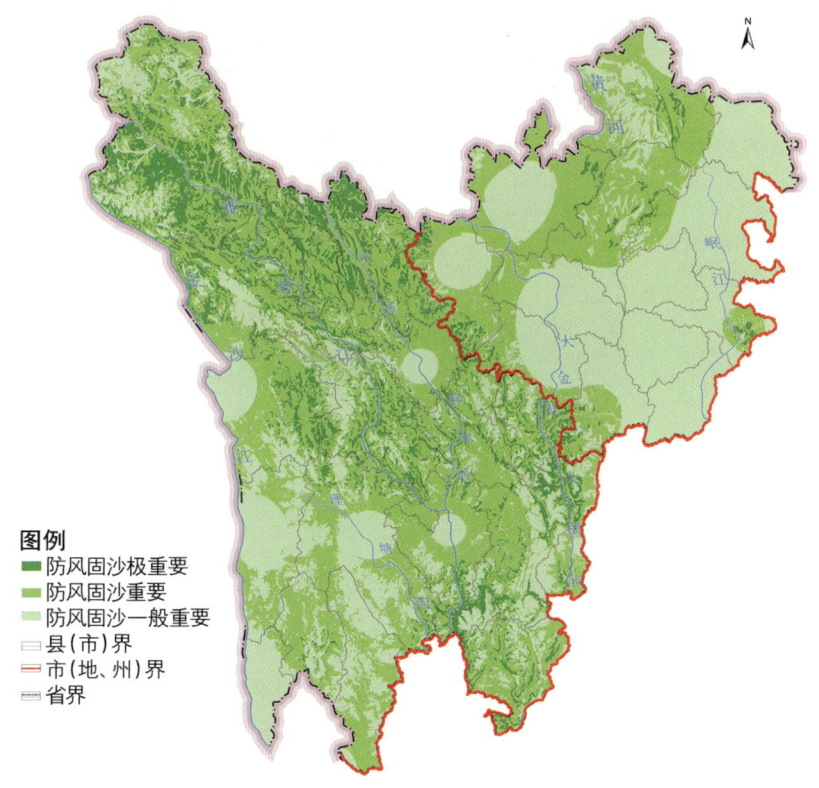

图3-19　防风固沙功能重要性评价

5）小结

综合生物多样性维护、水源涵养、水土保持和防风固沙共四个方面的评价，川西北地区的重要生态系统服务功能主要分布在沿巴颜喀拉山脉的北部地带、岷山—岷江—邛崃山一线、沙鲁里山、大雪山等区域，占全域面积约为66.8%（图3-20）。

图3-20　生态系统服务功能重要性评价

2. 一定的生态脆弱性

川西北地区是全国水土侵蚀较严重的区域，主要存在水土流失、土地沙化和石漠化等问题。

1）水土流失脆弱性较低

川西北地区近年来在植树造林、土壤侵蚀防治方面取得一定成就，水土流失极脆弱区域较少，仅占全域比重的0.3%，零散分布在邛崃山、大雪山，这些区域兼具较强的瞬时降雨和脆弱的地表特征（图3-21，图3-22）。

2）土地沙化脆弱性不高

根据第五次沙化和荒漠化调查中的风蚀状况和沙化程度数据，川西北地区实际土地沙化极脆弱区占比约0.1%，主要分布在大雪山的部分区域，这些区域降雨量低、蒸发量高，干燥度较高和起风沙天数偏高相关（图3-23，图3-24，图3-25）。

3）石漠化脆弱性存在于局部地区

根据全国第三次石漠化调查数据，川西北地区石漠化极脆弱区占比约0.2%，主要分布在康定（图3-26）。

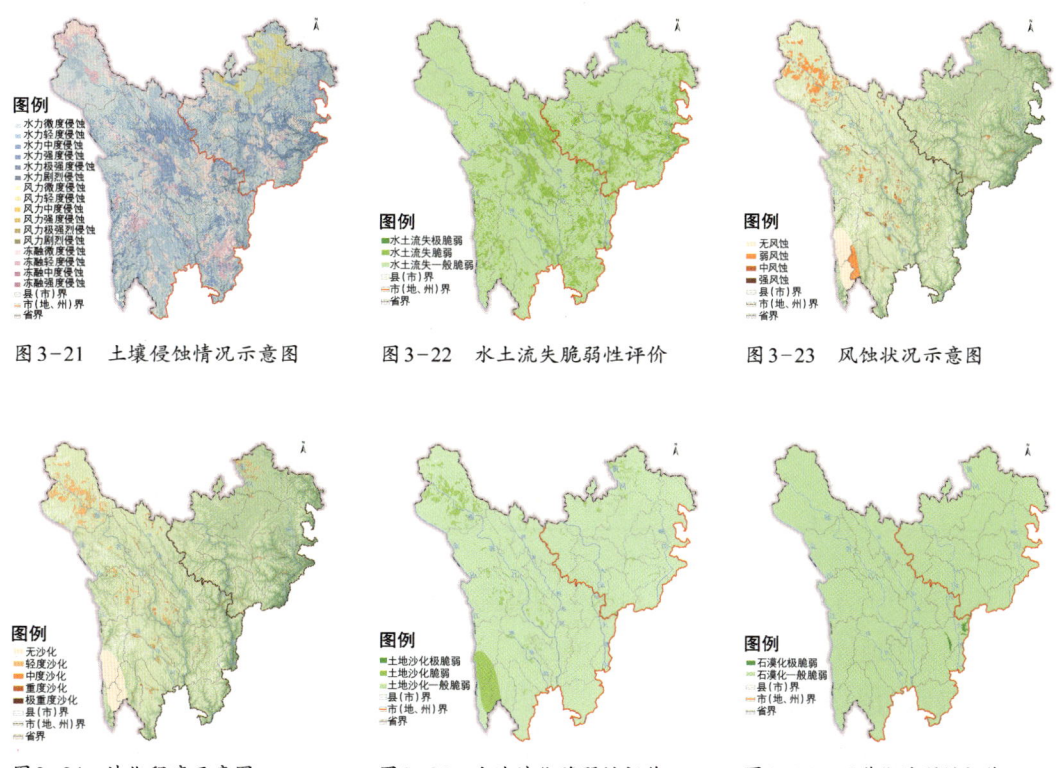

图3-21 土壤侵蚀情况示意图　　图3-22 水土流失脆弱性评价　　图3-23 风蚀状况示意图

图3-24 沙化程度示意图　　图3-25 土地沙化脆弱性评价　　图3-26 石漠化脆弱性评价

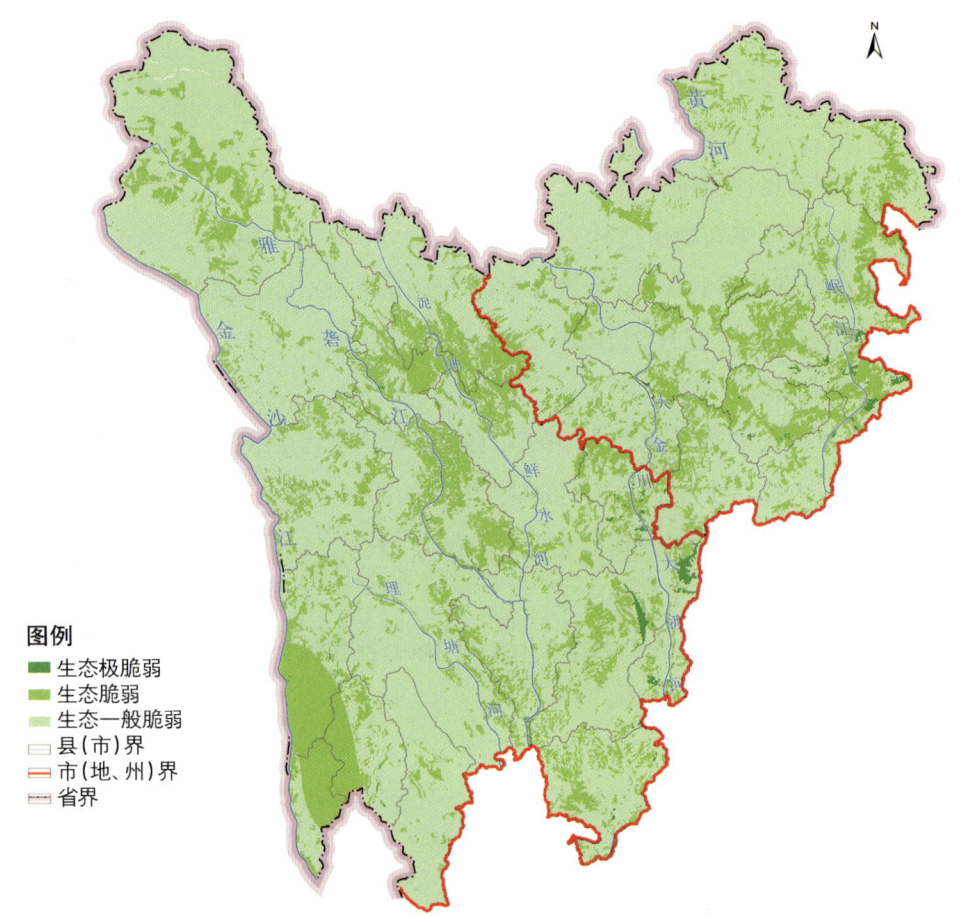

图 3-27 生态脆弱性评价

表 3-1 生态保护重要性判定矩阵

生态系统服务 功能生态脆弱性	极重要	重要	一般重要
极脆弱	极重要	极重要	极重要
脆弱	极重要	重要	重要
一般脆弱	极重要	重要	一般重要

综合这三个方面评价,川西北地区生态极脆弱区域主要分布在大雪山、邛崃山以及康定的部分山地,约占全域的0.6%(图3-27)。

3. 极高的生态保护重要性

立足生态系统服务功能重要性和生态脆弱性分析结果,进行叠合分析,采用取大值的耦合判定矩阵,形成最终的生态保护重要性评价结果(表3-1)。

图 3-28 生态保护极重要区分布示意图

结果显示兼具生态重要性和脆弱性的生态保护极重要区占全域比重约为 66.9%，主要集中在岷山—邛崃山—贡嘎山沿线、沙鲁里山区域、石渠及若尔盖湿地，生态保护重要区占全域比重约为 28.2%，一般重要区仅占约 4.9%（图 3-28）。

3.1.4　体现地方特征的农业评价

川西北地区地处青藏高原和成都平原的交界区域，是农区向牧区过渡的重要区域，同时也是全国五大牧区之一，有超过 2 亿亩天然草原，占全省草原总面积的 68.7% 左右。因此，不管是地方尺度、区域尺度还是全国尺度，川西北地区的农业生产评价都具有重要的意义。根据其农牧复合的特征，川西北地区的农业评价包括种植业评价和牧业评价。

1. 种植业受到水资源和土地耕作条件的制约

1）种植业生产适宜性不高

川西北地区在生态保护极重要区之外的区域中，种植业适宜区占全域比重约为3.2%，一般适宜区占全域比重约为10.7%，不适宜区占全域比重约为19.2%（图3-29）。对种植业生产限制较强的因素主要包括坡度、积温、干旱、雪盖、微观地貌等，其中坡度影响土层积累，积温影响作物生长能量，干旱制约用水，雪盖不仅存在遮光问题而且通过低气温缓滞作物生长甚至产生冻害，微观地貌主要表现在局部的阳坡高水分蒸发限制作物生长。

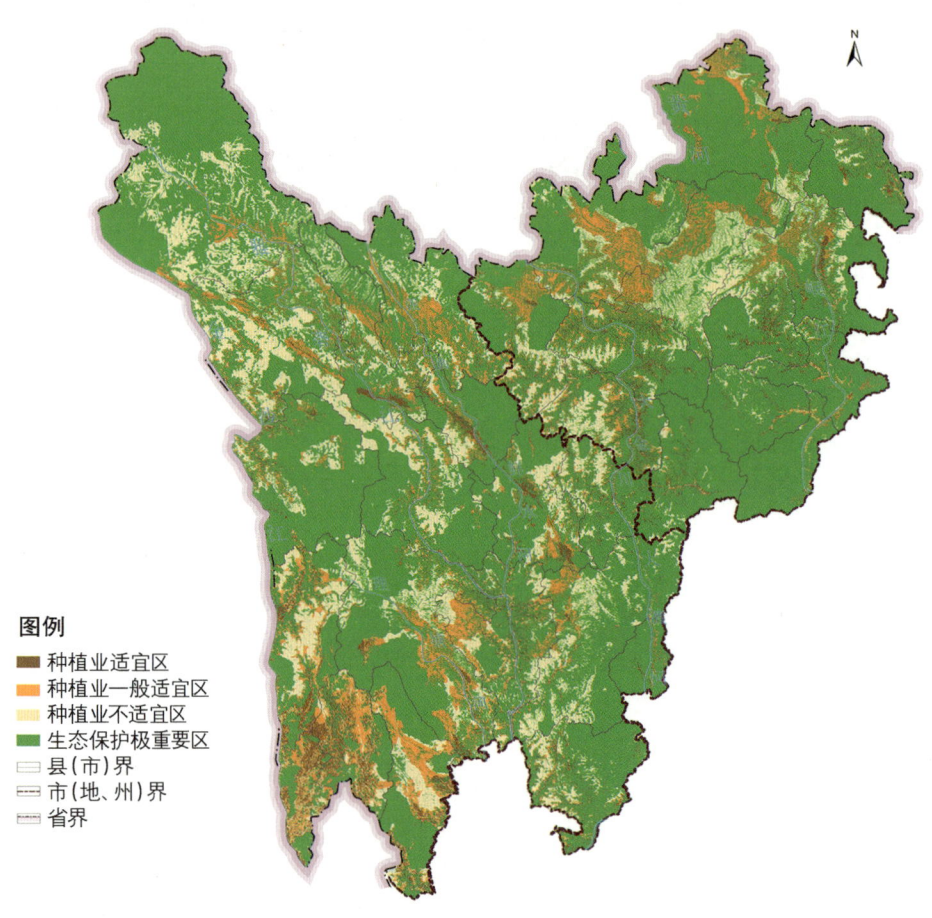

图3-29　种植业适宜性评价

种植业适宜性评价技术框架

川西北地区种植业适宜性评价主要采用如下公式：

$$L_{种} = \prod_{i=1}^{m} J_{种i} \cdot \sum_{k=1}^{n} W_{种k} X_{种k}$$

式中，$L_{种}$——种植业生产适宜性得分；

i——不适宜指标编号；

m——不适宜指标个数；

$J_{种i}$——第 i 个不适宜指标的得分；对符合不适宜指标的，赋值为0；不适宜指标之外的，赋值为1；

k——限制性指标编号；

n——限制性指标个数；

$W_{种k}$——限制性指标的权重；

$X_{种k}$——第 k 个限制性指标的得分。

限制性指标的分值越高表示越适宜进行种植业生产。

川西北地区种植业适宜性评价的限制性指标主要包括生态保护重要性、坡度、地质灾害易发程度、耕地质量、灌溉条件、青藏高原宜耕评价、微观地貌（图3-30，表3-2，表3-3）。

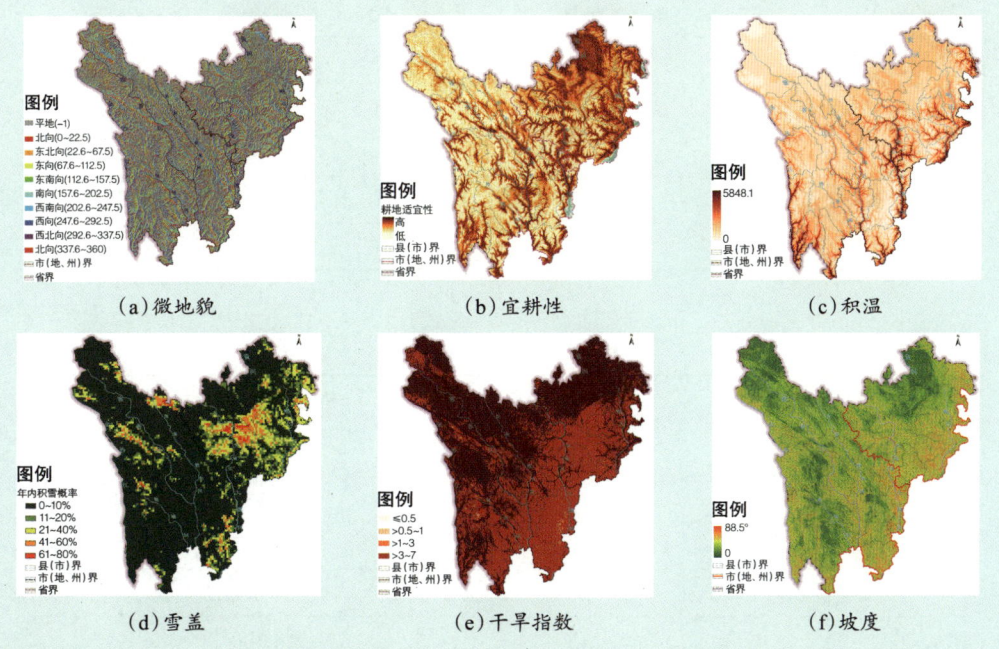

图3-30　种植业适宜性评价限制性要素

种植业适宜性评价的不适宜指标主要包括水域、35°陡坡区、裸岩及沙地，以及积温（>0℃）小于1 000℃。

表3-2 限制性指标和权重

指标	指标分类	分值	权重
坡度	>25°	10	0.1
	>15°~25°	20	
	>6°~15°	60	
	>2°~6°	80	
	≤2°	100	
积温	<1 200℃	20	0.2
	1 200~2 000℃	60	
	2 000~<3 000℃	80	
	≥3 000℃	100	
干旱指数	≥7	20	0.2
	3~<7	60	
	<3	100	
雪盖	≥40%	40	0.1
	20%~<40%	80	
	<20%	100	
青藏高原宜耕评价	宜耕评价	按照计算值	0.3
微观地貌	阳坡	100	0.1
	半阳坡	80	
	阴坡	40	

表3-3 不适宜指标和权重

指标	指标分类
水域	河流、湖泊、水库等
坡度	≥35°
裸岩、沙地	裸岩、沙地
积温（>0℃）	<1 000℃
高程	≥4 300米

2)种植业生产面临水资源制约

川西北地区人均占有水资源量远超四川省平均水平,水资源相当丰富,但受高山峡谷地形影响,工程性缺水问题非常突出,目前水资源开发利用率不足1%(图3-31,图3-32)。根据用水总量控制指标,川西北地区现状用水承载力约为60%(图3-33),水资源利用有一定的可增长空间,农田灌溉承载规模远小于现状耕地面积(图3-34),与川西北地区大部分雨养旱地为主的现状耕地结构相符。

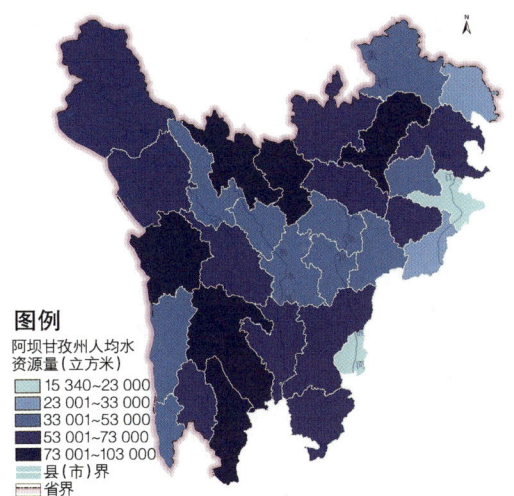

图3-31 人均水资源量分布示意图

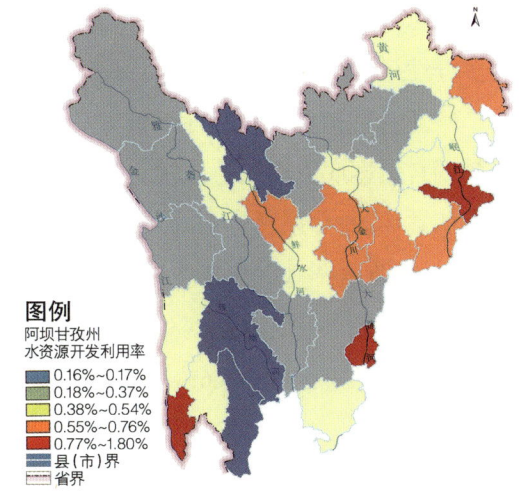

图3-32 水资源开发利用率示意图

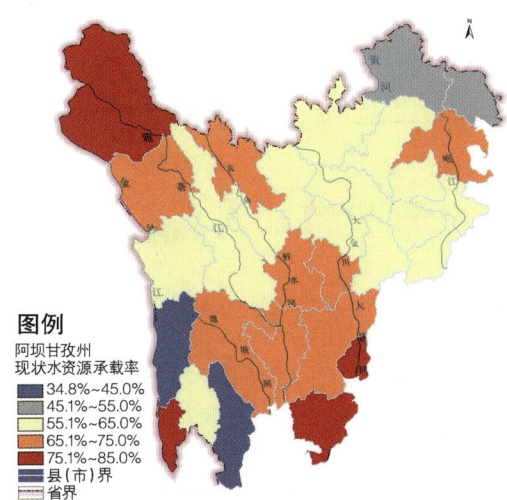

图3-33 现状水资源承载率示意图

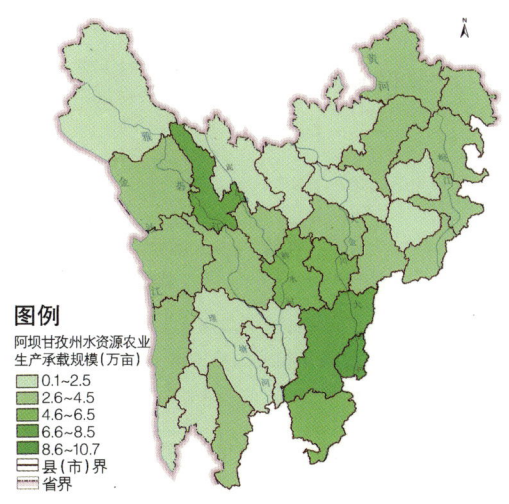

图3-34 水资源种植业生产承载规模示意图

2. 牧业生产存在一定的承载力限制

全国范围内对牧业生产适宜性研究较少,主要是由于牧业的模式有散养、圈养等多种方式,而且放牧与生态保护在某种程度上具有一定的共生关系。许宏斌(2018)[①]在呼伦贝尔进行的4年试验显示,植物群落生长更新的速率在轻度放牧强度下较快,而植物群落密度则在中度放牧强度下出现最大值,适当的放牧干扰可以增加草原的生物多样性。郑群英(2017)[②]等对阿坝州的研究显示在中度放牧情况下草地的生产力最高,一定程度上也印证了中度干扰假说[③]。总体而言,适当程度的放牧能够使草地具有最高的生物多样性(图3-35)。

牧业和种植业在适宜性评价上具有相似性,二者都关注"正反"两个方面。正面即自身的自然本底生产能力如耕地肥力、草地产草能力;反面即由于耕作和放牧会产生对生态的破坏,这是来自生态的一种胁迫关系。

1)牧业生产适宜性较高

根据评价,川西北地区生态保护极重要区以外牧业生产适宜区占全域比重约为20.5%,一般适宜区约占9.6%,不适宜区约占3%(图3-36)。

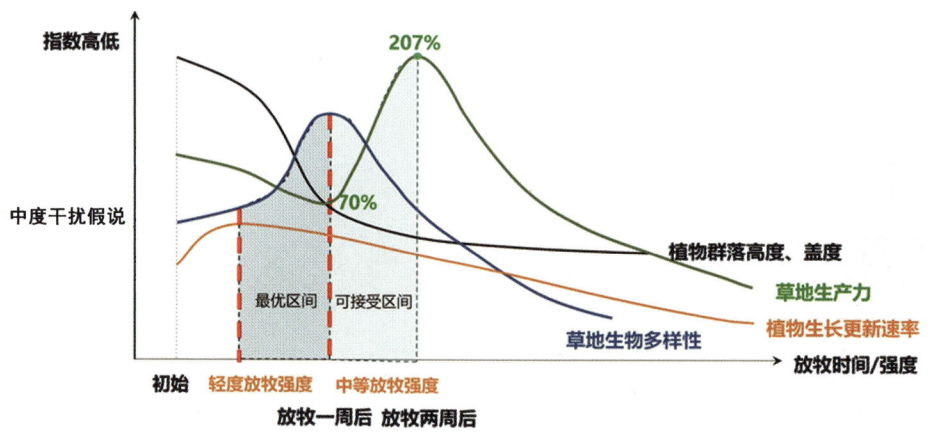

图3-35 放牧行为对草地生态功能影响规律
资料来源:根据相关文献梳理

---

① 许宏斌.不同放牧强度对呼伦贝尔草甸草原群落特征及群落生物量分布的影响[D].呼和浩特:内蒙古大学,2018.
② 郑群英,刘刚,肖冰雪,等.放牧对川西北高寒草甸植物物种丰富度和生物量的影响[J].草业科学,2017,34(7):1390-1396.
③ 美国生态学家康奈尔(J.H.Connell)等人于1978年提出的一个假说:中等程度的干扰频率能维持较高的物种多样性。如果干扰频率过低,少数竞争力强的物种将在群落中取得完全优势;如果干扰频率过高,只有那些生长速度快、侵占能力特强的物种才能生存下来;只有当干扰频率中等时,物种生存的机会才是最多的,群落多样性最高。

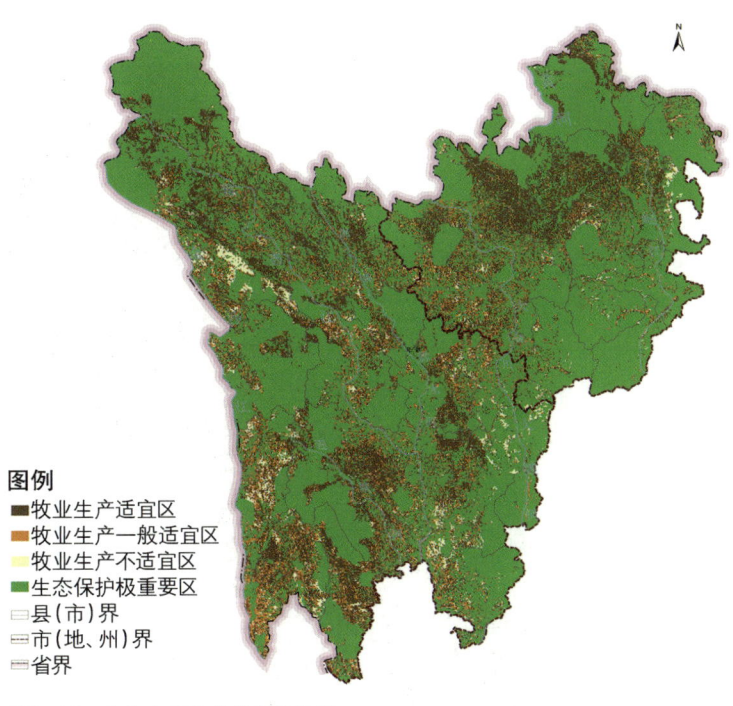

图3-36 牧业生产适宜性评价结果

牧业生产适宜性评价的技术框架

川西北地区牧业生产适宜性评价公式如下:

$$L_{牧}=\prod_{i=1}^{m}J_{牧i}\cdot\sum_{k=1}^{n}w_{牧k}X_{牧k}$$

式中,$L_{牧}$——牧业生产适宜性得分;

i——不适宜指标编号;

m——不适宜指标个数;

$J_{牧i}$——第i个不适宜指标的得分;对符合不适宜指标的,赋值为0;不适宜指标之外的,赋值为1;

k——限制性指标编号;

n——限制性指标个数;

$w_{牧k}$——限制性指标的权重;

$X_{牧k}$——第k个限制性指标的得分;分值越高表示越适宜进行牧业开发。

1) 评价指标和权重

川西北地区牧业生产适宜性评价的限制性指标主要包括坡度、青藏高原宜草评价、微观地貌、雪盖[图3-30(a)(d)(f),图3-37,表3-4,表3-5]。

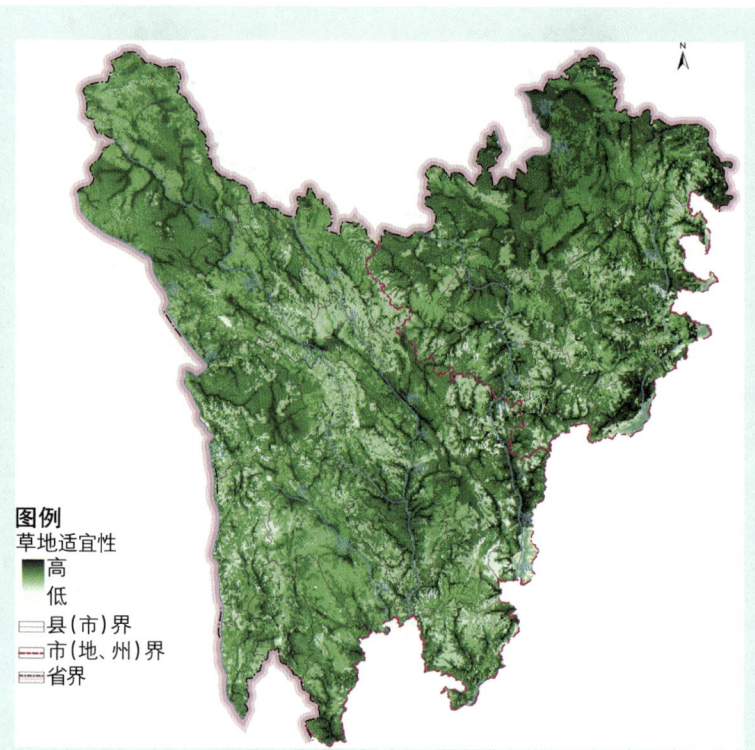

图3-37 川西北地区宜草评价示意图

表3-4 限制性评价指标和权重

指标	指标分类	分值	权重
坡度	＞35°	20	0.2
	＞25°～35°	60	
	＞15°～25°	80	
	0°～15°	100	
青藏高原宜草评价	按照计算值	计算值	0.4
微观地貌	阳坡	40	0.2
	半阳坡	80	
	阴坡	100	
雪盖	≥40%	40	0.2
	20%～＜40%	70	
	＜20%	100	

川西北地区牧业生产适宜性评价的不适宜指标主要包括水域、裸岩区以及地质灾害影响范围。

表3-5　不适宜指标

指标	指标分类
水域	河流、湖泊、水库等
裸岩区、沙地	裸岩区、沙地
陡坡区	>45°
高程	≥4 700米

2) 牧业存在一定的承载力制约

牧业主要包括牧区畜牧业和农区畜牧业。牧区畜牧业的承载能力,主要通过测算草地资源的可持续饲草生产能力,确定草原合理载畜量(羊单位)。农区畜牧业,主要通过测算农区养殖肥养分需求量和供给量,确定农区合理载畜量(猪单位)。川西北地区草原主要以牧区畜牧业为主,农区畜牧业规模相对较小。本次评价以牧区畜牧业评价为主,以四川省甘孜州18个县(市),阿坝州13个县(市)的家畜数量、草原面积、放牧强度为研究对象。数据源于甘孜州、阿坝州农业畜牧的2017年家畜统计年鉴以及四川省第三次土地调查数据。

川西北地区草原平均海拔3 000～4 500米,总体地势高、草原面积辽阔,大部分可利用草原分布在高原区域,主要为高寒草甸草地和高寒灌丛草地；海拔2 800～<3 500米区域分布以高山草甸草地为主,海拔1 500～<2 800米分布以山地草甸草地和山地灌草丛为主,海拔1 500米以下主要为山地灌丛草地(图3-38,图3-39)。

受海拔、温度和降水的季节变化,川西北地区草原分为夏秋和春冬两季草场,且两季草场面积差距大,放牧和草场的时空分布不协调,冬春牧场太少的区域,会出现季节性超载的问题,需要在空间规划中重点关注(图3-40)。

2017年川西北地区的放牧家畜主要分布于阿坝州北部的若尔盖县、红原县、阿坝县和甘孜州的石渠县,两个州的实际载畜量从北向南有逐渐递减的趋势,其中若尔盖县的家畜数量最大,数量在200万～350万羊单位；大部分县(市)的家畜量在50万～200万羊单位(图3-41)。对于草场,根据"三调"结果,阿坝州的若尔盖县、红原县、阿坝县以及甘孜州的石渠县的草场面积最大,为60万～152万公顷(图3-42)。

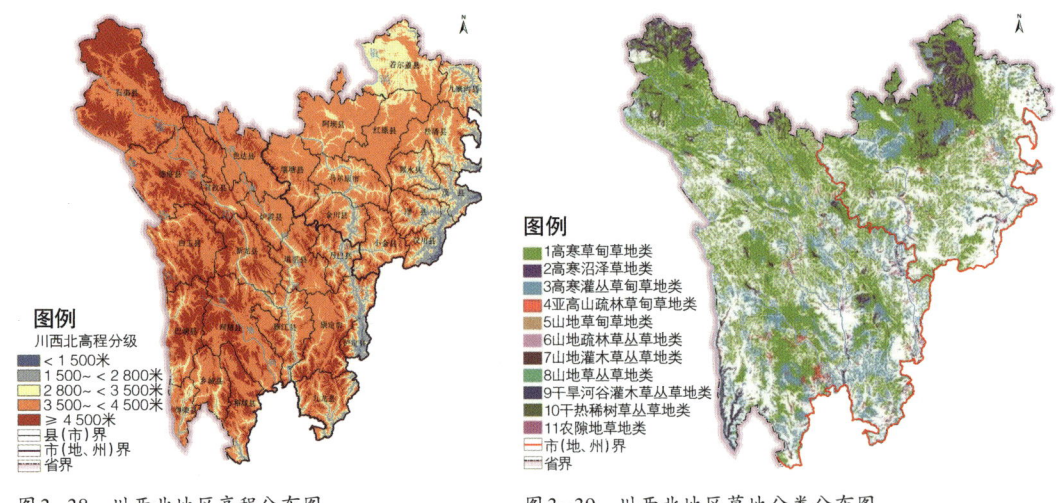

图3-38 川西北地区高程分布图　　　　图3-39 川西北地区草地分类分布图

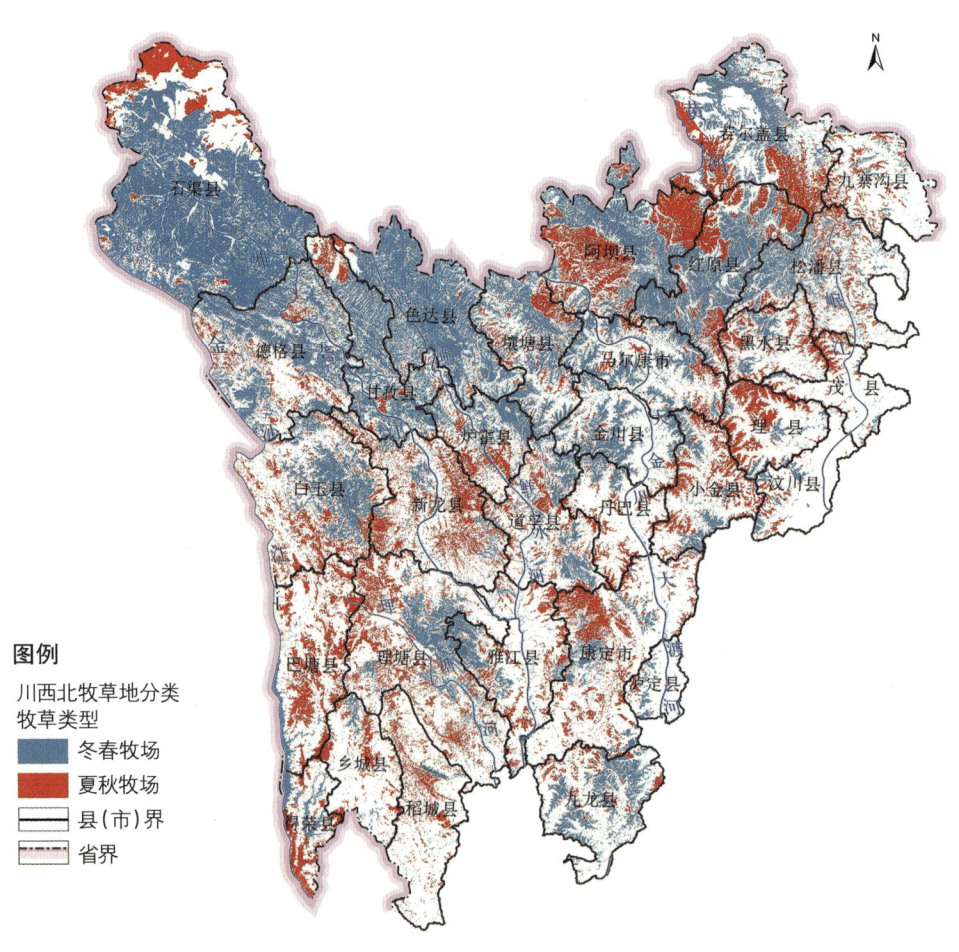

图3-40 川西北地区两季草场空间分布图

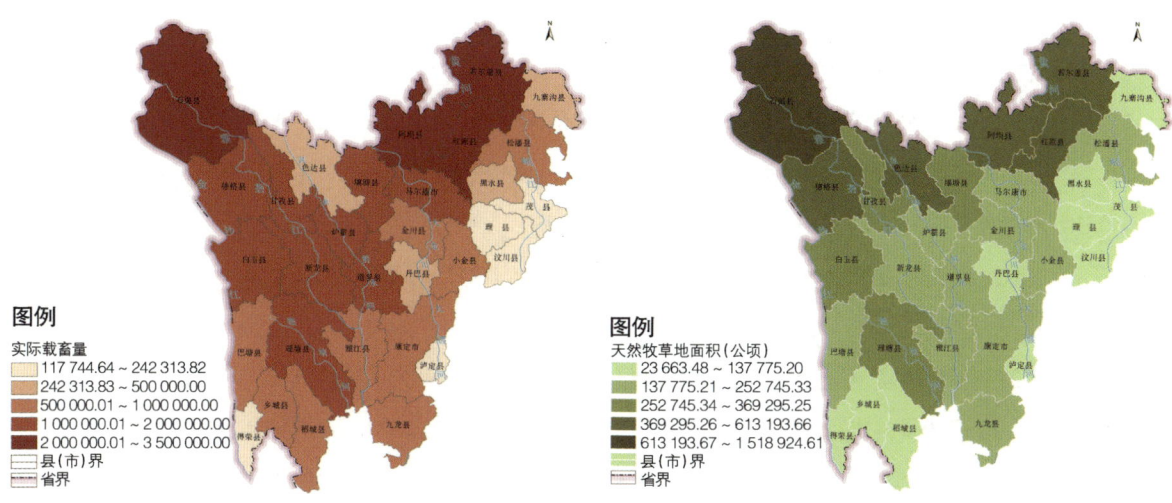

图 3-41　川西北地区草场实际载畜量分布示意图

图 3-42　川西北地区各县(市)天然牧草地规模分布示意图

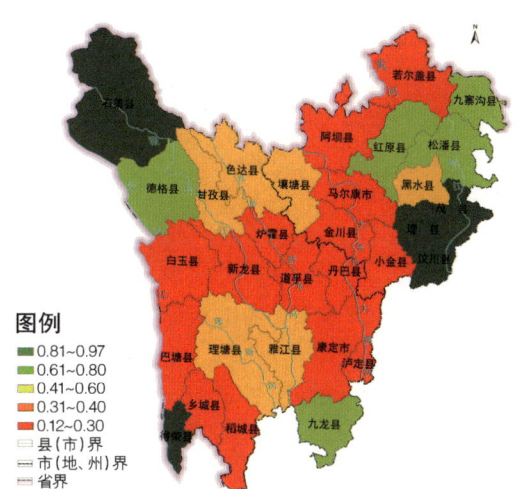

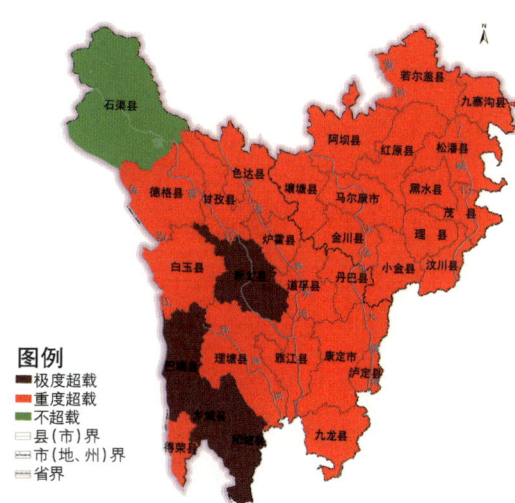

图 3-43　川西北地区夏秋季放牧超载情况示意图

图 3-44　川西北地区冬春季放牧超载情况示意图

通过评价得出，川西北地区除了石渠县之外的县(市)冬春季牧场都有不同程度的超载，部分县(市)的夏秋牧场放牧超载严重，主要包括中部白玉、新龙、道孚、丹巴、小金，北部若尔盖、阿坝以及南部巴塘、乡城、稻城等(图3-43，图3-44)。

牧业生产承载力评价测算技术方法

川西北地区牧业生产承载能力评价以草畜平衡为基本原则,计算方法以四川省质量技术监督局发布的《草原载畜量及草畜平衡计算规范》(DB51/T 1480—2012)(以下简称"草畜平衡规范")为基本准则:

(1)羊单位是指一只体重为45千克,日消耗1.8千克草地标准干草的成年母绵羊。

(2)理论载畜量是指一定草地面积和一定利用时间内,在适度放牧(或割草利用),并维持草地可持续生产的条件下,满足所养家畜正常生长、繁殖、生产的需要,所能承养的家畜数量和时间。总理论载畜量为各类饲草的载畜量之和。

按饲草的类型分别计算,计算公式如下:

$$C_C = \frac{Y_h \cdot R_u}{I_y}$$

式中,C_C——理论载畜量,标准羊单位,个;

Y_h——标准干草产量,千克;

R_u——养畜利用率,%;

I_y——羊单位年采食干草量,657千克/个。

(3)实际载畜量是指一定面积的草地在一定的利用时间段内,实际承养的标准家畜头数。各类牲畜可通过标准羊单位的折算系数进行折算统计,各类牲畜实际载畜量之和即为总实际载畜量(表3-6)。

根据畜牧部门统计数据,按畜种分别计算,公式如下:

$$C_p = S_e \cdot R_e + S_s \cdot R_s$$

式中,C_p——某类牲畜的实际载畜量,标准羊单位,个;

S_e——存栏牲畜数量,头、只;

R_e——存栏羊单位折算系数;

S_s——出栏牲畜数量,头、只;

R_s——出栏羊单位折算系数。

两季草场受气候、牧草生长特点等影响,可利用率有所不同,参照研究文献《草原生态载畜量测算核定方法研究》(李洪泉等),获取两季草场载畜量的核算方法。

冬春草地生态载畜量:

$$C_w = \frac{(Y_w \cdot I_r \cdot N_1 \cdot E_w \cdot w_w) + Y_f \cdot N_2 + F \cdot N_3}{1.8 \text{ kg} \cdot D_w \cdot H_w}$$

夏秋草地生态载畜量：

$$C_s = \frac{(Y_s \cdot I_r \cdot N_4 \cdot E_s \cdot w_s) + F \cdot N_3}{1.8 \text{ kg} \cdot D_S}$$

式中，Y_w/Y_s——冬春/夏秋草地牧草产量；

I_r——牧草牲畜可采食率；

N_1/N_4——冬春/夏秋草地折算标准青干草系数；

E_w/E_s——冬春/夏秋草原生态功能保护系数；

w_w/w_s——冬春/夏秋气候风险系数；

Y_f/F——贮备青干草/贮备精饲料总量；

N_2/N_3——贮备青干草/精饲料折算标准青干草系数；

1.8公斤——指一个标准羊单位，每日营养需要含水量14%的标准青干草量；

D_w/D_S——冬春/夏秋时段天数；

H_w——牲畜冬春饥饿掉膘最大耐受率。

表3-6 各类成年家畜折合为标准羊单位的折算系数

畜种	羊单位折算系数	
	存栏	出栏
鹅（只）	0.05	0.019
兔（只）	0.05	0.016
绵羊、山羊（只）		
体重≥45千克	1	0.5
体重30～45千克	0.8	0.4
体重＜30千克	0.7	0.35
黄牛（头）	5	2.5
水牛（头）	6.5	3.2
乳牛（头）	6.5	3.25
牦牛（头）	4	3
驴（头）	3	1.5
马、骡（头）	5	2.5

3.1.5 反映自然约束的城镇评价

1. 城镇建设适宜性评价

1）自然要素主导下的评价技术框架

结合川西北地区的地方特征,在生态优先、安全优先的前提下,构建三段式的城镇建设适宜性评价技术流程(图3-45)。

2）指标体系和计算方法

川西北地区城镇建设适宜性评价包括五个限制性指标,分别为生态重要性和脆弱性、坡度、地质灾害易发程度、重要文物和文化区、污染扩散能力[图3-30(f),表3-7,图3-46]。

川西北地区城镇建设适宜性评价的不适宜指标主要包括水域、25°陡坡区、活动断裂影响范围、地质灾害点影响范围、低含氧量区域和4 500米以上区域(表3-8)。

3）自然条件紧约束下较低占比的城镇建设适宜空间

综合评价结果,川西北地区生态保护极重要区以外城镇建设适宜区占全域比重为2.2%,一般适宜区占全域比重17.3%;不适宜区占全域比重为13.7%(图3-47)。

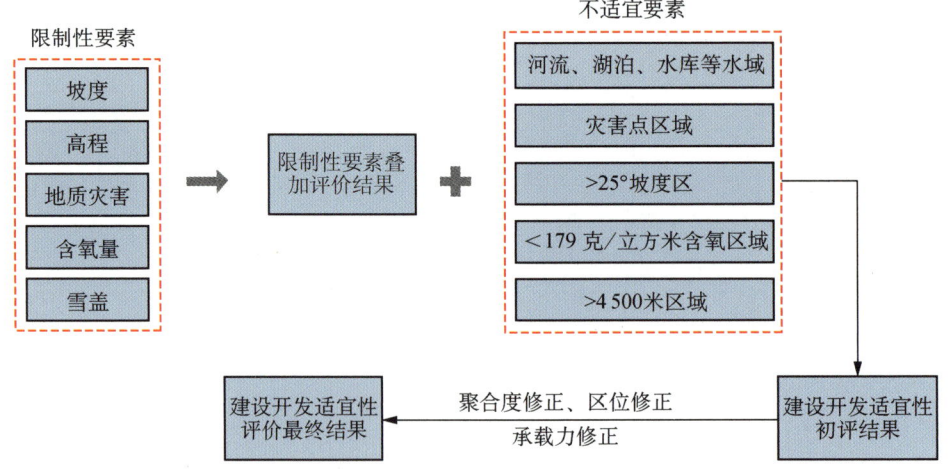

图3-45 城镇建设适宜性评价技术框架图

表3-7 限制性要素指标和权重

指标	指标分类	分值	权重
坡度	>15°	20	0.2
	>8°~15°	60	
	>2°~8°	80	
	≤2°	100	
高程	>4 300米	20	0.2
	>3 800~4 300米	40	
	>2 500~3 800米	80	
	≤2 500米	100	
地质灾害易发程度	断裂带200米范围	20	0.2
	高易发区/断裂400米范围	40	
	中易发区	60	
	低易发区	100	
含氧量	179~<233克/立方米和359~598克/立方米	40	0.2
	281~<359克/立方米	80	
	233~<281克/立方米	100	
雪盖	≥40%	40	0.2
	20%~<40%	80	
	<20%	100	

表3-8 不适宜指标

指标	指标分类
水域	河流、湖泊、水库等
坡度	>25°
断裂带或灾害点	15米范围内
含氧量	<179克/立方米
高程	≥4 500米

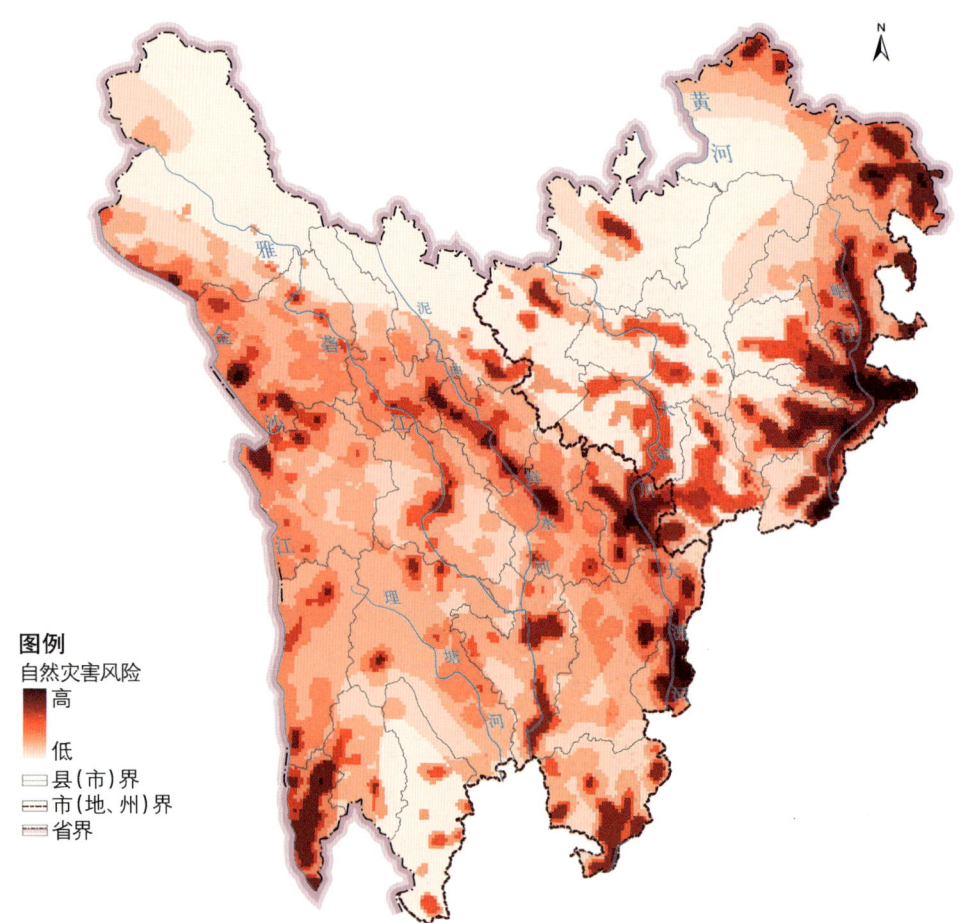

图3-46 川西北地区自然灾害风险示意图

2. 城镇建设承载能力评价

1）土地资源承载能力评价

根据城镇建设适宜性评价结果，城镇建设承载力约占全域的19.5%，其实真正适合城镇建设的区域不超过全域面积的2.2%。

2）水资源承载能力较高

根据用水总量控制指标，采用现状用水量作为指标进行测算，川西北地区水资源的城镇建设承载规模约为454平方千米，现状约为174平方千米，从绝对数量上看川西北地区水资源承载能力较高（图3-48），但实际由于复杂的地形川西北地区更多面临工程性缺水的问题。

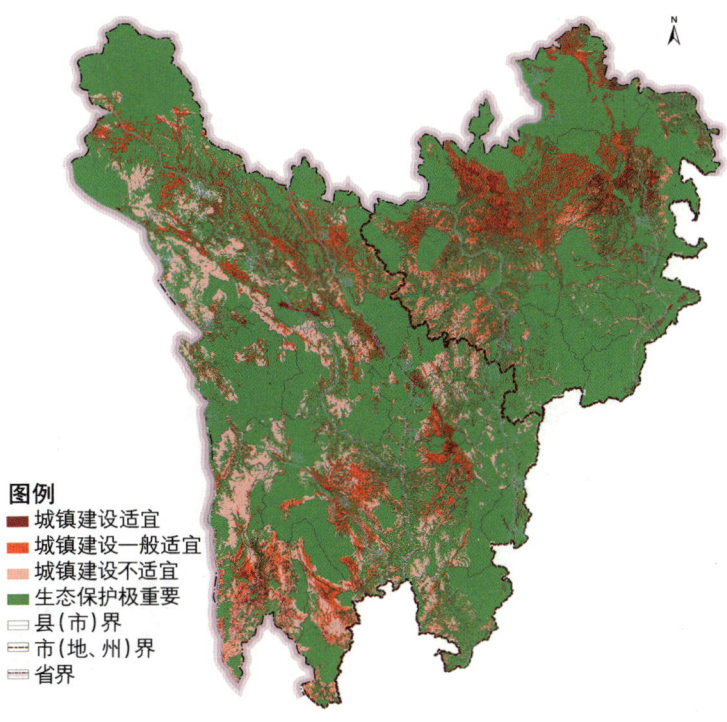

图 3-47 城镇建设适宜性评价

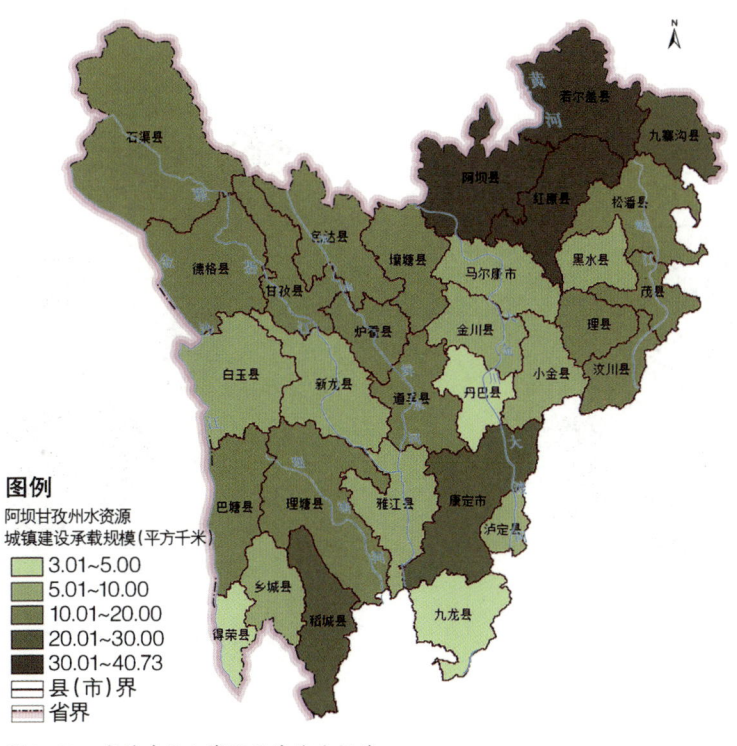

图 3-48 城镇建设水资源承载能力评价

3）水环境承载能力较强

根据四川省"三线一单"工作初步划定水环境控制单元49个，测算COD水环境容量约为174.4万吨，氨氮环境容量约为6.1万吨，总磷环境容量约为1.2万吨（图3-49—图3-52）。

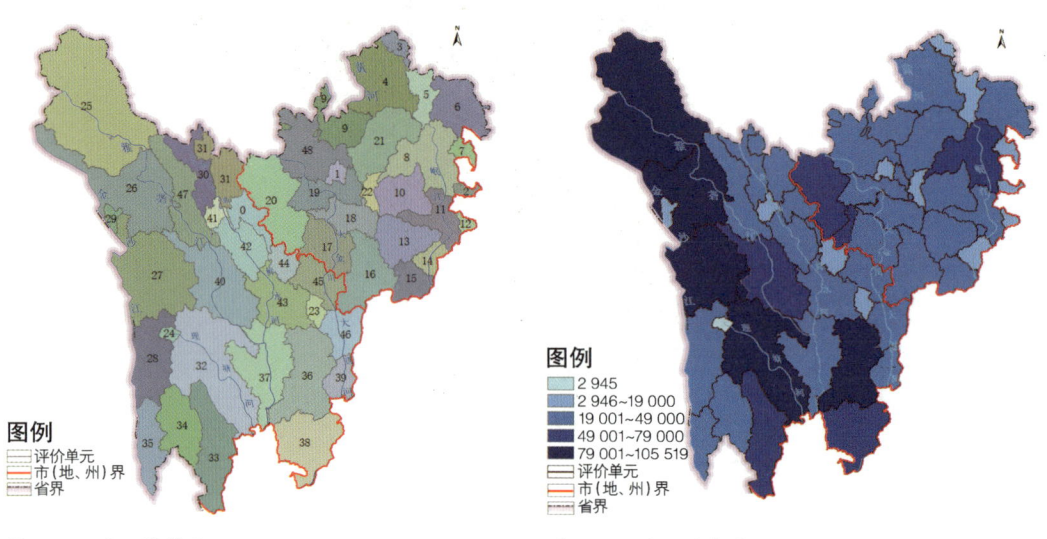

图3-49 水环境单元

图3-50 水环境容量-COD

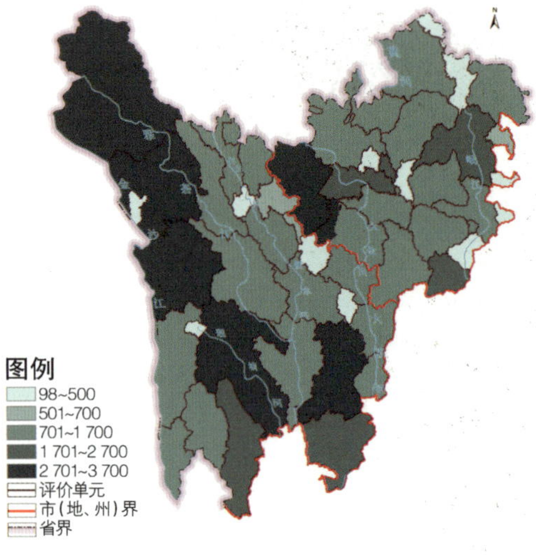

图3-51 水环境容量-氨氮

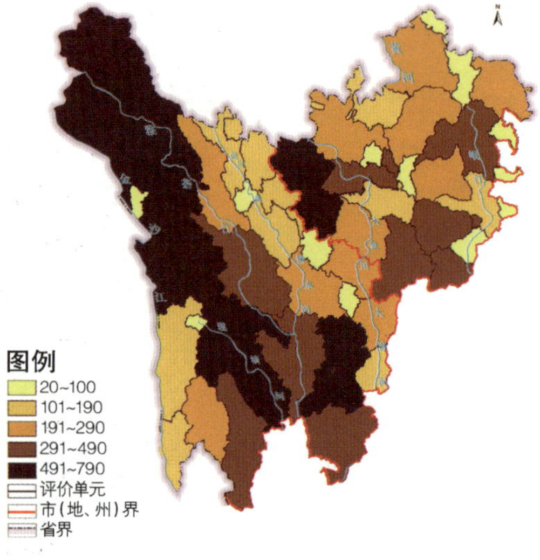

图3-52 水环境容量-总磷

3.1.6 对规划的建议

1. 重大风险、开发保护矛盾识别和应对建议

川西北地区生态系统服务功能重要,但生态脆弱,滑坡、泥石流、洪灾等地质灾害和气象灾害也较为频繁。国土空间开发利用意味着人类活动的加强,对生态环境的扰动也更加强烈,对生态脆弱区造成胁迫。生态脆弱和自然灾害风险也严重制约着城镇的建设,川西北地区大部分城镇位于自然灾害高风险区,主要是地震灾害的高风险区,甚至部分城镇被地震活动断裂横穿而过。国土空间规划中需进一步加强对国土空间开发的风险和矛盾识别。

2. 对三线划定的建议

川西北地区生态重要空间面积占比高,生态保护红线划定中生态保护极重要区应划尽划,但同时也要考虑同现实的协调。基本农田保护红线方面,应综合考虑川西北地区自然条件基础,加强永久基本农田保护红线的优化调整。城镇开发边界要综合考虑承载力、适宜性和生态保护的要求。川西北地区存在工程性缺水的问题,且生态保护任务艰巨,城镇开发边界应充分依托城镇建设承载能力进行划定,划定的同时也应考虑开发边界内承担生态廊道功能的特别用途区的预留,保障全域生态空间格局落实。

3. 国土整治和生态修复建议

川西北地区应加快生态脆弱区域生态修复和治理。针对生态脆弱的问题,应划分相应的生态治理单元,于单元内开展山水林田湖草一体化综合整治,提升植被覆盖度,提高生态系统的维护功能和服务价值。同时,推动地灾影响范围的生态搬迁,以地质灾害详细调查为基础,识别受到地质灾害影响较大,治理难度较大且公共服务成本较高的村庄,列入生态搬迁项目库。在国土整治方面,要进一步加强耕地治理和高标准农田建设,推动耕地连片集中整理及老旧村庄复垦复耕。

3.2 国土安全与综合风险评估

3.2.1 研究背景

川西北地区自然灾害类型多样、灾害频发，易造成巨大的人员伤亡和财产损失。整个地区共有地质灾害隐患点9 300多处，同时由于交通、地形差异所限以及植被覆盖等影响，仍有不少地质灾害隐患点处于未被发现的隐蔽状态，在强降雨等诱发下，还可能产生新的崩塌、滑坡和泥石流，危害广大人民群众生命财产安全。川西北地区目前面临的主要安全风险包括以下三点。

（1）频繁的地震活动对川西北地区的安全构成严重威胁。川西北地区位于龙门山地震带、鲜水河地震带和安宁河地震带形成的"Y"字形构造活动区，地震活动尤其频繁，由于震后地质灾害影响和破坏的长期性，地震灾害将对人民生命财产及重要基础设施安全构成严重威胁。近年来的调查及研究成果显示，一些滑坡、崩塌体、危岩体仍处于高位、高危状态，具有突发性强、势能大、摧毁力强、影响范围广的特点，一旦成灾，将可能造成巨大的人员伤亡和财产损失。

（2）极端天气的增多为川西北地区灾害防治带来新挑战。伴随着全球气候变化影响，常规灾情已从汛期扩展到全年各个时段。一方面，变化莫测的局地强降雨和极端气象条件带来的暴雨，使地质灾害的突发性越来越强，监测预警的难度越来越大；另一方面，川西北地区山丘地区旱灾频发，持续干旱造成岩土体松散开裂，山体紧固性发生变化，一旦遭遇强降雨，发生突发崩塌、滑坡、泥石流等地质灾害的概率将会明显增加。

（3）人为工程活动导致川西北地区防灾压力剧增。近些年来，各地已开展和即将启动的各类基础设施建设项目遍地开花，对地质环境条件造成了较大的改造，特别是山区、河谷这些地质环境本就脆弱的区域，在人为工程活动影响下极易发生滑坡、泥石流等灾害，在施工人员对周围环境不熟、临灾避险经验不足的情况下，极有可能造成重大群死群伤事件。

近年来，国家逐渐加强了对自然灾害防治工作的部署。2020年，国务院办公厅印发了《关于开展第一次全国自然灾害综合风险普查的通知》，该普查是自然灾害防治重点工程之基础性工程，是提升自然灾害防治能力的基础性、科学性、综合性、战略性工作，旨在全面掌握我国自然灾害风险隐患情况，提升全社会抵御自然灾害的综合防范能力。

随着经济与社会的持续快速发展，川西北地区人口增加、城镇化进程不断推进，城镇建设有空间拓展的需求，需要识别安全空间以布局新增用地、产业、设施等。与此同时，道路交通、水利水电、矿山开采以及地震灾区灾后恢复重建等大规模、大范围、超高深的人类工程活动不断加速，会不同程度改变自然环境，产生新的致灾因子；而气候变化背景下极端天气发生频率增高，也同步造成地区地质环境条件恶化，自然灾害发生数量明显增加，灾害分布面积不断扩大，灾情险情日趋严重，对川西北地区经济发展和社会稳定造成的影响会越来越大。

在上述背景下，本书试图通过强化对川西北地区自然灾害危险性评估，摸清川西北地区自然灾害风险隐患底数，明确该地区自然灾害风险的大小、空间格局等，为优化城镇发展方向和规模提供依据；通过对县城的自然灾害综合风险评估，构建区域联防体系，并为综合防灾分区、分级、分类管理提供依据。

3.2.2 川西北地区自然灾害危险性评估

川西北地区受气象、水文、地形地貌及地质特征等影响，灾害类型较多。地震、地质灾害、洪涝等是川西北地区最主要的自然灾害。由洪水而导致的滑坡、崩塌、泥石流等地质灾害时有发生，地震活动也尤其频繁。开展自然灾害危险性评估首先需要对单灾种分别进行危险性评估，反映构成综合风险的各要素的情况，包括灾害风险的大小、空间布局等，在此基础上综合考虑单灾种的危险程度及对应影响权重大小，进行多灾种综合，形成自然灾害危险性综合评估结果。

1. 地震灾害危险性评价

近100年来，川西北地区发生的M7.0级以上地震共有8次：1923年Ms7.2道孚地震、1933年Ms7.5叠溪地震、1955年Ms7.1康定地震、1973年Ms7.9炉霍地震、1976年Ms7.2松潘—平武地震、2008年Ms8.0汶川地震、2017年Ms7.0九寨沟地震（图3-53）。

地震灾害的危险性主要与地震烈度相关，地震事件的烈度越大造成的损失往往也越大（表3-9，表3-10）。结合历史地震烈度，依据川西北地区的地震动峰值加速度（PGA），将川西北地区地震危险性分为极低危险区、低危险区、中危险区、高危险区和极高危险区五个危险等级，如图3-54所示。

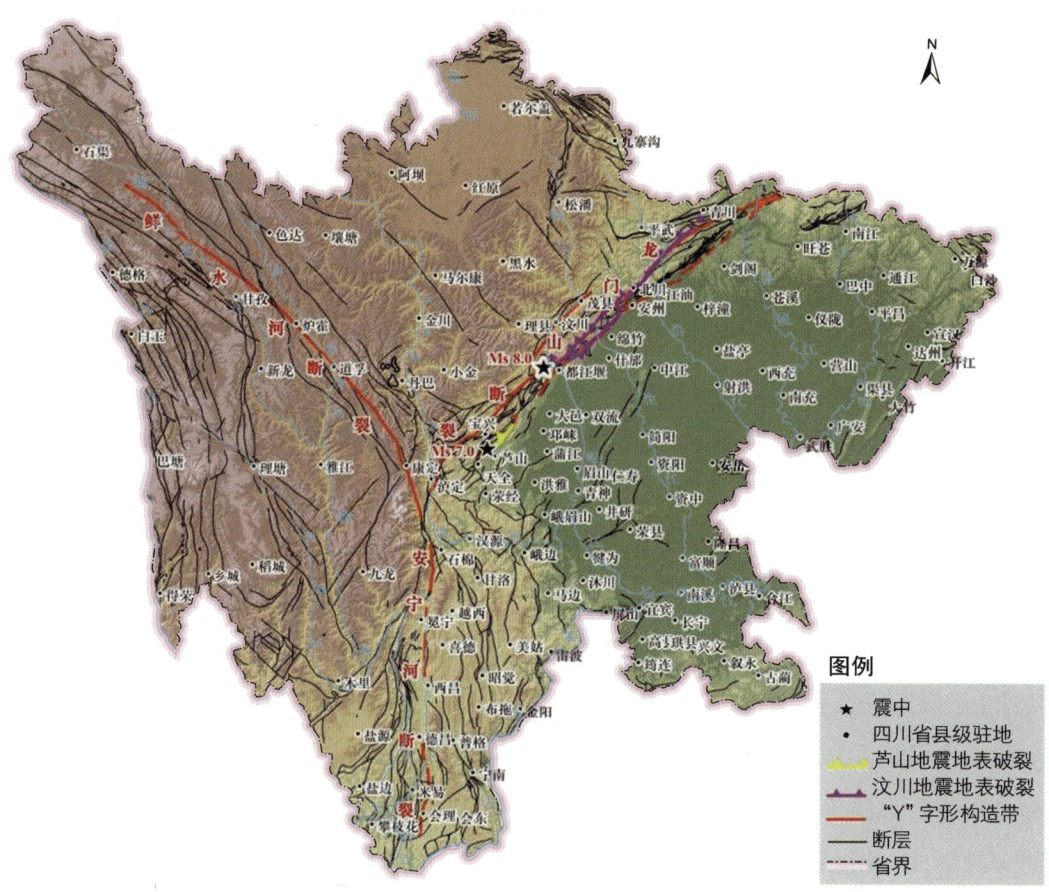

图3-53 四川省主要断裂构造示意图

表3-9 地震烈度与地震动峰值加速度对应

地震烈度	<Ⅵ	Ⅵ	Ⅶ	Ⅶ	Ⅷ	Ⅷ	≥Ⅸ
PGA (g)	<0.05	0.05	0.1	0.15	0.2	0.3	≥0.4

表3-10 地震危险性分区表

PGA (g)	0.10	>0.10～0.15	>0.15～0.20	>0.20～0.30	>0.30～0.40
危险性	极低危险	低危险	中危险	高危险	极高危险

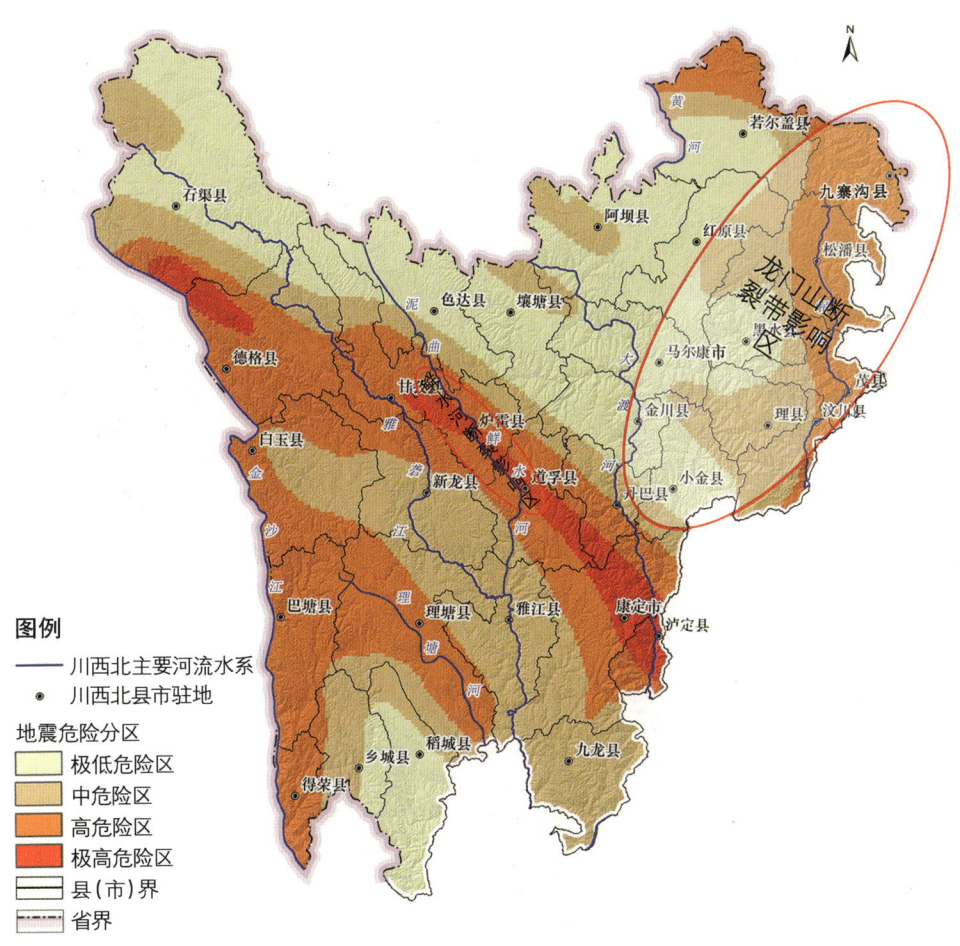

图 3-54 川西北地区地震灾害危险性分区示意图

川西北地区地震灾害极高危险区和很大一部分高危险区主要沿鲜水河断裂方向展布,经甘孜、炉霍、道孚、康定、泸定等县(市)。位于区域东部的高危险区主要受到龙门山断裂带的影响。整体来看,川西北地区地震灾害危险性相对较高,当产生地震灾害时对区域内人民生命财产安全有较大程度的威胁。

2. 地质灾害易发性评价

1) 地质灾害类型与分布特征

川西北地区主要地质灾害有泥石流、滑坡、崩塌、不稳定斜坡、地面塌陷等。川西北地区地质灾害隐患点 9 000 余处(不包括地震地质灾害),其中:泥石流 3 848 处,占 41%;滑坡 2 838 处,占 30%;崩塌 1 451 处,占 16%;不稳定斜坡 1 234 处,占 13%;地面塌陷 2 处(图 3-55,图 3-56)。

图3-55 川西北地区地质灾害分布示意图

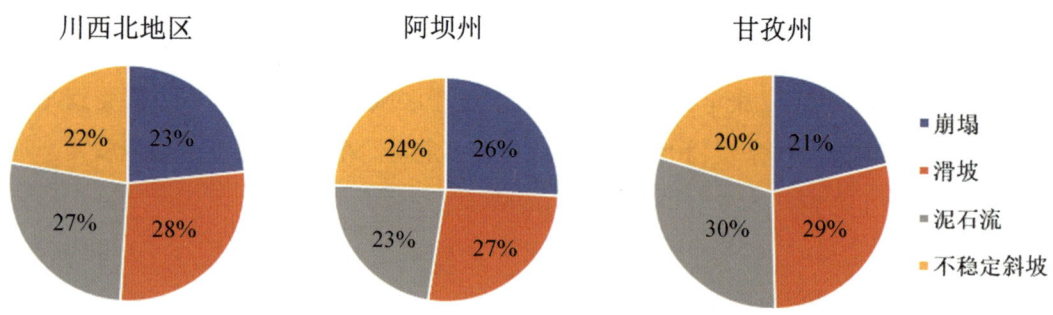

图3-56 地质灾害类型统计

从灾害的两州分布来看,阿坝州地质灾害隐患点比甘孜州多791处,主要是崩塌、滑坡、不稳定斜坡;甘孜州泥石流隐患点比阿坝州多。分县来看,地质灾害隐患点个数大于1 000处的县有1个(茂县),大于500处的有3个(丹巴县、汶川县、小金县),大于200处的县共有13个,红原县、若尔盖县、甘孜县、乡城县地质灾害不发育,均小于100处(图3-57)。

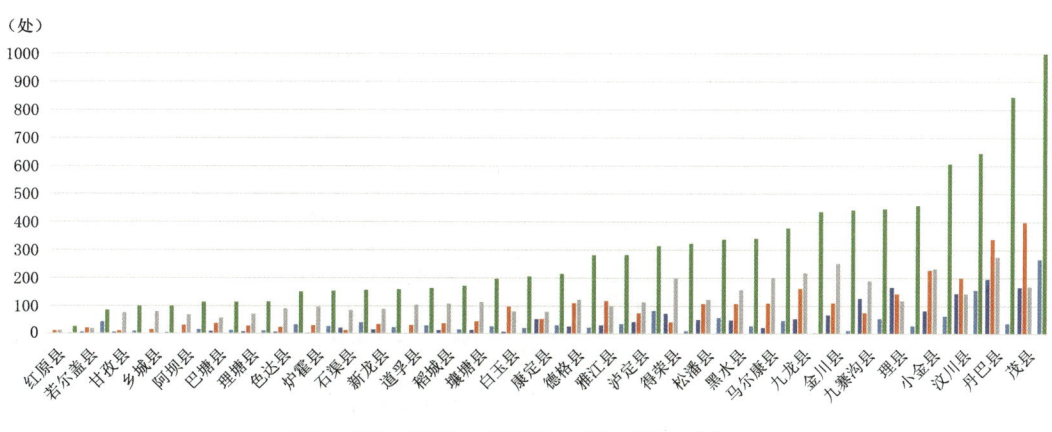

图 3-57 川西北地区地质灾害分县分布情况

2) 地质灾害易发性分区

根据已有地质灾害的发育密度，将川西北地区地质灾害易发性分为不易发、低易发、中易发、高易发、极高易发五个等级，如图 3-58 所示。

水系是川西北地区地质灾害的重要孕育环境因素，大部分地质灾害呈现沿着大江大河发育的规律，岷江上游和大渡河中游地质灾害发育密度最大。川西北地区地质灾害高易发区和极高易发区集中分布于岷江上游（茂县、汶川、理县、黑水等县境内）、大渡河中游（丹巴、金川、小金、泸定等县境内）、雅砻江中下游（新龙、雅江、九龙等县境内）和金沙江中下游（德格、白玉、得荣等县境内）。

除水系因素外，川西北地区地质灾害的高易发区还显示出与强震地区关联紧密。目前地质灾害高易发区便是叠溪、汶川、芦山、九寨沟等地震的叠加影响区，受地震的影响，这些地方更容易发育地质灾害。强烈地震不仅会触发大量大规模同震崩塌、滑坡等地质灾害，还会使山体震裂，震后容易发生大规模地质灾害（图 3-59）。如 2017 年茂县新磨村滑坡，便被认为是在 1933 年叠溪地震、2008 年汶川地震等强烈地震作用下孕育的。

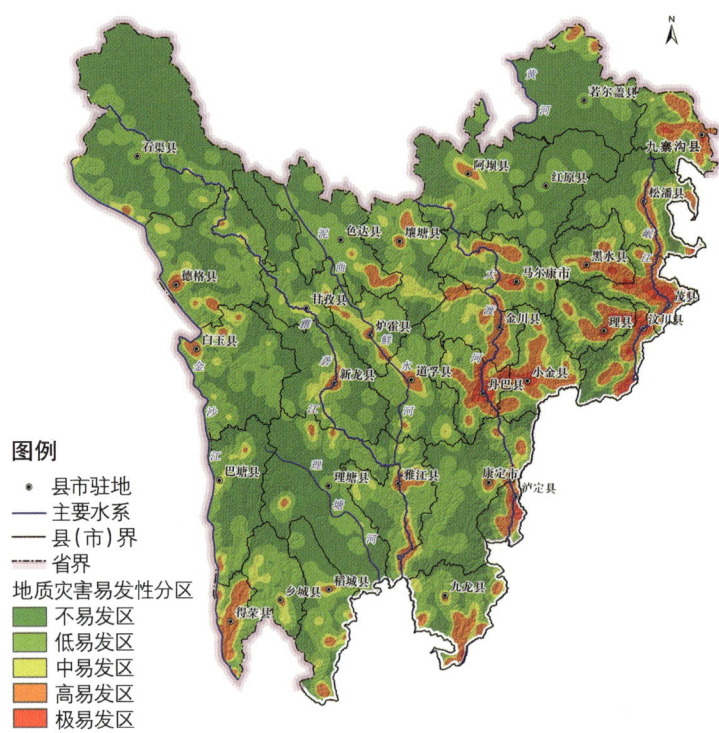

图3-58 川西北地区地质灾害易发性分区示意图

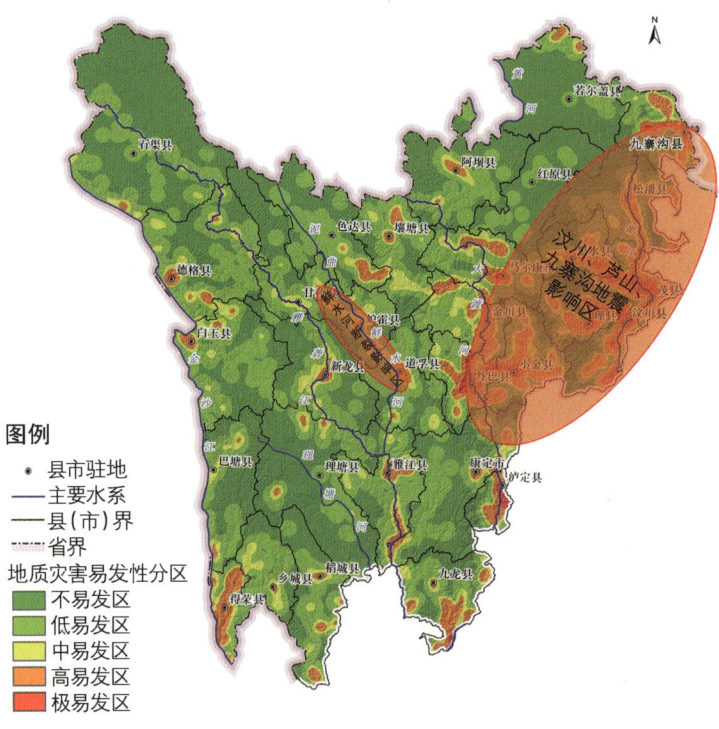

图3-59 川西北地区地质灾害高易发区与地震影响区关系

3. 洪涝灾害危险性评价

1）洪涝灾害孕灾环境及敏感性评估

洪涝灾害是自然界的强降雨作用于人类社会的产物，是气象灾害中危害性极大的一种。由于洪涝灾害的最终承灾体是人类及人类社会的集合体，因而，对川西北地区的洪涝灾害进行危险性评估，对于保障人民生命财产安全与经济安全具有重要意义。

洪涝灾害的形成主要受到地形、水系、降雨三个因子的综合影响。地形因子包括高程和地形变化，地势越低、地形变化越小的平坦地区越不利于洪水的排泄，越容易形成涝灾；水系因子主要体现在河网密度，河网越密集，水资源越集中，区域受洪涝灾害的威胁越大；降雨因子主要反映在降雨量的大小，年降雨量越大，区域水资源越充足，越容易形成洪涝灾害。以上三个因子中，降雨对洪涝灾害的影响最为直接。

首先是地形因子的分析。一般山区由于地形陡峭，易于快速汇集径流而形成山洪，并引发山体滑坡、泥石流等次生灾害，尤其在山地的四周以及与平原相邻的地区，如有开阔的谷地、盆地，也容易造成山洪灾害。同时海拔相对低、坡度大的地方越容易孕育山洪灾害。基于此，对地形因子的分析分为地势与地形两方面。地势方面，地势由高程体现，从高程分布可以看出，川西北地区的高程分布在763～7 387米范围内，绝大部分区域的高程大于2 000米（图3-60）。地形方面，地形因子的变化采用高程标准差表示，对于GIS影像中的任意一个格点，计算其与周围8个格点的高程标准差获得其地形特征，在工作区内采用1 000米×1 000米的网格计算地形高程标准差。按表3-11作为考虑地形影响大小的参考，它是根据专家打分给出的高程和高程标准差的不同组合赋值，高程越低、高程标准差越小，影响值越大，表示越有利于形成涝灾。整体来说，川西北地区的地形对于洪涝灾害的汇聚有一定作用，但由于高程太高，危险性并没有非常大（图3-61）。

表3-11 地形因子赋值

地形高程（米）	高程标准差（米）		
	0～1	>1～10	10以上
0～500	0.5	0.7	0.9
>500～1 000	0.4	0.6	0.8
>1 000～1 500	0.3	0.5	0.7
>1 500～2 000	0.2	0.4	0.6
>2 000	0.1	0.3	0.5

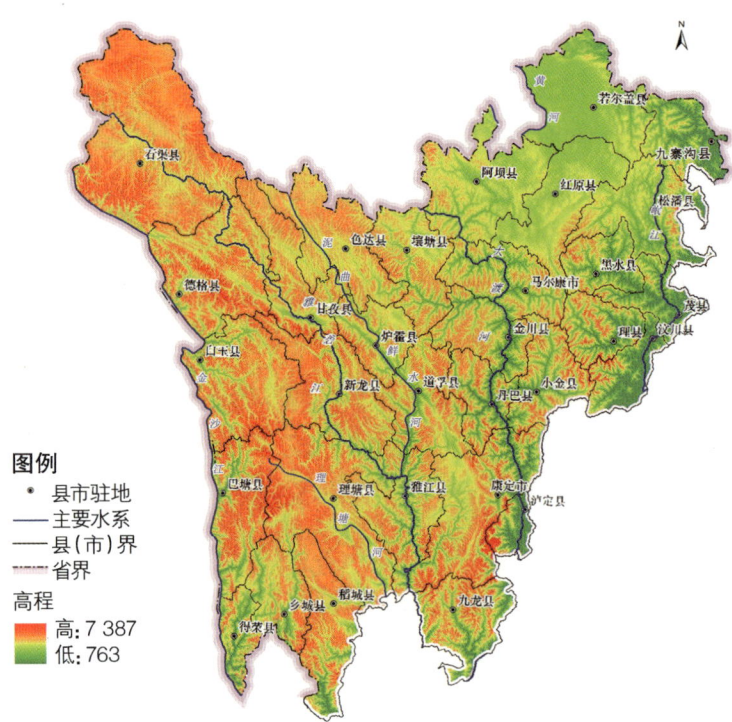

图 3-60　川西北地区高程示意图

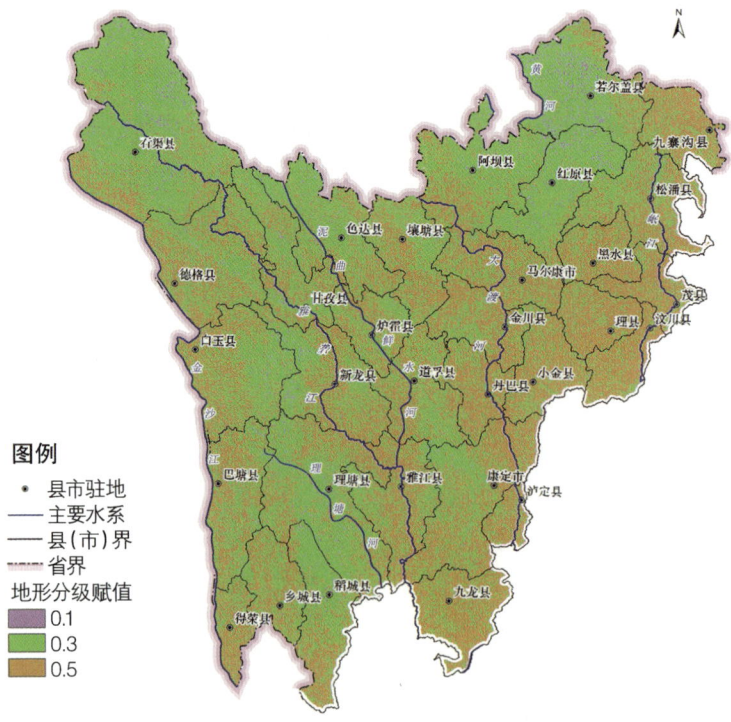

图 3-61　川西北地区地形分级赋值图

其次是水系分析。将每平方千米内河流的总长度作为河网密度,将河网密度分为5个等级,分别赋值为0.2、0.4、0.6、0.8、0.9,相对赋值越高说明危险性越大(表3-12)。计算结果显示,川西北地区的河流密度处在0~0.3千米/平方千米的区域最多,分布较为均匀,其他各等级的河流密度在空间和数量上的分布均较为均匀(图3-62)。

最后是降雨分析。降雨分析主要考察区域年均降水量大小,年降雨量一般作为干湿区划分的依据,其中,800毫米是湿润与半湿润气候的分界线,400毫米是半湿润与半干旱气候的分界线,200毫米是半干旱与干旱气候的分界线(表3-13)。川西北地区年降雨量分布在400~1 668毫米,大部分地区降雨量较适中,极高降雨量区域较少(图3-63)。为量化水灾的致灾效应,参考干湿区分区标准以及洪涝灾害的形成条件,将区域年降雨量按低到高分为五个等级,分别对应赋值为0.1、0.2、0.3、0.4、0.5(表3-14)。年降雨量越大,区域水资源越充足,越容易形成洪涝灾害,相对应敏感性赋值更高。结果显示,年降雨量在>800~1 200毫米的区域最多,几乎占据了川西北地区的一半空间,主要分布在东部;其次是降雨量400~800毫米的区域;降雨量1 400毫米以上的区域较少(图3-64)。整体上看,川西北地区的降雨量比较难以形成洪涝灾害。

2)洪涝灾害危险性区划

将地形、水系、降雨三个影响因子经规范化处理后,按照各自对洪涝的影响程度,分别给出相应的权重系数(这里认为降雨、地形与水系三个因子对于洪涝灾害的形成都十分关键,因而各因子权重一致),采用加权综合评价法计算得到各点孕灾环境的易发值,将孕灾环境危险性指数分成中易发区、低易发区、极低易发区三个等级(表3-15),进而得到洪涝灾害危险性区划(图3-65)。川西北地区整体受洪涝灾害的威胁较小,区域几乎都处于洪涝灾害的极低与低易发区,仅在东部局部区域洪涝灾害易发性相对较高一些。

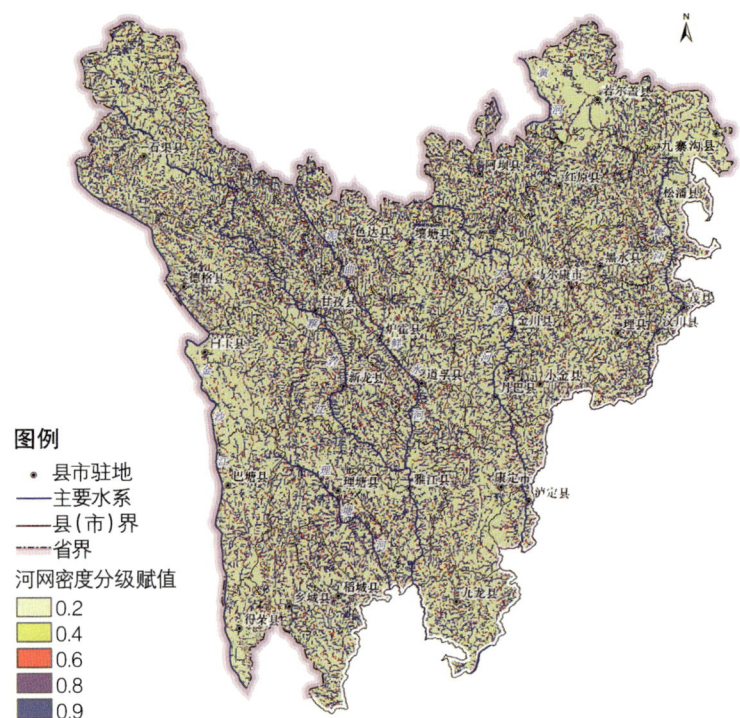

图 3-62　川西北地区河网密度分级赋值图

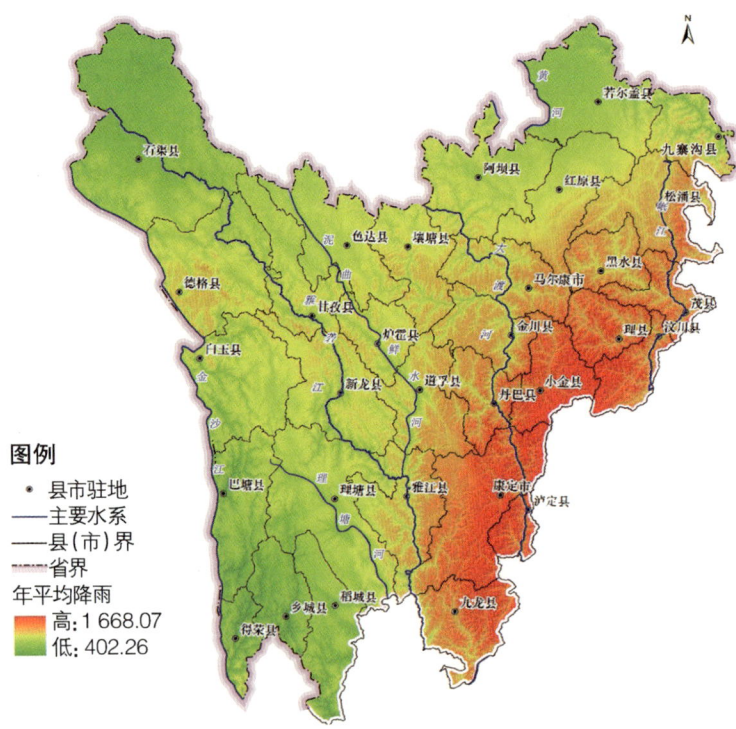

图 3-63　川西北地区年平均降雨分布图

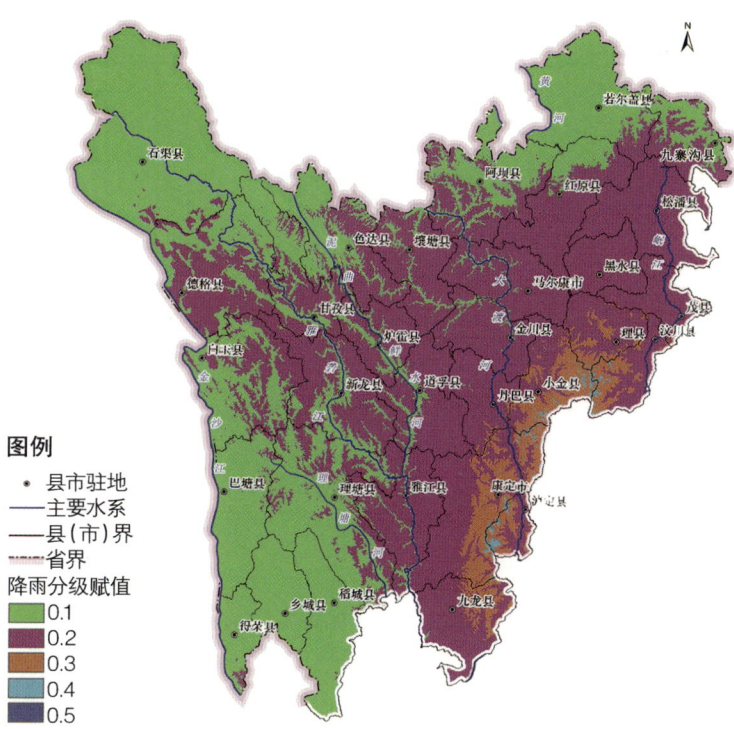

图3-64 川西北地区降雨分级赋值图

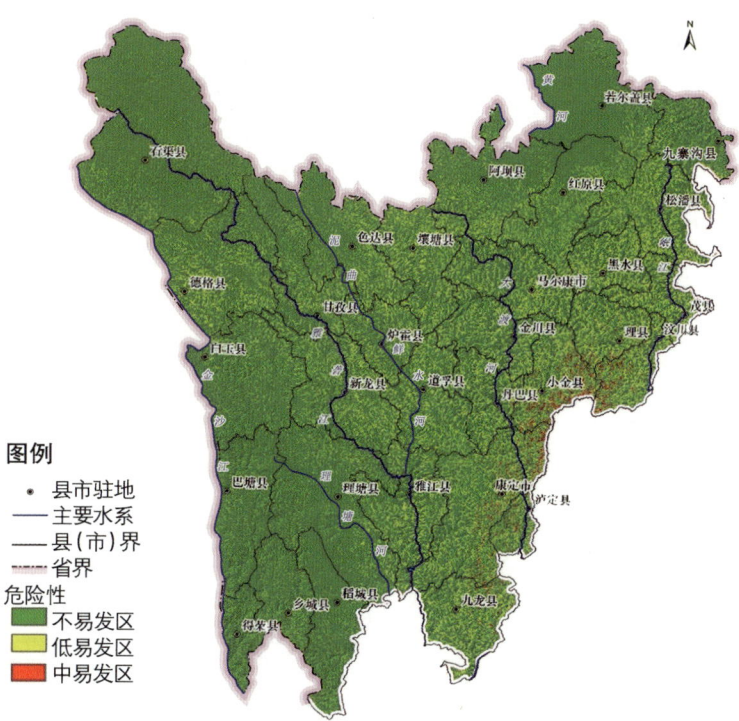

图3-65 川西北地区洪涝灾害易发性分区示意图

表3-12　河网密度划分标准

河网密度（千米/平方千米）	危险性	赋值
0～0.3	较低	0.2
>0.3～0.5	低	0.4
>0.5～0.7	中	0.6
>0.7～0.9	高	0.8
>0.9	较高	0.9

表3-13　干湿区划分

年降雨量（毫米）	干湿区	评价
<200	干旱地区	降水较少
200～<400	半干旱地区	降水较少
400～<800	半湿润地区	降水较多
≥800	湿润地区	降水丰富

表3-14　年降雨量分级赋值

年降雨量（毫米）	危险性	赋值
400～800	低	0.1
>800～1 200	较低	0.2
>1 200～1 400	中	0.3
>1 400～1 600	较高	0.4
>1 600	高	0.5

表3-15　危险性分级表

洪涝灾害易发值	易发性
0～0.1	极低易发区
>0.1～0.2	低易发区
>0.2～0.4	中易发区

4. 自然灾害危险性综合评估

在单项灾害危险性评价基础上，综合考虑地质灾害、洪涝、地震等三种灾害的危险程度及对应影响权重大小，对川西北地区自然灾害进行危险性综合评价。依据专家经验打分法，对地震、地质、洪涝灾害分别进行两两相对重要性比较并打分，从而得到三种灾害两两重要性的层次矩阵（此处认为，地震相较于洪涝灾害稍微重要、相较于地质灾害稍微不重要，地质灾害相较于洪涝灾害有着较强的重要性），对构造的层次分析矩阵进行计算，并进行一致性检验（表3-16—表3-19）。

表3-16 重要程度划分

因子 i 比因子 j 重要	量化值
同等重要	1
稍微重要	3
较强重要	5
强烈重要	7
极端重要	9
两相邻判断的中间值	2,4,6,8
两个因子互相之间的重要程度互为倒数	/

表3-17 三种灾害的重要性层次矩阵

	地震	洪涝	地质灾害
地震	1	3	1/3
洪涝	1/3	1	1/5
地质灾害	3	5	1

表3-18 三种灾害的权重值

指标	地震	洪涝	地质灾害
权重	26.050%	10.616%	63.335%

表3-19 结果一致性检验

最大特征根	*CI* 值	*RI* 值	*CR* 值	检验结果
3.039	0.019	0.520	0.037	通过

最终得出的层次分析模型为：
$$RISK=0.26E+0.633G+0.106F$$

其中，$RISK$为综合风险值，E代表地震，G代表地质灾害，F代表洪涝。依据之前对三种灾害的评价结果，将三种灾害的危险值按此式叠加计算，得到川西北地区自然灾害综合危险值，按危险值大小将综合风险分成极低危险、低危险、中危险、高危险、极高危险五个等级（表3-20）。

评价结果显示，自然灾害高危险区主要分布在川西北地区的东部与中部，极高风险区分布在炉霍、道孚、丹巴、康定、泸定、汶川、茂县等县（市）（图3-66）。这些地方主要为断裂带影响区及主要河流水系流经区。地震与水灾在造成直接损失时，对于地质灾害的发育与启动都有着很大的辅助作用，由于地质灾害在三种自然灾害中造成的危害最大，综合评价模型中地质灾害权重最高，因而综合危险性分区跟地质灾害易发性分区有些类似。

根据以上研究结果，建议在城镇建设适宜性评价中应将自然灾害综合危险性评价结果纳入评价因素；确定城镇发展方向和布局新增建设用地时，应尽量避开自然灾害极高和高危险区；对于现状位于极高和高危险区内的建设用地应围绕灾害隐患点加强群测群防管理。

表3-20　地质灾害危险性分级标准

概率区间	危险性等级
0～0.1	极低危险
>0.1～0.2	低危险
>0.2～0.4	中危险
>0.4～0.6	高危险
>0.6	极高危险

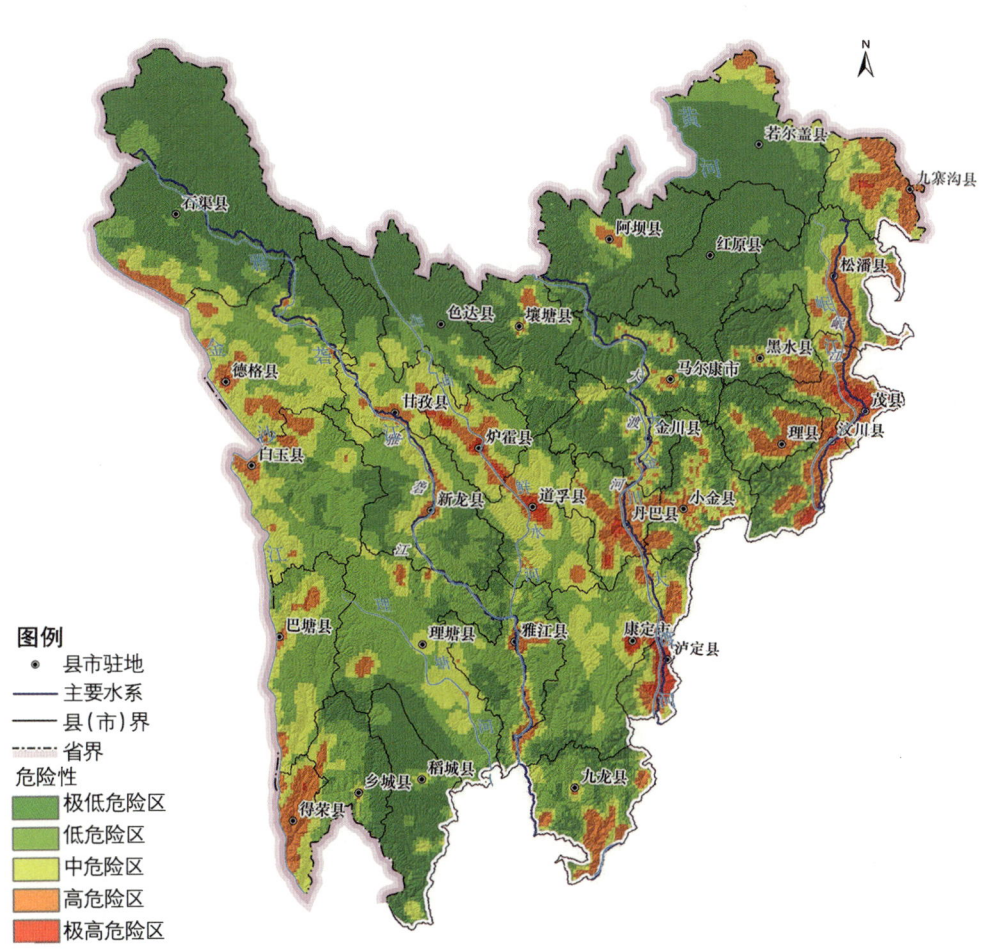

图 3-66　川西北地区自然灾害综合危险性分区示意图

3.2.3 县级行政驻地自然灾害综合风险评估

川西北地区的人居活动主要集中于沟谷和平原的城镇区域，城镇集中区分布在全域相对分散。自然灾害风险除了孕灾、致灾等自然本底要素外，人口、建筑、设施等承灾体也是评价自然灾害暴露性、脆弱性的重要因素。城镇集中区首当其冲是承灾主要主体，因此对县级行政驻地进行自然灾害综合风险评估，是评价区域灾害风险、划定区域综合防灾分区的重要基础性工作。

1. 地震灾害危险性评价

县城受到地震灾害的风险大小主要取决于地震灾害在当地的地震动峰值加速度（PGA），因而对于地震风险的评价仅选取区域的PGA作为评价因子。按PGA由小到大，将各县城地震风险分为低、中、高三个等级（表3-21），评价结果见表3-22。

地震灾害风险评价结果显示，道孚县、康定市、炉霍县和泸定县4个县城处于地震灾害的高风险区，17个县城位于地震灾害的中风险区，10个县城位于地震灾害的低风险区。

结合上述地震灾害危险性评价结果，本书从工程避让、地质勘探、生命线工程建设、避难疏散体系建设四个方面提出提升地震灾害防御能力的对策：①重大工程、可能发生严重次生灾害的工程应避让区域内活动断裂，避开不良地质条件区域。②对区域内活

表3-21 县城地震灾害风险划分标准

PGA (g)	风险等级
＜0.15	低
0.15～0.2	中
＞0.2	高

表3-22 县城地震风险等级

市(州)	所属县	PGA (g)	风险等级
阿坝州	阿坝县	0.15	中
	黑水县	0.1	低
	红原县	0.1	低
	金川县	0.1	低
	九寨沟县	0.2	中
	理县	0.15	中
	马尔康市	0.1	低
	茂县	0.2	中
	壤塘县	0.1	低
	若尔盖县	0.1	低
	松潘县	0.2	中
	汶川县	0.2	中
	小金县	0.1	低
甘孜州	巴塘县	0.2	中
	白玉县	0.2	中
	丹巴县	0.15	中
	道孚县	0.3	高
	稻城县	0.1	低
	得荣县	0.2	中
	德格县	0.2	中
	甘孜县	0.2	中
	九龙县	0.15	中
	康定市	0.3	高
	理塘县	0.2	中
	炉霍县	0.3	高
	泸定县	0.4	高
	色达县	0.1	低
	石渠县	0.1	低
	乡城县	0.15	中
	新龙县	0.15	中
	雅江县	0.15	中

动断裂开展详细勘探调查工作,在活动断裂周边和高烈度设防区的城镇和重大工程应前置地质勘探工作。③提升城市生命线工程的抗震能力和设防标准,加强次生灾害的预防,易燃易爆有毒物质的仓库应严格选址要求。④依托全域避难救援疏散体系,完善震灾时的避难救援疏散机制,重点补充震灾救援设备等物资储备。

2. 地质灾害易发性评价

根据灾害统计数据,川西北地区共有467处地质灾害隐患点对县级行政驻地产生威胁。地质灾害较为发育的县城(灾害点大于30个)共有5处,其中丹巴县、德格县地质灾害隐患点36处,茂县地质灾害隐患点37处,汶川县、马尔康市达42处;地质灾害隐患点大于10处的县共有18个;金川县、色达县、甘孜县、若尔盖等县城地质灾害发育相对较少(表3-23)。

对于县城的地质灾害风险评价,选取县城周边地质灾害对人民的造成生命、财产威胁的大小作为评价因子。分别对威胁财产与威胁人口的数量按表3-24、表3-25的标准进行评判。在双因子评判的基础上,按照表3-26的规则对评定各县城地质灾害风险等级进行评价,结果如表3-27所示。

表3-23 县城附近地质灾害统计

市(州)	所属县	崩塌	滑坡	泥石流	不稳定斜坡	灾害总计
阿坝州 (221处)	阿坝县	0	1	1	0	2
	黑水县	3	4	10	1	18
	红原县	0	0	1	0	1
	金川县	0	0	0	0	0
	九寨沟县	2	0	3	5	10
	理县	11	8	2	5	26
	马尔康市	8	17	12	5	42
	茂县	1	15	9	12	37
	壤塘县	0	5	2	7	14
	若尔盖县	0	1	0	0	1
	松潘县	2	1	4	8	15
	汶川县	23	4	5	10	42
	小金县	7	3	2	1	13

（续表）

市（州）	所属县	崩塌	滑坡	泥石流	不稳定斜坡	灾害总计
甘孜州（246处）	巴塘县	1	3	5	0	9
	白玉县	1	3	5	3	12
	丹巴县	15	14	5	2	36
	道孚县	0	1	4	4	9
	稻城县	0	0	9	0	9
	得荣县	3	7	7	4	21
	德格县	5	21	4	6	36
	甘孜县	0	0	2	1	3
	九龙县	0	4	4	0	8
	康定市	3	5	6	7	21
	理塘县	0	0	6	0	6
	炉霍县	0	2	5	3	10
	泸定县	9	2	5	13	29
	色达县	0	0	0	0	0
	石渠县	3	1	1	2	7
	乡城县	0	0	5	0	5
	新龙县	3	4	0	3	10
	雅江县	9	3	1	2	15
	总计	109	129	125	104	467

表3-24 威胁财产判据标准

威胁财产（万元）	风险等级
0～14 756	低
＞14 756～29 512	中
＞29 512	高

表3-25 威胁人口判据标准

威胁人口（人）	风险等级
0～2 909	低
＞2 910～5 818	中
＞5 818	高

表3-26　地质灾害综合风险评价标准

人口风险等级＼财产风险等级	高	中	低
高	高	高	高
中	高	中	中
低	中	低	低

表3-27　各县城地质灾害风险等级

市（州）	所属县	威胁财产风险等级	威胁人口风险等级	地质灾害风险等级
阿坝州	阿坝县	低	低	低
	黑水县	低	低	低
	红原县	低	低	低
	金川县	低	低	低
	九寨沟县	低	低	低
	理县	低	中	中
	马尔康市	高	中	高
	茂县	高	中	高
	壤塘县	低	低	低
	若尔盖县	低	低	低
	松潘县	低	低	低
	汶川县	高	高	高
	小金县	低	低	低
甘孜州	巴塘县	中	低	低
	白玉县	中	低	低
	丹巴县	高	高	高
	道孚县	中	中	中
	稻城县	低	低	低
	得荣县	低	低	低
	德格县	高	低	中
	甘孜县	中	低	低

（续表）

市（州）	所属县	威胁财产风险等级	威胁人口风险等级	地质灾害风险等级
甘孜州	九龙县	低	低	低
	康定市	高	高	高
	理塘县	中	低	低
	炉霍县	低	低	低
	泸定县	低	高	高
	色达县	低	低	低
	石渠县	低	低	低
	乡城县	低	低	低
	新龙县	低	低	低
	雅江县	低	低	低

地质灾害风险评价结果显示，马尔康市、茂县、汶川县、丹巴县、康定市、泸定县6个县城位于地质灾害的高风险区，理县、道孚县、德格县3个县城位于地质灾害的中风险区，其余22个县城位于地质灾害的低风险区。

结合上述地质灾害风险评价，本书从调查评估、搬迁避让、工程治理三个方面提出提升地质灾害防御能力的对策：①开展地质灾害详细调查，推进全域数字化地质灾害信息库建设，评估搬迁避让场所选址；地质灾害高易发区内的工程建设，须开展建设用地地质灾害危险性评估工作。②继续开展地质灾害安全移民工作，对已查明的险情重、治理难度大的受威胁居民点实施搬迁避让，同地质灾害治理相辅相成。③开展全域水土治理，增加地表植被覆盖，做好水土保持工作；完善工程治理能力，结合本地应急救援力量，形成常态化的地灾处置能力。

3. 洪涝灾害危险性评价

对于县城的洪涝灾害风险评价，选择年降雨量与高程作为评价因子，高程越低、年降雨量越大，越容易汇集水，从而引发洪灾。提取各县城的高程与降雨量值，按照表3-28与表3-29的规则将年降雨量和高程对洪涝灾害的影响分为高、中、低三个风险等级，后结合表3-30的规则对县城洪涝灾害的风险进行评价，其中双因子判定风险等级时高程更具主导地位，评价结果如表3-31所示。

表3-28　年降雨量的风险划分

年降雨量（毫米）	风险等级
0～800	低
800～1 400	中
>1 400	高

表3-29　威胁人口判据标准

高程（米）	风险等级
>3 224	低
2 262～3 224	中
1 300～2 262	高

表3-30　洪涝灾害风险等级划分标准

高程风险等级 \ 年降雨量风险等级	高	中	低
高	高	高	中
中	中	中	低
低	中	低	低

表3-31　各县城洪涝灾害风险等级

	所属县（市）	年降雨量（毫米）	风险等级	高程（米）	风险等级	风险等级
阿坝州	阿坝县	720.1	低	3 261	低	低
	黑水县	856.8	中	2 543	中	中
	红原县	804.5	中	3 504	低	低
	金川县	808.1	中	2 165	高	高
	九寨沟县	650.2	低	1 718	高	中
	理县	974.9	中	2 064	高	高

（续表）

	所属县（市）	年降雨量（毫米）/风险等级		高程（米）/风险等级		风险等级
阿坝州	马尔康市	838.9	中	2 950	中	中
	茂县	932.9	中	1 586	高	高
	壤塘县	765.8	低	3 298	低	低
	若尔盖县	710.1	低	3 449	低	低
	松潘县	906.5	中	2 942	中	中
	汶川县	955.3	中	1 334	低	低
	小金县	1 056.1	中	2 550	中	中
甘孜州	巴塘县	447.8	低	2 657	中	低
	白玉县	729.8	低	3 195	中	低
	丹巴县	834.2	中	1 900	高	高
	道孚县	756.6	低	3 000	中	低
	稻城县	626.9	低	3 763	低	低
	得荣县	488.5	低	2 507	中	低
	德格县	779.2	低	3 320	低	低
	甘孜县	730.4	低	3 369	低	低
	九龙县	948.4	中	3 346	低	低
	康定市	1099.0	中	3012	中	中
	理塘县	718.2	低	3 950	低	低
	炉霍县	735.6	低	3 207	中	低
	泸定县	1 114.1	中	1 300	高	高
	色达县	753.3	低	3 886	低	低
	石渠县	626.6	低	4 187	低	低
	乡城县	485.9	低	2 947	中	低
	新龙县	694.2	低	3 000	中	低
	雅江县	801.3	中	2 580	中	中

洪涝灾害风险评价结果显示，金川县、理县、茂县、丹巴县、泸定县5个县城位于洪涝灾害的高风险区，黑水县、九寨沟县、马尔康市、松潘县、小金县、康定市、雅安县7个县城位于洪涝灾害的中风险区，其余19个县城均位于洪涝灾害的低风险区。

结合上述洪涝灾害风险评价结果，本书从完善标准体系、划定风险区域、强化隐患排查等方面提出提升洪涝防控能力的建议：①在建立横向流域、纵向城镇的防洪防涝标准体系基础上，完成以流域为单元的防洪专项规划，为沿线城镇村防洪工作提供基准。②识别洪涝和次生灾害易发的川沟、河段、山谷等区域，划示洪涝风险控制线，城镇村建设应避开这些区域。③加强江河沿岸的地质隐患排查，提前处置地质不稳定区域或设定应急工作预案，防止堰塞湖等产生的危害。

4. 自然灾害综合风险评估

在对各县行政驻地的单一灾害风险高低进行评价之后，评价县城的综合风险时仍将县城风险划分为高、中、低三级风险。综合三种灾害的风险等级按表3-32判定，当各县城三种灾害中有两个及三个风险是高时或者有一个是高，其余两个是中时，自然灾害风险等级就为高风险，当县城三种灾害风险等级为一个中、两个低或者三个低风险时自然灾害风险等级为低风险，其他情况就视为中风险区，评价结果如表3-33所示。

按规则对川西北地区31个县城进行自然灾害风险等级划分后，理县、茂县、丹巴县、康定市、泸定县5个县城处于高风险状态，在区域综合评估图中，这5处驻地也都处于高危险和极高危险区内，特别是泸定县，三种灾害都处于一个高风险区。除了5个高风险区县城，区域内还有8个县城处于中等风险级别，18个县城处于低风险级别。

川西北地区自然灾害类型多样，分布广泛，其中地震、地质灾害、洪涝是该地区发生最频繁、影响范围最大的灾害类型。为此，本书选取这三种典型灾害类型为基本致灾因子，评价其危险性，并完成川西北地区自然灾害综合危险性分区。基于对县城的自然灾害综合风险评估，进一步划分6个灾害区域联防分区，构建区域联防体系，位于同一联防区内的县（市）在部署防灾设施和应急救援力量时应考虑互援互备（图3-67）。

表3-32 川西北各县级驻地自然灾害风险等级

所属州	所属县	地质灾害风险	洪涝风险	地震风险	综合风险
阿坝州	阿坝县	低	低	中	低
	黑水县	低	中	低	低
	红原县	低	低	低	低
	金川县	低	高	低	低
	九寨沟县	低	中	中	中
	理县	中	高	中	高
	马尔康市	高	中	低	中
	茂县	高	高	中	高
	壤塘县	低	低	低	低
	若尔盖县	低	低	低	低
	松潘县	低	中	中	中
	汶川县	高	低	中	中
	小金县	低	中	低	低
甘孜州	巴塘县	低	低	中	低
	白玉县	低	低	低	低
	丹巴县	高	高	中	高
	道孚县	中	低	高	中
	稻城县	低	低	低	低
	得荣县	低	低	中	低
	德格县	中	低	中	中
	甘孜县	低	低	中	低
	九龙县	低	低	中	低
	康定市	高	中	高	高
	理塘县	低	低	中	低
	炉霍县	低	低	高	中
	泸定县	高	高	高	高
	色达县	低	低	低	低
	石渠县	低	低	低	低
	乡城县	低	低	中	低
	新龙县	低	低	中	低
	雅江县	低	中	中	中

表3-33　川西北地区地质灾害区域联防分区

区域联防分区	县(市)	主要灾害类型和分布特征
龙门山断裂带联防区	九寨沟、松潘、黑水、茂县、汶川、理县	主要为震后大规模泥石流、高位崩塌和大型滑坡,发育密度大,主要沿岷江干流和支流分布
大渡河流域联防区	康定、泸定、丹巴、金川、小金	主要为大规模滑坡和泥石流灾害,发育密度大,主要沿大渡河干流和支流分布
雅砻江流域联防区	雅江、新龙、理塘、九龙	主要为大规模滑坡和泥石流灾害,发育密度中等,主要沿雅砻江干流和支流分布
金沙江流域联防区	巴塘、白玉、得荣、乡城、稻城	主要为大规模滑坡和泥石流灾害,发育密度中等,主要沿金沙江干流和支流分布
鲜水河断裂带联防区	甘孜、炉霍、道孚、德格、石渠、色达	主要为泥石流和滑坡灾害,发育密度小,主要沿鲜水河断裂带分布
川西北高原联防区	马尔康、壤塘、红原、阿坝、若尔盖	主要为泥石流和滑坡灾害,发育密度小,分布零散

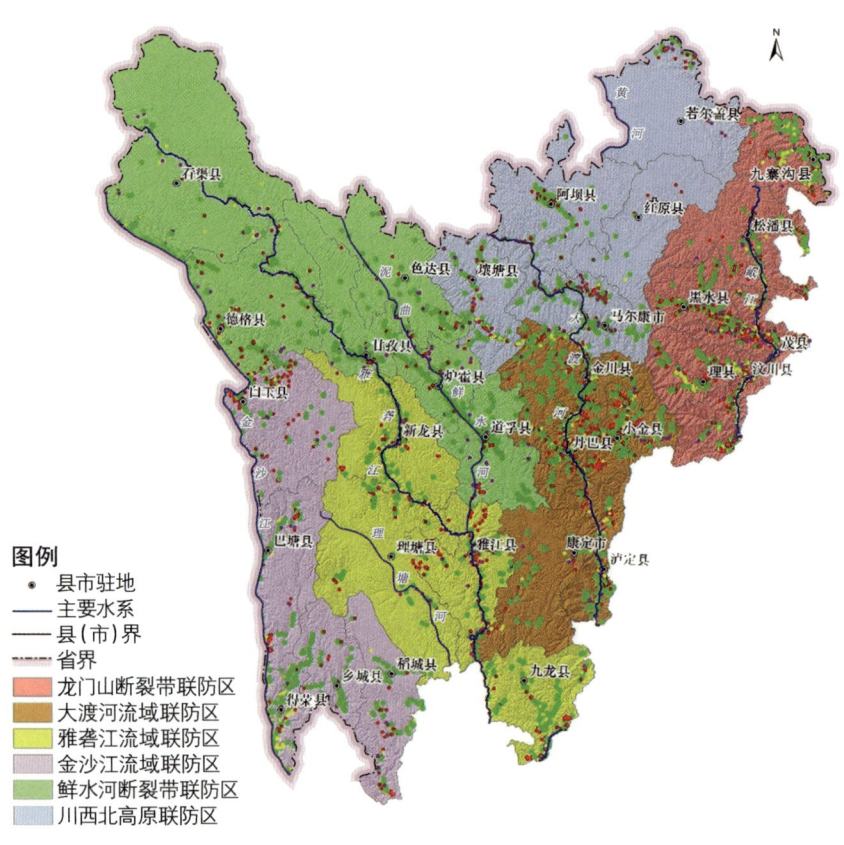

图3-67　川西北地区地质灾害区域联防分区示意图

综上，为国土空间规划提供决策支撑如下：①控制人口数量，避免过度增长的人口以及过度的人为活动对自然资源的占用和地质环境的改造；引导人口分布，从自然灾害高风险区向低风险区迁移或集聚。②建设用地增量主要向自然灾害低风险区布局，其他区域控制增量。③针对低人口密度地区，构建分区联防机制，保障分区内人员、物资的共享以及交通、物流的无缝衔接，保障分区之间防灾救灾的相互支持，实现灾害联合应对和资源有效整合。

3.3 文化、景观脉络识别与结构评估

3.3.1 研究背景与技术路线

川西北地区拥有包括高山峡谷、山原、丘状高原等丰富多样的地形地貌，自然景观价值高。由于地壳的东西向挤压，水系呈枝状蔓延，切割明显，形成金沙江、雅砻江、大渡河、岷江四大流域的主干河与支系水网，流域之间由山脉形成天然阻隔。在此自然环境下，川西北地区的人文景观呈现出丰富多元的特点，其主要民族有藏族（包括康巴、安多、嘉绒、白马等支系）、汉族、羌族、回族等，在长期的民族分异—融合过程中，形成了诸多文化风貌区（如格萨尔、香格里拉等文化风貌区）与文化廊道（如藏羌彝民族走廊、茶马古道）。以藏传佛教为主体的文化深刻影响着人们的精神信仰、生活习惯乃至聚落空间格局，造就川西北地区的独特的文化景观，成为该地区宝贵的人文财富。

本节在对川西北地区自然和城乡景观现状调查和文献整理与分析的基础上，对该区域自然地理和人文地理景观脉络进行多尺度认知：宏观尺度上对川西北地区区域景观格局的认知，中观尺度上对城乡人居空间结构与区域景观格局的耦合关系的研究，以及微观尺度上对城乡景观形态与类型的梳理、对景观价值现状和潜力进行定量评估。进而，基于对国土空间管理单元的细分，研究提出城乡风貌体系保护与优化的策略建议（图3-68）。

3.3.2 自然与文化景观资源调查分析

1. 自然景观资源

川西北地区内丰富的水文资源为这片土地植物的生长提供了肥沃的土地，天然的

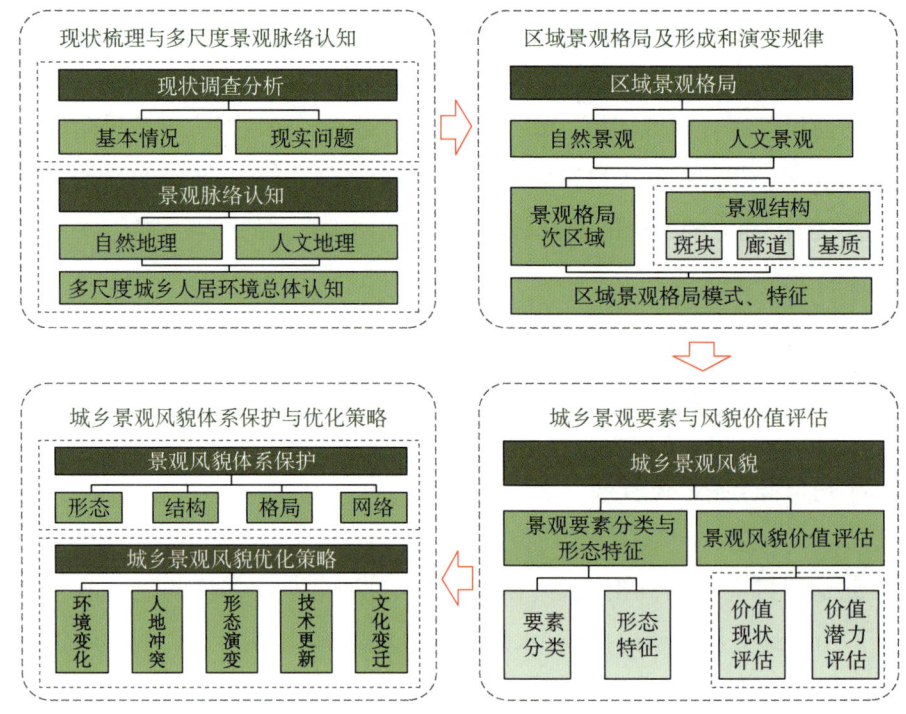

图3-68 技术路线图

表3-34 川西北地区世界自然遗产

类别	名称	位置
世界自然遗产	黄龙风景名胜区	阿坝州：松潘县
	九寨沟风景名胜区	阿坝州：九寨沟县
	四川大熊猫栖息地	阿坝州：汶川县、小金县、理县；甘孜州：泸定县、康定市

资料来源：联合国教科文组织.世界遗产名录[EB/OL].https://whc.unesco.org/en/list/.

森林资源和广袤的茫茫草地为野生动物提供了良好的栖息之地。因此，野生动物在此生息繁衍，境内国家级保护动物众多，还盛产冬虫夏草、贝母等名贵中草药材。作为长江上游重要生态保护区和全省的生态安全屏障，川西北地区拥有三个世界自然遗产，同时还拥有众多自然保护区（表3-34）。

川西北地区山水绮丽，自然景观奇绝，有着雄奇壮美的雪峰、满山遍野的彩林、星罗棋布的高山湖泊、原始天然的露天温泉、苍翠茂密的原始森林。春夏秋冬，四时美景各不相同。因此，川西北地区旅游产品吸引力较好，景区等级高，特色鲜明。截至2022年

7月，川西北地区共拥有5A级景区5个、4A级景区51个、国家级风景名胜区3个，分别占四川全省的三分之一、六分之一和五分之一，景区种类丰富，特色鲜明[①]。

2. 人文景观资源

1）历史文化名城、名镇、名村等

历史文化名城、名镇、名村等传统聚落方面，川西北地区现有省级历史文化名城松潘（拥有岷山、苍坪、中江三个历史文化街区），省级历史文化名镇理县薛城镇、汶川县水磨镇，中国历史文化名村莫洛村和萝卜寨村，中国传统村落112个，中国少数民族特色村寨64个以及中国特色景观旅游名镇（村）2个（表3-35）。空间分布上，大雪山脉以东的大渡河流域（马尔康—丹巴）与岷江流域（松潘—汶理茂）密度较高。该区域海拔相对较低，人类活动较频繁，且地处汉、羌、藏过渡地带，文化多样性高，加之高山大河交错分布，具有一定阻绝性，有利于传统聚落的保存（图3-69—图3-71）。

表3-35　川西北地区历史文化名城、镇、村一览

类别	级别	名称
历史文化名城	省级	松潘
历史文化名镇	省级	薛城镇（理县）、水磨镇（汶川县）
历史文化名村	国家级	莫洛村（丹巴县）、萝卜寨村（汶川县）
历史文化名村	省级	小河坝村（茂县）、桃坪羌寨（理县）、两河村（小金县）
历史文化街区	省级	松潘县：岷山历史文化街区、苍坪历史文化街区、中江历史文化街区； 理塘县：仁康古街历史文化街区
传统村落	国家级	阿坝州：丛恩村等41个； 甘孜州：八子斯热村等71个
少数民族特色村寨	国家级	阿坝州：牟托村等40个； 甘孜州：姑咱二村等24个
特色景观旅游名镇（村）	国家级	水磨镇（汶川县）、官寨村（小金县）

---

① 资料来源：四川省文化和旅游厅. 四川省A级旅游景区名录［EB/OL］.（2022-07-21）.http://wlt.sc.gov.cn/scwlt/c100297/introduce.shtml.

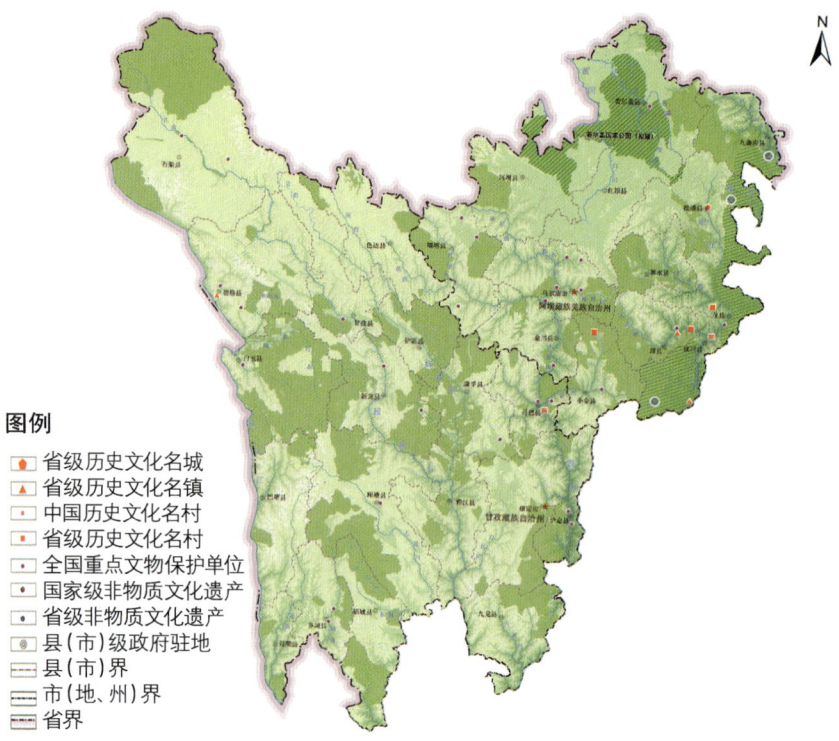

图3-69 川西北地区历史文化保护现状图

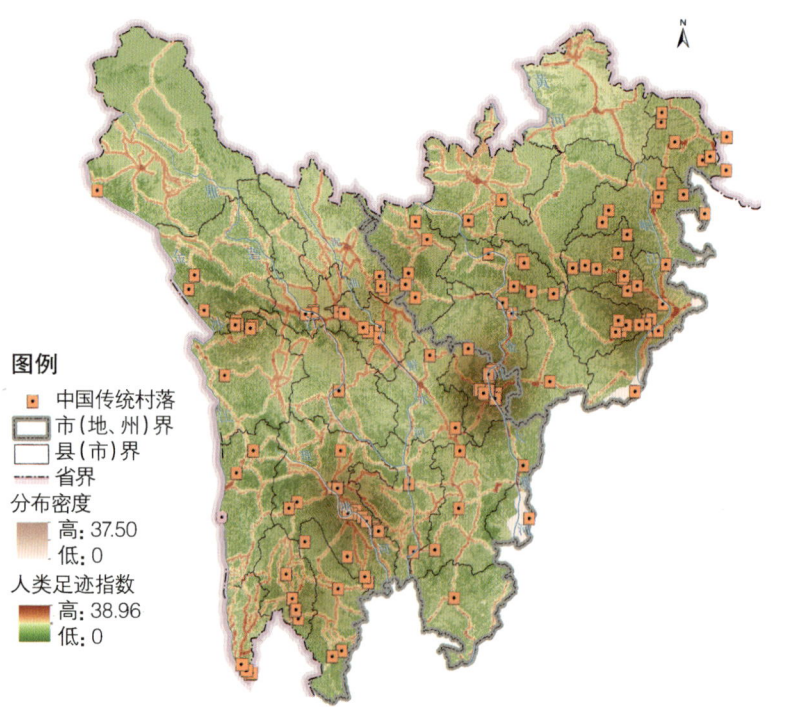

图3-70 川西北地区中国传统村落分布与密度示意图

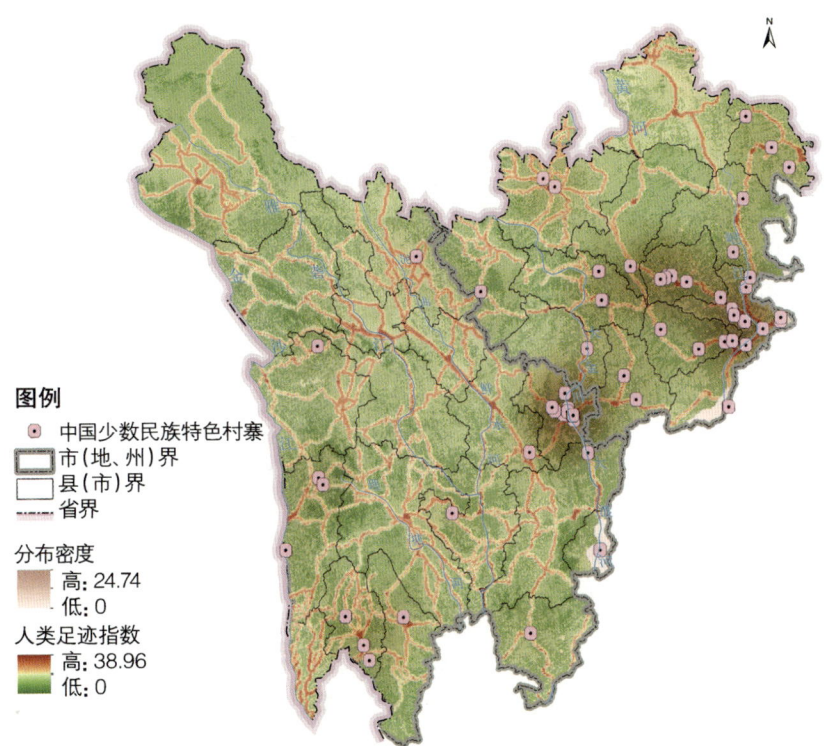

图3-71　川西北地区中国少数民族特色村寨分布与密度示意图
资料来源：联合国教科文组织.世界遗产名录[EB/OL].https://whc.unesco.org/en/list/.

2）文物保护单位

川西北地区文物保护单位数量较多，其中全国重点文物保护单位29处（占四川省的12.6%），入省级文物保护单位106处（占四川省的10.9%），以古建筑（如碉楼与寺庙）、近现代重要史迹及代表性建筑（如红军长征遗迹）为主，包括古遗址、古墓葬等各类。空间分布上，大雪山脉以东文物保护单位密度较高，与人口密度呈正相关关系（表3-36）。

3）非物质文化遗产

川西北地区拥有众多非物质文化遗产，包括世界级5项，国家级46项，省级185项，市级441项，县级834项（表3-37）。同时拥有国家级的羌族文化生态保护区，以及嘉绒等四个省级文化生态保护实验区（表3-38）。

表3-36 川西北地区国、省级文物保护单位一览

类别	级别	名称
全国重点文物保护单位	阿坝州(15处)	直波碉楼(马尔康、汶川、理县、茂县)、阿坝红军长征遗迹(小金、黑水、松潘、若尔盖、茂县、红原)、营盘山和姜维城遗址(茂县、汶川)、筹边楼(理县)、松潘古城墙(松潘县)、卓克基土司官寨(马尔康市)、哈休遗址(马尔康市)、大藏寺(马尔康市)、甲扎尔甲山洞窟壁画(马尔康市)、曾达关碉(金川县)、沃日土司官寨经楼与碉(小金县)、棒托寺(壤塘县)、措尔机寺(壤塘县)、日斯满巴碉房(壤塘县)、达扎寺(若尔盖县)
全国重点文物保护单位	甘孜州(14处)	松格嘛呢石经城和巴格嘛呢石经墙(石渠县)、丹巴古碉群(丹巴县)、波日桥(新龙县)、德格印经院(德格县)、白利寺(甘孜县)、泸定桥(泸定县)、罕额依新石器时代文化遗址和汉代石棺葬墓群(丹巴县)、穆日嘛呢石经墙(石渠县)、嘎拖寺(白玉县)、长青春科尔寺(理塘县)、乡城土碉(乡城县)、八邦寺(德格县)、噶丹桑披罗布岭寺(乡城县)、拉日马石板藏寨(新龙县)
省级文物保护单位	阿坝州(43处)	马岭山红军阻击战场遗址(汶川县)、维州城遗址(理县)、杂谷土司碉群(理县)、甘堡藏寨(理县)、建威将军墓(理县)、箭山遗址(理县)、薛城红军石刻标语(理县)、理县张家碉房(理县)、点将台摩崖造像(茂县)、左封县城遗址(茂县)、黄龙寺(松潘县)、小河古城墙(松潘县)、靖夷堡遗址(松潘县)、达琼贡巴寺(九寨沟县)、唐卡寺(九寨沟县)、御制平定金川勒铭葛喇依之碑(金川县)、金川县商周遗址(金川县)、金川红军革命纪念建筑群(金川县)、绰斯甲观音庙(金川县)、三关桥(小金县)、猛固桥(小金县)、结斯喇嘛寺(小金县)、小金川流域古遗址群·两河乡白果坪遗址(小金县)、小金川流域古遗址群·抚边乡菜园坝遗址(小金县)、小金川流域古遗址群·木坡招牛喇嘛寺遗址(小金县)、小金川流域古遗址群·木龙寨遗址(小金县)、小金川流域古遗址群·桥头村遗址(小金县)、徐向前住址和红军石刻标语(黑水县)、徐古摩崖造像(黑水县)、芦花官寨(黑水县)、西索民居(马尔康市)、草登寺院(马尔康市)、脚木足河流域古遗址群(马尔康市)、莫斯都岩画(马尔康市)、昌列寺小经堂(马尔康市)、藏哇寺(壤塘县)、茸安蒙古伸臂桥(阿坝县)、柯河姊妹碉(阿坝县)、苟象寺(若尔盖县)、苟均桥(若尔盖县)、潘州城遗址(若尔盖县)、协玛坚遗址(若尔盖县)、甲格寺(若尔盖县)
省级文物保护单位	甘孜州(63处)	塔公寺(康定市)、木雅经堂·俄巴绒一村经堂(康定市)、木雅经堂·阿加上南经堂(康定市)、木雅经堂·瓦约西北民居(康定市)、朱德同志长征途经泸定居住旧址(泸定县)、大渡河悬索桥(泸定县)、磨西天主教堂毛泽东同志住地旧址(泸定县)、岚安区苏维埃政府旧址(泸定县)、岚安区苏维埃政府旧址十大政纲(泸定县)、岚安

（续表）

类别	级别	名称
省级文物保护单位	甘孜州(63处)	区苏维埃政府旧址红军医院(泸定县)、曲登沙寺(丹巴县)、雍仲佐钦岭寺(丹巴县)、巴底土司官寨(丹巴县)、墨尔多山摩崖石刻(丹巴县)、中古经堂(九龙县)、吉日寺(九龙县)、南真寺(雅江县)、亚多寺(雅江县)、郭岗顶遗址(雅江县)、道孚古碉(道孚县)、惠远寺(道孚县)、灵雀寺(道孚县)、灵龙寺(炉霍县)、鲜水河流域石棺墓葬群(炉霍县)、东谷寺(甘孜县)、甘孜寺(甘孜县)、羌堆寺(新龙县)益西寺(新龙县)、土木寺(新龙县)、嘎绒寺(新龙县)、更庆寺(德格县)、登青寺(德格县)、协庆寺(德格县)、竹庆寺(德格县)、满金寺(德格县)、安章寺(白玉县)、山岩民居(白玉县)、色须寺(石渠县)、觉悟寺(石渠县)、温波寺(石渠县)、志玛拉宫(石渠县)、照阿娜姆石刻(石渠县)、色尔坝藏寨(色达县)、拉则寺(色达县)、洞嘎寺(色达县)、大则寺(色达县)、普吾寺(色达县)、邓登曲登佛塔(色达县)、冷谷寺(理塘县)、七世达赖故居(理塘县)、康宁寺(巴塘县)、措普寺(巴塘县)、关帝庙(巴塘县)、鹦哥嘴石刻群(巴塘县)、曲披寺(乡城县)、白依丁真岭寺(乡城县)、洞松木因石棺墓葬群(乡城县)、著杰寺(稻城县)、扎朗寺(稻城县)、自麦民居(稻城县)、翁佳寺(得荣县)、得荣红军桥(得荣县)、贺龙桥(得荣县)

资料来源：国家文物局、四川省文物局。

表3-37 川西北地区非物质文化遗产

级别	数量	代表性项目
世界级(联合国教科文组织非物质文化遗产)	5	藏医药浴法(甘孜州南派藏医药)、中国雕版印刷技艺(德格印经院藏族雕版印刷技艺)、藏戏(德格格萨尔藏戏、巴塘藏戏、色达藏戏)、格萨(斯)尔、羌年
国家级	46	阿坝州：羌族瓦尔俄足节等22项； 甘孜州：藏族唐卡、羌族瓦尔俄足节等24项
省级	185	阿坝州：花灯(回族花灯舞)等102项； 甘孜州：甘孜踢踏等83项
市(州)级	441	阿坝州：藏靴制作工艺等362项； 甘孜州：鲜水河流域姑娘头饰等79项
区(县)级	834	阿坝州：哈拉玛的传说等760项； 甘孜州：白玉祭祀活动等74项

资料来源：四川非物质文化遗产网[EB/OL].https://www.ichsichuan.cn.

表3-38 川西北地区文化生态保护区

级别	名称	地区
国家级	羌族文化生态保护区	阿坝州：茂县、汶川县、理县、松潘县、黑水县
省级	嘉绒文化生态保护实验区	阿坝州：马尔康市、小金县、金川县、壤塘县、黑水县、汶川县、理县；甘孜州：丹巴县
	河曲马黄河草原文化生态保护实验区	阿坝州：若尔盖县、红原县、阿坝县、松潘县、壤塘县、九寨沟县
	康巴文化（甘孜）生态保护实验区	甘孜州
	白马文化生态保护实验区	阿坝州：九寨沟县

资料来源：中国非物质文化遗产网.国家级文化生态保护区［EB/OL］.https://www.ihchina.cn/shiyanshi#target1.四川省文化和旅游厅.四川省文化和旅游厅关于公布四川省级文化生态保护实验区名单的通知［EB/OL］.http://wlt.sc.gov.cn/scwlt/gsgg/2021/1/19/54fc7324c4b94485bfd868f6714a2142.shtml.

4）农业文化遗产

甘孜州西北部为高寒草原，孕育了四川石渠扎溪卡游牧系统，该系统于2020年入选第五批中国重要农业文化遗产。

四川石渠扎溪卡游牧系统是当地藏族牧民为适应青藏高原地区独特生态环境所形成的，采取四季轮牧、放养采食等驯养方式养殖牦牛、藏绵羊、马和山羊等牲畜的生态游牧系统，距今至少有5000年历史。遗产地位于四川省甘孜藏族自治州石渠县，核心区覆盖全县15个乡镇，面积25 191平方千米[①]。

3. 文化空间脉络

文化空间脉络的认知从线和面两个维度切入，即文化传播廊道与文化区，包含文化廊道、民系语言与宗教信仰等要素。

川西北地区的文化传播廊道按出现的时间先后主要有藏羌彝民族走廊、茶马古道以及现代的国省干道。藏羌彝民族走廊主要指今川、滇、藏三省区毗邻地区由系列南北走向的山系、河流所构成的高山峡谷区域，在地理上呈"走廊"形态，从新石器时期起便是多民族频繁迁徙交融之地，对该地区多民族文化的传播与交流具有重要的意义。茶马古道是我国历史上内地农业地区和边疆游牧地区进行茶马贸易所形成的古代交通路线，分为川藏、滇藏两路。茶马古道存在于中国西南地区，是以马帮为主要交通工具的

---

① 参见：农业农村部《农业农村部关于公布第五批中国重要农业文化遗产名单的通知》，http://www.moa.gov.cn/govpublic/ncshsycjs/202004/P020200403511818390502.pdf。

民间国际商贸通道,是我国西南民族经济文化交流的走廊,入选第七批全国重点文物保护单位。这些走廊构成了纵横交织的网络状廊道体系,进一步推动了当地城乡聚落的发展和民族的融合,为川西北地区积淀了丰厚的文化底蕴(图3-72)。

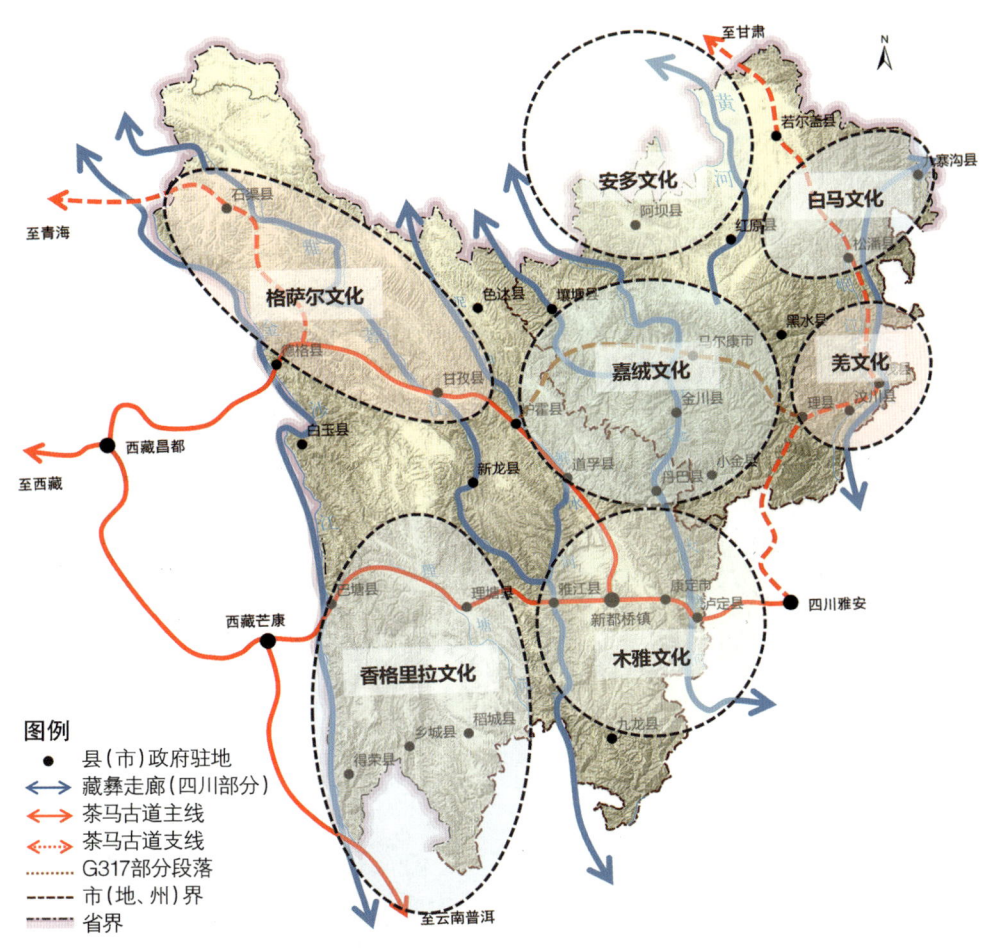

图3-72 川西北地区文化传播廊道分布示意图

4. 人居空间格局与自然、文化的关系

川西北地区的人居空间格局受到自然、文化的多重影响。从流域角度看，人均耕地面积的高值主要分布于河流主干及支流密集的区域，说明聚落农业生产条件与流域分布明显耦合（图3-73，图3-74）。从海拔与气候的角度看，聚落的空间分布表现出对宜居气候明显的倾向性，即集中分布于河谷和山谷中相对暖湿的地带（图3-75，图3-76）。

图3-73 流域与人均耕地面积关系示意图

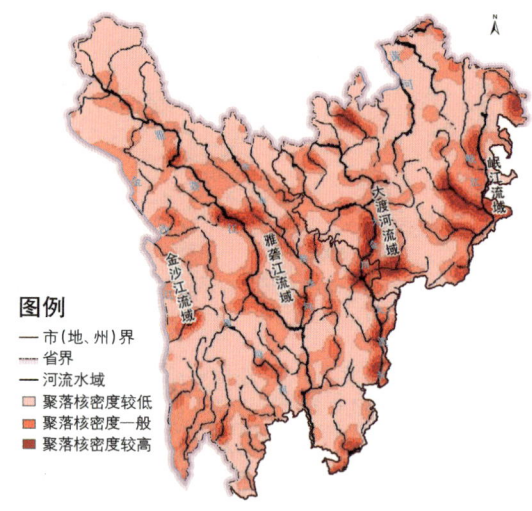

图3-74 流域与聚落核密度关系示意图

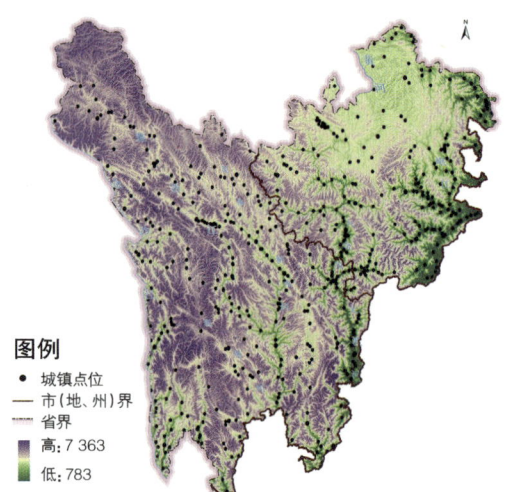

图3-75 海拔高程与聚落分布关系示意图

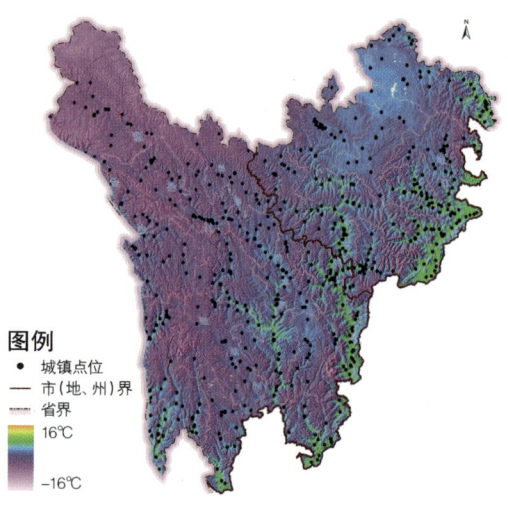

图3-76 气温与聚落分布关系示意图

从文化传播角度看,聚落语言高丰富度区域与文化传播廊道的空间位置高度耦合,在文化传播廊道的交会区域聚落语言丰富度也达到最高,可知藏羌彝民族走廊、茶马古道和现代国省干道等文化传播廊道对于民系间的交融和文化传播具有重要的作用(图3-77)。

从生产方式角度来看,聚落生产方式是聚落在漫长的发展时间里对多种要素自然选择的结果,是自然与文化相互影响下的外部表征。总体格局上,聚落生产分布呈现与地形地貌高度相关的"阶梯型+镶嵌型"格局。

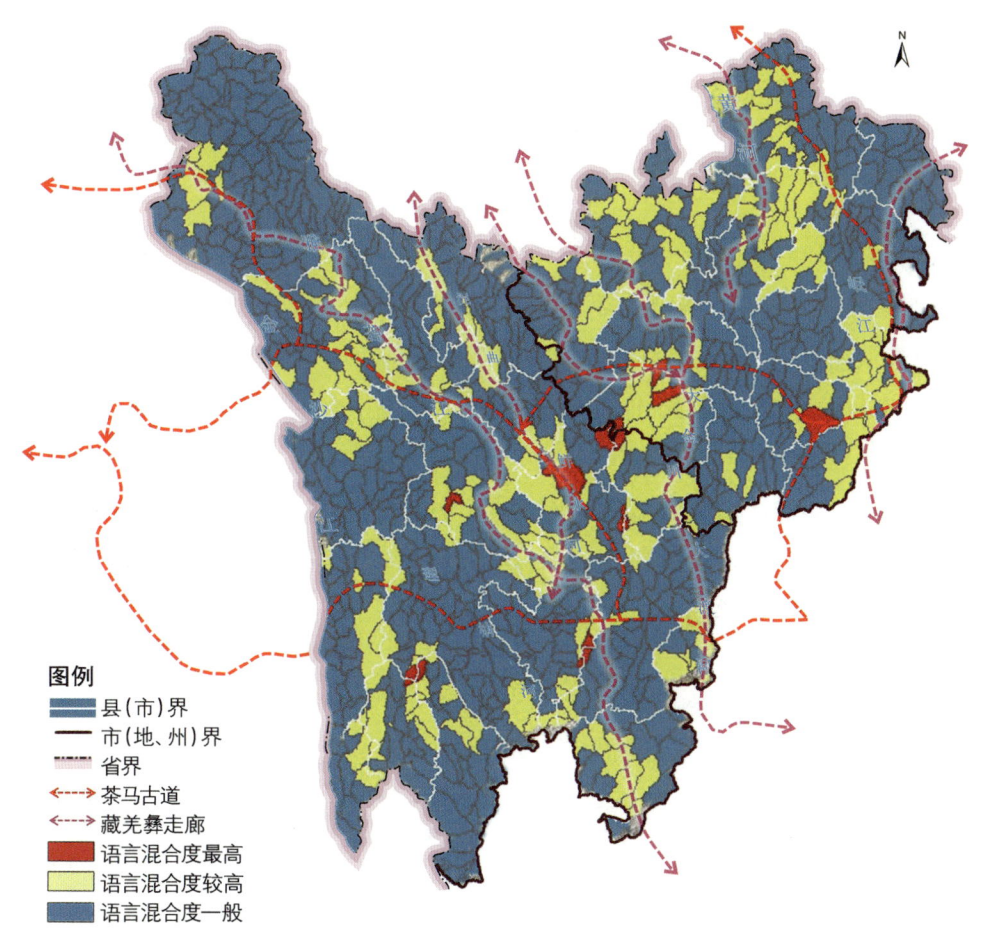

图3-77 文化传播廊道与聚落语言丰富度关系示意图

3.3.3 区域景观格局特征评价

1. 评价单元与指标体系

本次评价以子流域单元作为最终的区域景观格局评价单元,并结合国土三调的河流图斑信息,运用GIS软件进行水文分析,将总面积23.3万平方千米的川西北地区全域空间划分为963个基本评价单元,其中每个单元的平均尺度大小为327平方千米,约占平均乡镇单元大小的60%。

在指标体系方面,研究结合川西北地区地形地貌、气候条件、自然植被资源、农业经济生产方式、文化影响等因素,从空间规模、构成以及布局三个维度,综合拟定了如下区域景观格局空间表征指标体系,共涉及以下23个空间指标(表3-39)。

2. 特征评价

川西北地区区域景观格局主要受到聚落语言空间混合度、气候宜居度、水资源可获度、聚落斑块密度、大地景观香农多样性、聚落建设面积占比6个指标的支配性影响而呈现空间分异。研究运用GIS地理信息软件,以上述6个主导影响因子对基本评价单元展开评价,结合地理空间自相关分析发现评价区域存在明显特征集聚现象。为便于行政空间管理,将特征集聚单元群分配到各个乡镇单元,并进一步叠加自然地理与文化空间单元脉络认知底图,共得到17个区域景观格局空间特征与管理区划(图3-78),其中文化脉络氛围型为"弹性"区划,自然景观主导型与聚落聚居生产特征型为"刚性"区划。

表3-39 景观格局空间表征指标体系表

目标层	准则层	因素层	指标层	影响因子指向
区域景观格局空间表征指标体系	规模	大小	聚落建设面积占比	土地利用
			耕地面积占比	土地利用
			林地面积占比	土地利用
			草地面积占比	土地利用
			物质文化景观核密度	物质文化景观
			宗教信仰场所建设影响	文化信仰
			可利用坡度面积占比	土地利用
		人均	人均牧草面积	农业经济形态
			人均耕地面积	农业经济形态
			人均聚落面积	聚居模式
	构成	多样性	语言种类相对丰富度	语言文字
			非物质文化相对丰富度	非物质文化
			地形坡度相对丰富度	地形地貌
		均匀度	大地景观香农多样性[①]	大地景观
			农林牧业景观混合度	农业经济形态
			聚落语言空间混合度	语言文字
	布局	选址	气候宜居度	气候
			聚落斑块相对高程起伏	地形地貌
			地灾易发区聚落比例	地质灾害
			地面水资源可获度	水资源
		分布	聚落斑块密度	聚居模式
		形态	聚落形状复杂度	土地利用
			聚落边缘破碎度	土地利用

① 在景观级别上等于各斑块类型的面积占比乘以其值的自然指数之后的和的负值,可以用来衡量不同斑块类型的多少(即丰富度),以及各种类型的斑块在空间上分布的均匀程度。

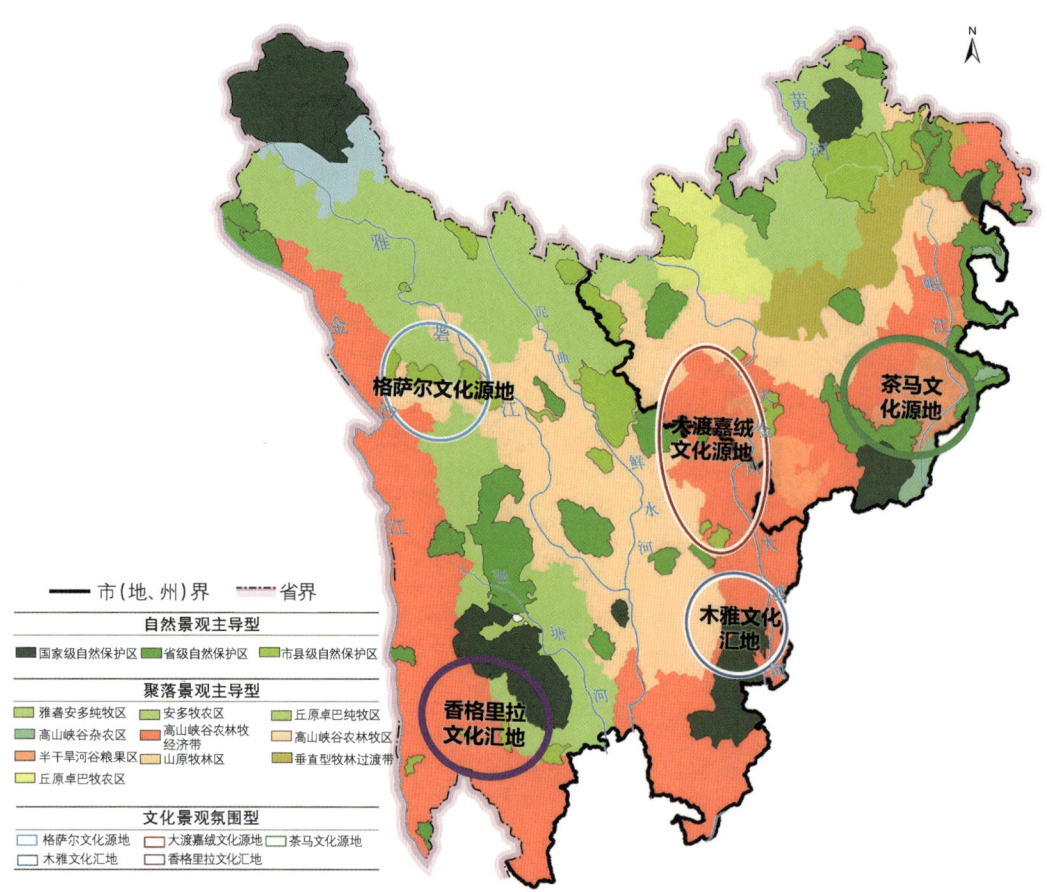

图3-78 区域景观格局示意图

3.3.4 城乡景观风貌价值评估

1. 城乡景观要素的类型

本书按照地形地貌和生产方式两种分类依据,对川西北地区城乡景观要素的形态进行类型化研究,并通过地域文化的细分,研究川西北地区亚文化区域的分布情况,进一步探讨地域文化对于川西北地区城乡景观风貌的作用和影响规律。

1) 以地形地貌划分城乡景观要素类型

以地形地貌划分的城乡景观要素类型包括河谷类和高原类两大类。河谷类城乡景观总体分布在南部高山峡谷和局部山原地区河流深切的部分。河谷地区海拔相对较低,但发展空间总体沿河谷呈带状,空间狭小。根据所处地理位置不同,河谷类城乡景观风貌要素可分为"峡谷""宽谷"和"半山坡(台)地"三个类型(图3-79—图3-81)。

图3-79 峡谷型城乡景观风貌的示意图(康定)

图3-80 宽谷型城乡景观风貌的示意图(茂县)

图3-81 半山坡(台)地形城乡景观风貌示意图

高原类城乡景观主要分布在北部、中部丘状高原和山原地带,高原地区海拔较高,气候较河谷地区寒冷,但地形起伏相对缓和,日照充足,地势开阔。高原类城乡景观风貌要素可分为"浅山坡地"和"平坝"两个类型(图3-82,图3-83)。

按照每个流域单元呈现的主要城乡景观要素地形地貌,可得出川西北地区城乡景观要素类型按照地形地貌特征的分布(图3-84)。

图 3-82 浅山坡地形城乡景观风貌图（色达）
（傅鼎摄影）

图 3-83 平坝型城乡景观风貌图（石渠）
（傅鼎摄影）

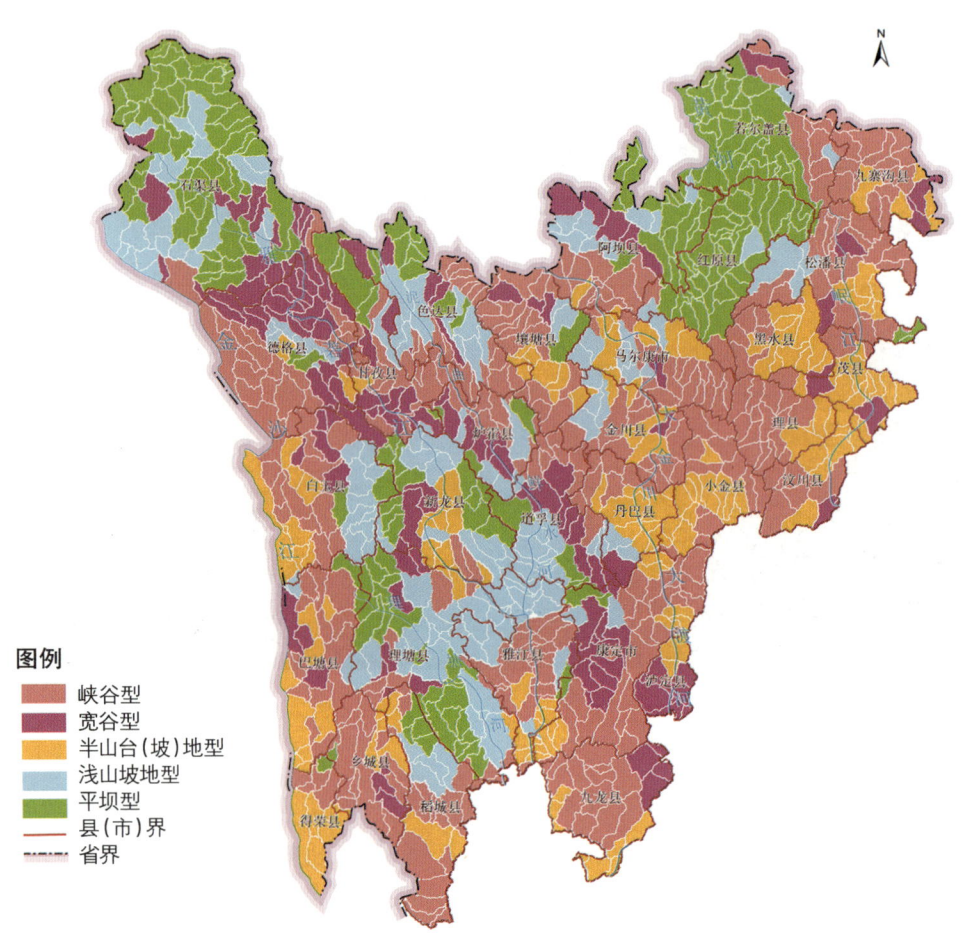
图 3-84 景观风貌要素地形地貌类型分布示意图

表3-40 地形地貌城乡景观要素类型一览表

分类依据	景观要素类型		景观形态	特征
地形地貌	河谷类	峡谷型	城镇：带状、指状；乡村：组团状分布于河谷浅山地带	海拔和气候适宜人居，适合农业生产，交通区位好，生活生产水源便利，用地集约，城镇享有较长的自然景观界面
		宽谷型	城镇：片状；乡村：组团连片	具有景观多样性，适合农、林、牧、副业综合发展；农业和城乡集中连片易发挥规模效益
		半山台（坡）地形	乡村：组团状、块状	发展边界明确，规模较小，景观层次感强，农林牧副多种生产方式立体分布
	高原类	浅山坡地形	城镇：片状；乡村：组团连片	地形平坦，用地限制条件少；日照充足，适宜发展牧业
		平坝型	城镇：块状；乡村：组团+散点状	人口密度和开发强度较小；日照充足，牧业发达，人与自然充分融合

峡谷型和宽谷型主要分布在金沙江、大渡河、岷江流域的下游，川西北地区东南部和西南部河流深切的地区分别占比为39.17%和15.10%。半山坡（台）地形比较分散，主要集中在丹巴、小金和阿坝东南的汶川、理县、茂县、黑水等地区，占比为17.92%。这些地区"V"形峡谷较多，同时也是羌族聚居的地区，这些地区河谷用地非常局限，同时加之传统羌族聚落对防御性的要求，使得处于半山的乡村聚落景观较多，是自然和文化长期作用的演化结果。浅山坡地型和平坝型城乡景观要素主要分布在西北、东北和中部，是传统的高原牧区所在地，占比为7.40%和20.41%。不同类型的城乡景观要素其景观形态和特征总结见表3-40。

2）以生产方式划分城乡景观要素类型

以生产方式划分的城乡景观要素类型包括农林综合型、牧业主导型和农牧综合型三类（图3-85）。

农林综合型乡村聚落主要分布在大江大河流域的高山河谷地带，流域间二、三级支流众多，村镇聚落常常在接近河流、水源和耕地的山脚地带。河谷地区形成带状或片状，山地区域形成分散的组团状。建筑组团周围的缓坡地区开发为耕地或园地，由于河谷和山地用地有限，往往单体建筑之间的间距也作为耕地加以利用，形成了"村在田中，田在村中"的景观特征（图3-86）。农林综合型聚落景观的建筑形态也受到农业生产需要的影响，大多采用平屋顶或局部平屋顶的建筑形制，将屋顶作为晾晒农作物的晒坝，尽量利用有限的空间资源。

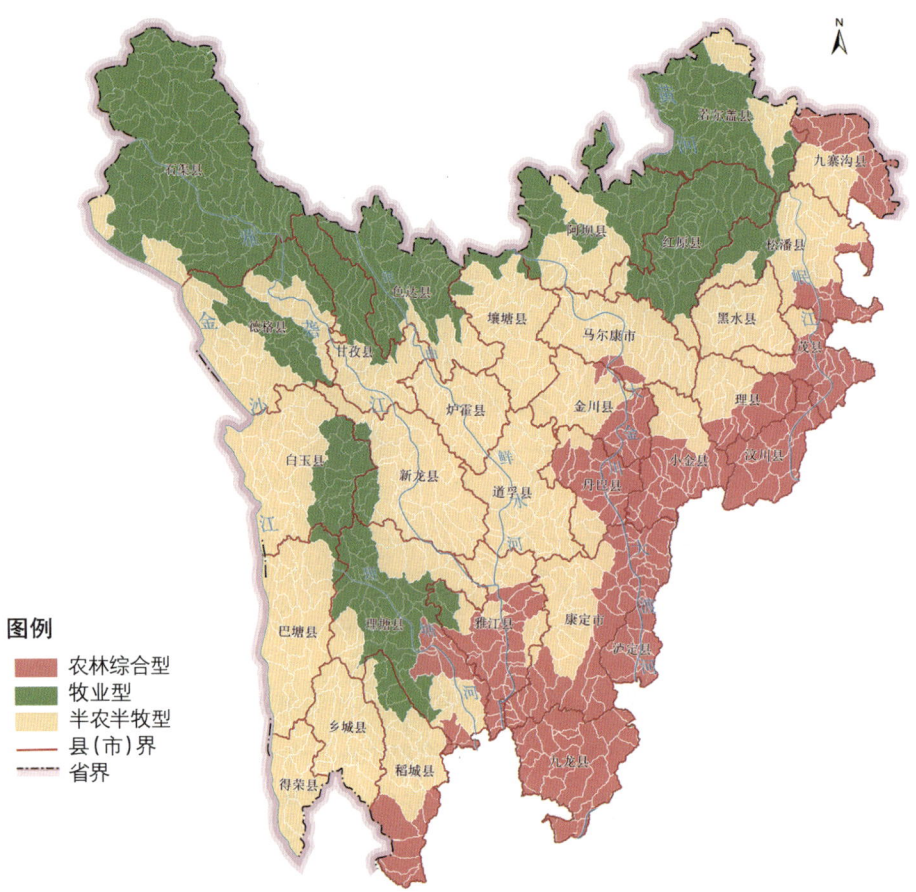

图3-85 景观风貌要素生产方式类型分布示意图

图3-86 丹巴县乡村民居（陈小羊摄影）

表3-41 生产方式城乡景观要素类型一览表

分类依据	景观要素类型	景观形态	典型平面图式	特征
生产方式	农林综合型	紧凑组团状		聚落被农田园地景观围绕,在河谷地区形成带状或片状
	牧业主导型	松散组团状或点阵、散点状		镶嵌在草场景观之中
	农牧综合型	松散组团式		建筑间距较大,聚落外围是农田生产景观,再外围是草场、林地等自然景观

牧业型城乡景观要素主要分布在地势平缓的丘状高原和高山原地区,为了对外交通和水源便利,城镇一般选址于道路、河流交会处,城镇形态低矮且舒展,并以河流或道路作为景观边界,形成块状镶嵌于大面积的草地景观基质中(图3-87)。

农牧综合型聚落景观主要分布在南部高山峡谷和中部山原地区,农业、林地、草地景观垂直分布明显。农牧综合型聚落景观兼有农业聚落景观和牧业聚落景观的特点,其乡村聚落布局形态呈组团式或棋盘镶嵌式,建筑间距较大,建筑之间是农田景观,但耕地所占比例明显较农林综合型景观要素类型低;城乡景观外围则是草场、林地等自然景观(图3-88)。农牧综合型聚落建筑院落多为二至三层,局部地区高达四层或以上。底层包含储藏、圈养牲畜等功能空间,上层是日常居住饮食起居之处,通过天井和楼梯联系。

不同类型的城乡景观要素其景观形态和特征总结见表3-41。

2. 城乡风貌价值评估

城乡景观风貌价值评估是按照国土空间规划"统筹山水林田湖草"系统要求,提出对景观风貌资源要素水平的精细化识别与量化测度,构建景观价值认知体系和评判体系,是对川西北地区城乡景观风貌的量化研究。这对于有效揭示川西北地区景观风貌的资源禀赋条件,为下一步提出开发保护策略具有重要的指导作用。

图3-87 色达牧区民居(傅鼎摄影)

图3-88 康定(新都桥)农牧综合型乡村景观(傅鼎摄影)

城乡景观风貌价值评估围绕其所具有的经济、社会、生态、美学、文化等价值进行分析与评价。一是经济价值,生产景观能够生产基本的农产品,为居民带来经济收入,改善农民的生活条件;二是社会价值,即重要的社会保障功能;三是生态价值,即调节局部小气候、维持生态环境平衡的功能;四是美学价值,美丽的田园特征、魅力的城市风貌,是旅游开发的重要基础;五是文化价值,人们的生活、文化习俗深刻地影响着城乡空间景观风貌的形成与演变,景观风貌特征沉淀了一个地区民风民俗的发展历史。

结合前文在景观风貌格局、结构、形态等方面的认知结论,本节综合川西北地区的城镇体系、基础设施、历史文化保护、旅游产业发展等现状和规划资料,对川西北地区景观风貌价值进行评估和分析。

1) 价值现状评估体系及结果

按照自然景观、聚落景观、文化景观三个类别对川西北地区全域进行景观价值评估,通过分析归类分别得出三类景观价值较突出的空间区域。

对于定量指标,研究主要以土地利用现状调查数据为基础,参考地理国情普查、基础地质调查、遥感影像等数据,结合该区景观资源环境禀赋及存在的问题,主要借助 ArcGIS 和 Fragsiats 3.3 景观分析软件进行计算获取。对于定性指标,研究按 1.0(优)、0.8(良)、0.6(中)、0.4(低)、0.2(差)五个等级进行评估,通过专家咨询法对每项定性指标进行打分,最后取其平均值。景观价值现状评估指标体系见表 3-42。

表 3-42 景观价值现状评估指标体系一览

价值现状	自然景观	自然保护地:国家级、省级、市县级
		自然景观:自然植被覆盖率、湿地、自然保留地、自然植被类型多样性
		地形与水环境:山地环境感知、水环境感知
	聚落景观	城镇职能体系(城镇等级规划):区域中心城市、县域中心城市、片区重点城市
		聚落结构密度:高密度、中密度、低密度
		聚落风貌丰富性:聚落风貌多元程度
		生产农用景观(国土地类):耕地规模、园地规模
		历史文化保护:历史文化名城名镇名村、传统村落
	文化景观	旅游发展:风景名胜区、宗教寺庙、热门旅游目的地分布、知名度和影响力
		非物质文化遗产:文化活动节日规模、非物质文化种类相对丰富度

根据评估结果,自然景观价值突出的区域主要分布于各级自然保护地、自然植被覆盖率高以及湿地和自然保留地等集中的区域(图3-89)。这类区域可以进一步分为山地景观主导区和高原景观主导区,山地景观主导区位于建设区中间时,应严格保护,作为城镇建设缓冲绿带,防止城镇过度扩张;位于城镇边缘时,可以适度进行开发建设,但此区域的土地利用应仍以生态保护为主,只允许城镇建设在此区域适当开展。高原景观主导区其自然环境也更为复杂、敏感,山地垂直梯度上来看,各影响因素对山地的作用力更为明显,以山水格局保护为主。

聚落景观价值突出的区域主要分布于城镇职能等级高、聚落分布密度大、聚落风貌丰富度高和生产景观支撑度好的相应区域(图3-90)。这类区域主要位于主要交通道路附近,依托中心城镇的辐射带动作用,推进乡村城镇化发展,同时带动周围聚落经济发展。聚落景观集中区应在生态环境保护的基础上,突出城镇带动作用。

文化景观价值突出的区域主要分布于历史文化名城(镇、村)、传统村落、旅游价值较高的景点,以及非物质文化遗留较丰富的地区,以点位的形式呈现(图3-91)。此区域文化景观资源价值较好,一般还保留着较多的历史环境要素,历史遗存丰富,地域特色突出。对于该类管理单元,应重点保护其原有的格局特征,挖掘地域特色,严格控制建筑风貌,延续聚落传统历史风貌景观。

2)价值潜力评估体系及结论

自然与城乡空间景观风貌评估价值潜力评估体系是对川西北地区自身内部的分析,结合外部环境的发展条件,用以确定未来的价值空间和利用保护前景,表现为一种后续发展能力,侧重实现价值提升的可持续性。结合区域实际,按照地区的景观资源发展潜力,文化景观开发的整体性、有序性方面,开发与保护的可协调性三个方面对川西北地区全域的景观价值潜力进行评估。景观价值潜力评估指标体系见表3-43。

根据评价,地区景观开发潜力主要分布于未来区域基础设施和公共服务设施更加完善以及资源条件较好的区域(图3-92)。其基础设施和公共服务设施逐步完善,景观开发得到政府政策措施支持和当地居民赞成,避开自然生态脆弱区,与川西北地区全域旅游规划重点发展区域相匹配。

文化景观的整体性和开发措施的有序性方面,茶马古道和藏羌彝民族廊道所涉及地区评分相对较高(图3-93)。这些地区通过整体保护和价值挖掘,整合历史文化线路历史文化和旅游资源,规划旅游线路,提高了地区的文化景观价值,并且保护其原有的格局特征,挖掘地域特色,严格控制建筑风貌,从而延续聚落传统历史风貌景观。

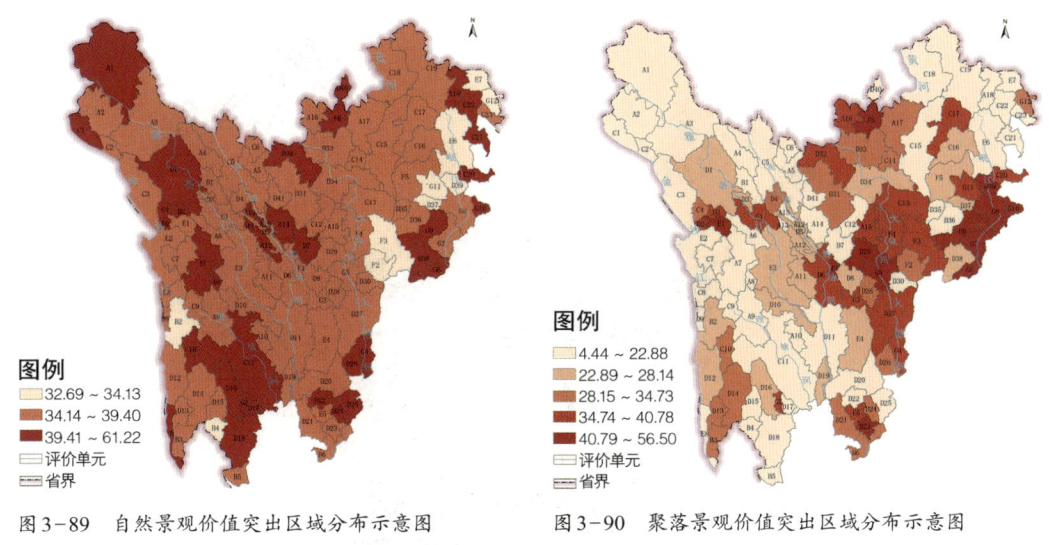

图 3-89 自然景观价值突出区域分布示意图　　图 3-90 聚落景观价值突出区域分布示意图

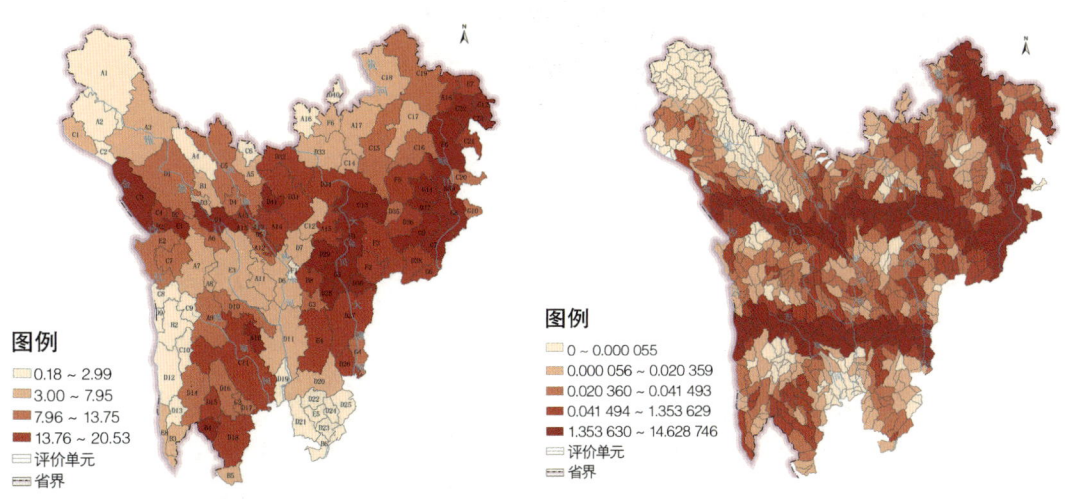

图 3-91 文化景观价值突出区域分布示意图　　图 3-92 地区景观开发潜力示意图

保护与发展相互协调性方面,分值较高的多为地质环境较复杂的高山峡谷区,这些自然保护与城乡发展之间矛盾较为突出的区域,是发展与保护矛盾突出区(图3-94)。相应的景观具有特殊价值或潜在天然灾害,这些景观极易因人类的不当开发活动而导致环境负效果,属环境脆弱景观。

川西北地区地处大横断区域,群山密布,江河纵横,物种丰富,自然景观具有很高的价值。在漫长的历史演进中,形成了众多民族,人文景观资源丰富多元,是中华民族多元一体格局的重要体现。本书在对川西北地区现状自然与文化景观资源深入调查分析的基础上,进行景观脉络认知,探索区域景观格局的形成与演变规律。以此,对城乡景

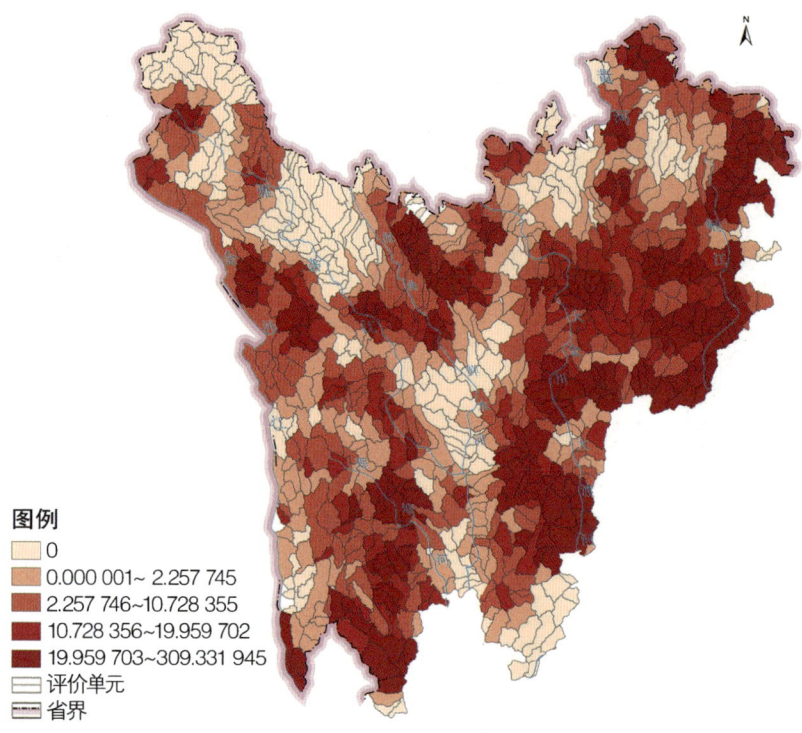

图3-93 文化景观整体性和开发措施有序性评价

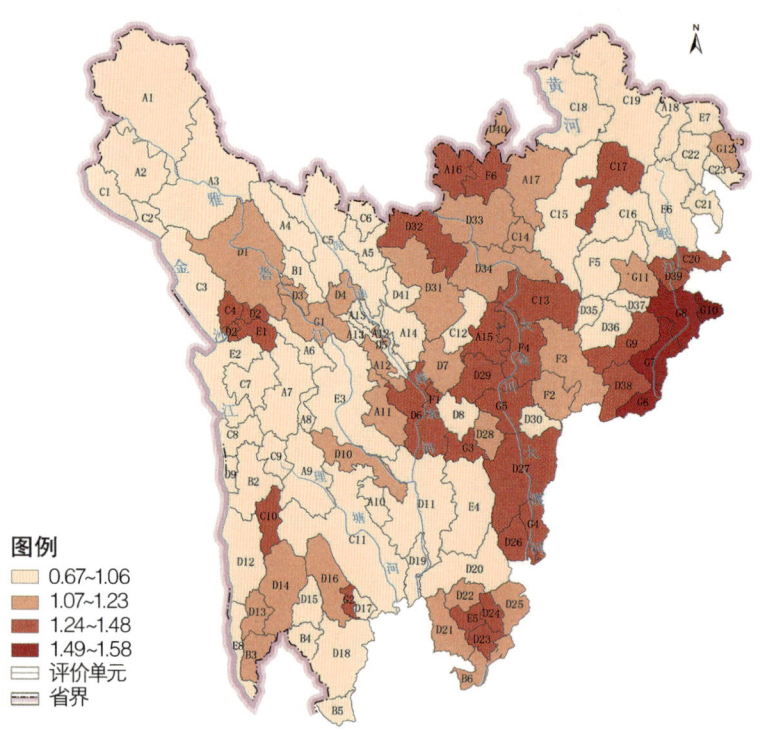

图3-94 保护与发展相互协调性示意图

表3-43 景观价值潜力评估指标体系一览

价值潜力	开发潜力方面	基础设施和公共设施完善方面：交通通达便利程度、基础设施支持力
		开发适宜度：自然灾害发生频率（反向指标）
		政府支持力度：是否编制了规划、保障机制
	文化景观的整体性，开发措施的有序性方面	是否是文化线路的一部分：茶马古道、藏羌彝廊道
		旅游规划的重点线路和点位
		是否编制了专项保护规划
		文化延续性
	保护与发展相互协调性方面	发展潜力：居民生活水平提升、游客增长率
		保护状态：自然景观完整性、景观资源持续利用

观要素与风貌价值作出评估，并为风貌体系构建与特色保护规划策略的制定提供支撑。

需要注意的是，近年来随着川西北地区国省干道逐步完善，现代交通作为重要的文化传播廊道，相较于传统的藏羌彝走廊和茶马古道具有更大的"运量"与"速率"，带来便捷的同时也对传统地域文化造成了较大的冲击。因此，应重点关注：①加强对川西北地区文化的整体性保护，深挖不同地域的文化特点，明确不同文化地理单元间的差异，引导其错位发展，避免部分城镇一味模仿川西北地区主流文化元素，导致"千城一面"现象的出现。②对城乡空间中的自组织建设进行城市设计管控，尤其在文化源地与文化汇地区域，应避免在经济利益的驱使下，膨胀型的建设行为对城镇天际线、视觉通廊、街道高宽比等造成破坏。③在交通条件较好的城镇进一步发展"文化+旅游"模式，在相对偏远城镇可以考虑"文化+手工业"的发展模式，在提升经济附加值的同时增强对地域文化的认同感。

第4章

强调分级管控的生态空间格局构建与生态治理修复

4.1 研究背景与技术路线

4.1.1 川西北地区的生态文明战略要求

川西北地区全域属国家级重点生态功能区,资源环境约束强,生态修复和改善环境任务重,涉及国家和省级众多战略要求(表4-1),需要在生态空间格局构建中承接和落实。

表4-1 川西北地区承接的生态战略要求

国家和省级战略	区划功能	重要生态功能区分布	重要生态功能区覆盖川西北地区范围
国家主体功能区划	国家限制开发重点生态功能区	若尔盖草原湿地生态功能区、川滇森林及生物多样性生态功能区、三江源草原草甸湿地生态功能区(部分)	部分县(市):除马尔康、红原、松潘、九寨沟、黑水、壤塘、泸定、九龙外
全国生态功能区划	水源涵养与生物多样性保护重要区	三江源水源涵养与生物多样性保护重要区、川西北水源涵养与生物多样性保护重要区、岷山—邛崃山—凉山生物多样性保护与水源涵养重要区	全域
中国生物多样性保护优先区域	生物多样性保护优先区	岷山—横断山北段区,重点保护紫果云杉林、鱼鳞云杉林、云南松林等生态系统,以及圆叶玉兰、大熊猫、川金丝猴、野牦牛等重要物种及其栖息地;横断山南段,重点保护包石栎林、川滇冷杉林、川西云杉林、高山松林等生态系统,以及贡山润楠、金铁锁、平当树、大熊猫、滇金丝猴等重要物种及其栖息地;羌塘—三江源,重点保护高原高寒草甸、湿地等生态系统,以及藏野驴、野牦牛、藏羚、藏原羚等重要物种及其栖息地	部分县(市):甘孜部分地区、石渠部分地区、色达、理塘部分地区、稻城、乡城、得荣、九龙、康定部分地区、泸定部分地区、阿坝部分地区、壤塘部分地区、若尔盖、九寨沟、松潘部分地区、茂县、汶川、理县、小金部分地区
四川省主体功能区划	限制开发重点生态功能区,生态示范区	川滇森林及生物多样性生态功能区、若尔盖草原湿地生态功能区	全域

4.1.2 川西北地区生态空间优化治理的现实诉求

1. 生态退化现象需遏制

川西北地区内生态本底保持总体良好,但局部地区生态功能弱化退化,主要体现在以下三个方面。

1) 生态系统退化,生态功能降低

人类不合理的生产经营活动,如大规模水电开发等,极大地加速了生态系统退化,加剧了生态破坏,导致川西北地区生态系统结构单一、质量降低。湿地疏于垦殖和过度放牧导致川西北地区的湿地萎缩、面积减少、草甸退化和草地沙化;森林资源过度开发、天然草原过度放牧则带来植被破坏、水土流失和土地沙化等问题,沙化、荒漠化和石漠化等退化区域占全域的9.3%,造成山地灾害频发、野生动植物栖息地退化与破碎化加剧、冰川后退和雪线上升(图4-1)。这些问题使得水源涵养功能衰退、生物多样性维护功能下降,严重威胁着下游社会经济可持续发展和生态安全。

2) 生物资源退化,生物多样性降低

随着人口增加、农业和城镇扩张、交通和水电水利设施建设和矿产资源开发等,人类活动的干扰强度增大,导致川西北地区生物资源的退化;过度放牧和外来物种入侵等问题加剧了森林、草原、湿地等自然栖息地的破坏,使栖息地破碎化严重,生物多样性遭到严重威胁,部分野生动植物物种濒临灭绝。生物多样性维护功能下降,仅阿坝州近几十年就有5%生物物种灭绝、15%左右物种濒临灭绝。

3) 自然灾害频繁,加剧生态退化

川西北地区自然灾害频繁,区内地质构造活动剧烈,分布有鲜水河、龙门山两大地震带,地震灾害频繁,原生和次生滑坡、泥石流、山洪等地质灾害频发,区域内9 000余处地质灾害隐患点对生态环境产生了灾害链形式的影响,加剧了水土流失、土地沙化、草原退化等问题。

2. 保护与开发矛盾亟待协调

川西北地区虽然人口稀少,但人类活动对部分生态系统的影响已经超过了气候变化所导致的生态系统变化,在生态系统的恢复与退化中都扮演着重要的角色。以境内草地为例,2000—2010年间,人类活动和气候变化对若尔盖境内草地生长的贡献

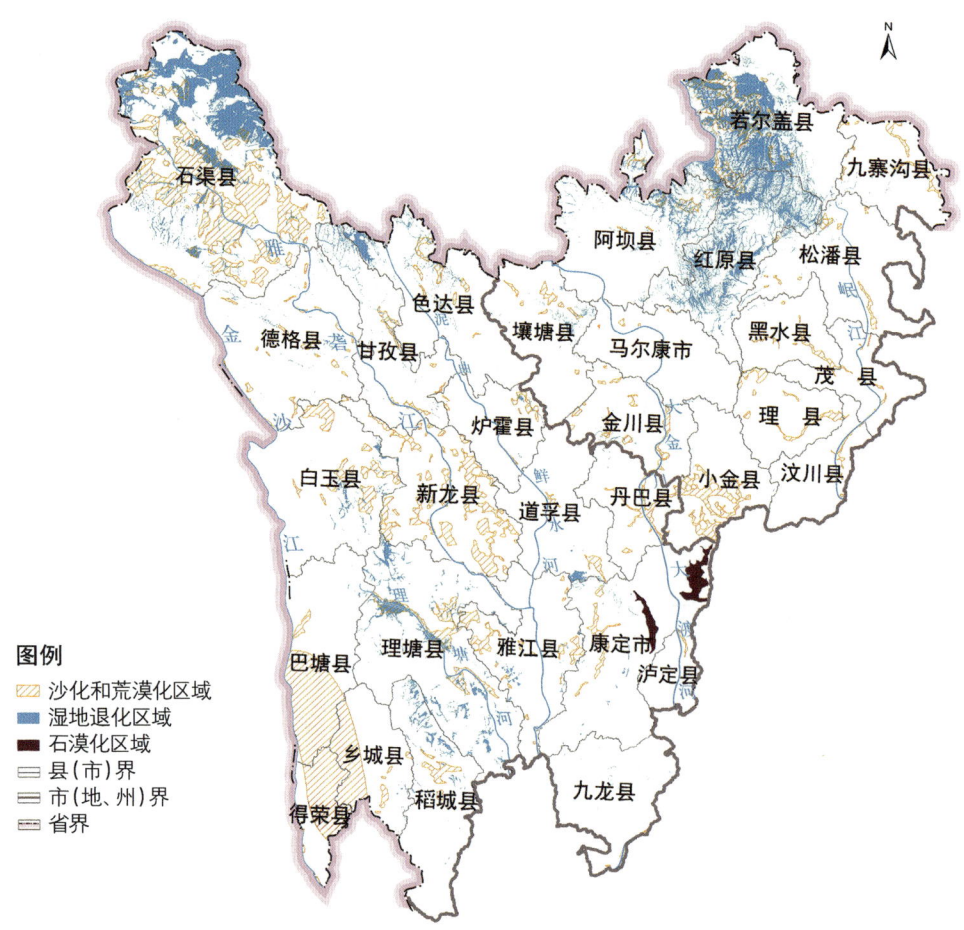

图 4-1　生态退化区域分布示意图

率分别为 76.22% 和 23.78%，人类治理行动决定了研究区草地生长的方向，而气候暖化的趋势增加了草地好转的速率[①]。但人类活动同时也是草地退化中的主要影响因素：2000—2008 年间，川西高原的草地退化中，人为和气候因素共同主导的草地退化占 48.28%，人为因素主导的占 40.14%，气候主导的仅占 11.58%[②]。在人为因素中，畜牧超载是主要原因之一，以若尔盖地区为例，1980 年放牧超载率 21.13%，2009 年超载率高达 99.09%，超载率逐年不断升高，存在相当严重的畜牧超载问题[③]，保护与开发的矛盾亟待协调。

---

① 曹娟,邵怀勇,李波,等.气候和人为因素对草地变化的响应研究：以川西北若尔盖县为例[J].环境科学与技术,2017,40(2)：13-18.
② 李波,邵怀勇.气候变化与人类活动对川西高原草地变化相对作用的定量评估[J].草学,2017(3)：16-21.
③ 汪晓菲,何平,康文星.若尔盖县高原草地沙化成因分析[J].中南林业科技大学学报,2015,35(3)：100-106.

4.1.3 总体技术路线

基于国家战略要求和生态空间优化治理诉求,以及自然地理格局与保护物种迁徙路径,通过生态空间的生态系统服务(以下简称"ESs")累积功能的重要性评价方法、ESs协同与权衡分析方法和"生态空间分区—开发活动"判断矩阵,在生态保护重要性评价结果的基础上,优化自然保护地体系,构建生态空间格局、管控策略和修复治理格局(图4-2)。

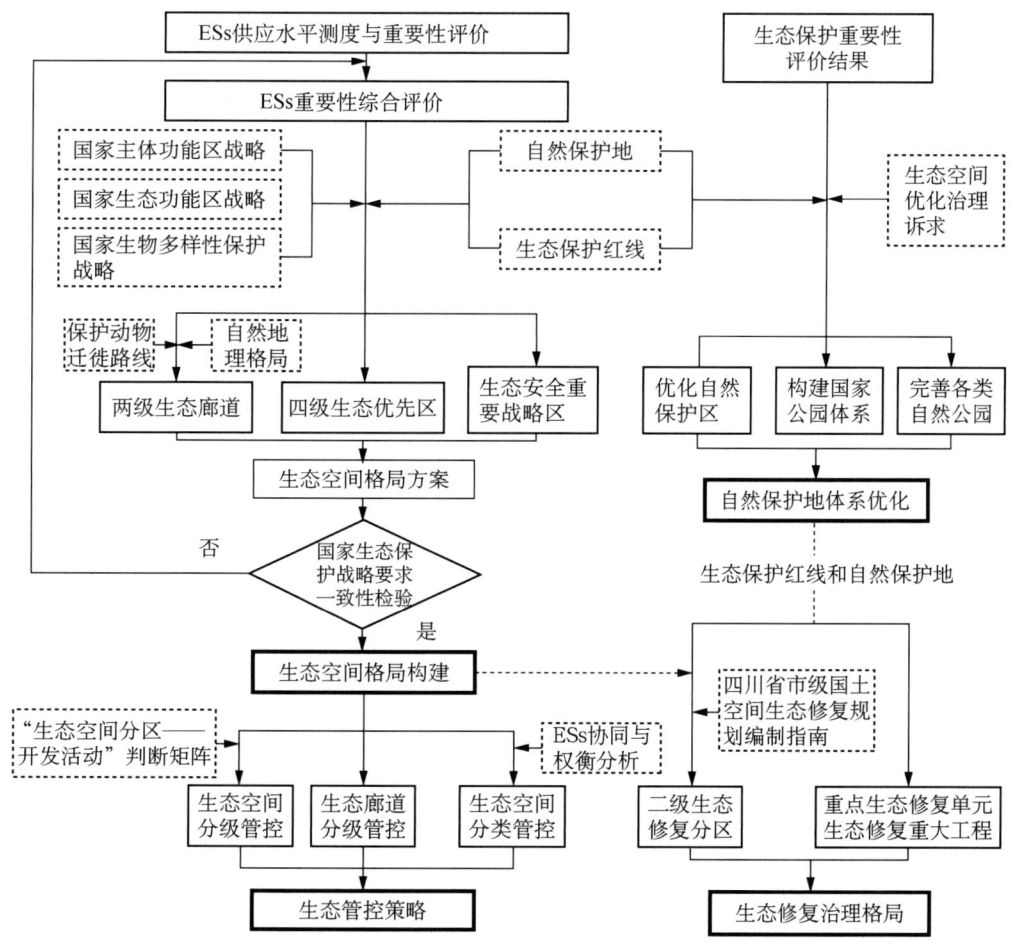

图4-2 技术路线

4.2 基于生态系统服务(ESs)测度的生态空间格局构建

根据国家和省级主体功能区划明确的水源涵养、生物多样性维护和水土保持的主要生态功能,以及相关研究中川西北地区气候调节服务的重要价值,选择4项关键ESs,采用指标评价法和物质量模型测度ESs供应水平,分析ESs的空间分布特征(表4-2)。

由于ESs存在空间分布不均衡性,研究采用ESs累积功能曲线方法分析,对各类ESs供应的重要性进行分级评价,划分ESs极重要、较重要和一般重要3个等级,各项生态服务功能的评价结果如图4-3—图4-6所示。

表4-2 生态系统服务测度指标与量化方法

服务类型	服务名称	测度指标	公式
供给服务	水源涵养	水源涵养量/立方米	$TQ=\sum_{j=1}^{j}(P_i-R_i-ET_i) \cdot A_i \cdot 10^3$ $R_i=P \cdot \alpha$ 式中,TQ为水源含量,P_i为降雨量,R_i为径流量,ET_i为蒸散发量,A_i为生态系统面积,α为径流系数,i为研究区第i类生态系统类型,j为研究区生态系统类型数
调节服务	水土保持	单位面积年均水土保持量/(吨/公顷)	$A_c=A_p-A_r$ $A_p=A_r=R \cdot K \cdot L \cdot S \cdot (1-C)$ 式中,A_p为潜在水土流失量,A_r为实际水土流失量,R为降雨侵蚀因子,K为土壤可蚀性因子,L、S分别为坡长因子和坡度因子(即地形起伏度),C为植被覆盖因子
调节服务	气候调节	碳存储量/(吨/公顷)	$CS_{vegetation}=\sum(A_n \times B_n)$ 式中,$CS_{vegetation}$为植被年平均固碳量(t/a);A_n为某类植被覆盖类型的面积(公顷);B_n为某类植被年固碳量(吨/公顷)
支持服务	生物多样性维护	生物多样性维护重要指标	将自然保护地体系、四川省生物多样性保护优先区和生态系统类型三类要素叠加,识别生物多样性维护功能的不同重要性区域,并重新分级

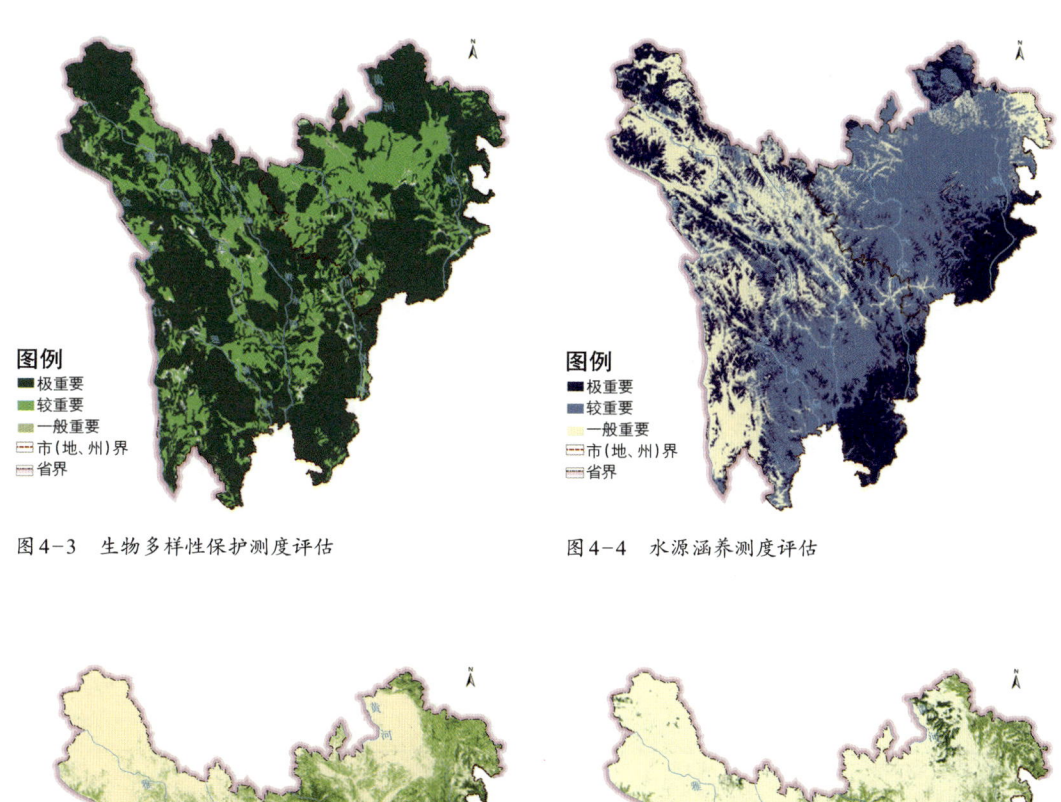

图4-3 生物多样性保护测度评估　　　　　图4-4 水源涵养测度评估

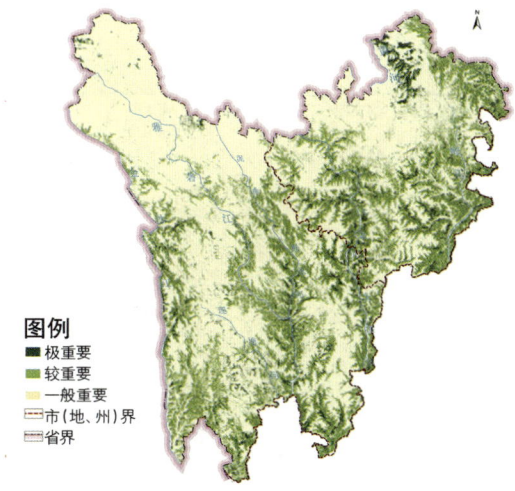

图4-5 土壤保持测度评估　　　　　图4-6 气候调节测度评估

4.2.1 生态安全重要战略区识别

生态安全重要战略区是对区域生态系统稳定性和安全性具有重要意义的生态单元集中区,依托全国重点生态功能区以及全国生态功能区划中的重要生态功能单元,研究确定川西北地区七大生态安全重要战略区,支撑区域生态安全战略目标(表4-3,图4-7)。七大生态安全重要战略区接近全域总面积的40%。

表4-3 川西北地区生态安全重要战略区

名称	主要保护对象	涉及区县
长沙贡玛高原湿地生物多样性保护区	淡水草本沼泽湿地,藏野驴、藏羚羊	甘孜州石渠县
沙鲁里山水源涵养与生物多样性保护区	麝类、白唇鹿、金钱豹,"山岩戈巴"文化	甘孜州白玉县、新龙县、理塘县、巴塘县
大雪山生物多样性保护与水源涵养区	白唇鹿、雪豹、金雕、藏马鸡、冰川、高原湿地、草地和原始森林	甘孜州炉霍县、丹巴县、道孚县和新龙县
贡嘎山—大雪山冰川与生物多样性保护区	冰川,高山生态系统,生物多样性	甘孜州康定市、泸定县、九龙县
岷江—岷山—邛崃山生物多样性保护区	大熊猫、金丝猴,湿地生态系统	阿坝州理县、汶川县、小金县、九寨沟县、松潘县
川西横断山南段生物多样性保护区	滇金丝猴,川滇冷杉林、川西云杉林、高山松林	甘孜州得荣县、乡城县、稻城县
红原—若尔盖黄河源高原湿地生物多样性重点生态功能区	黑颈鹤,高原泥炭沼泽	阿坝州若尔盖、红原、阿坝等县

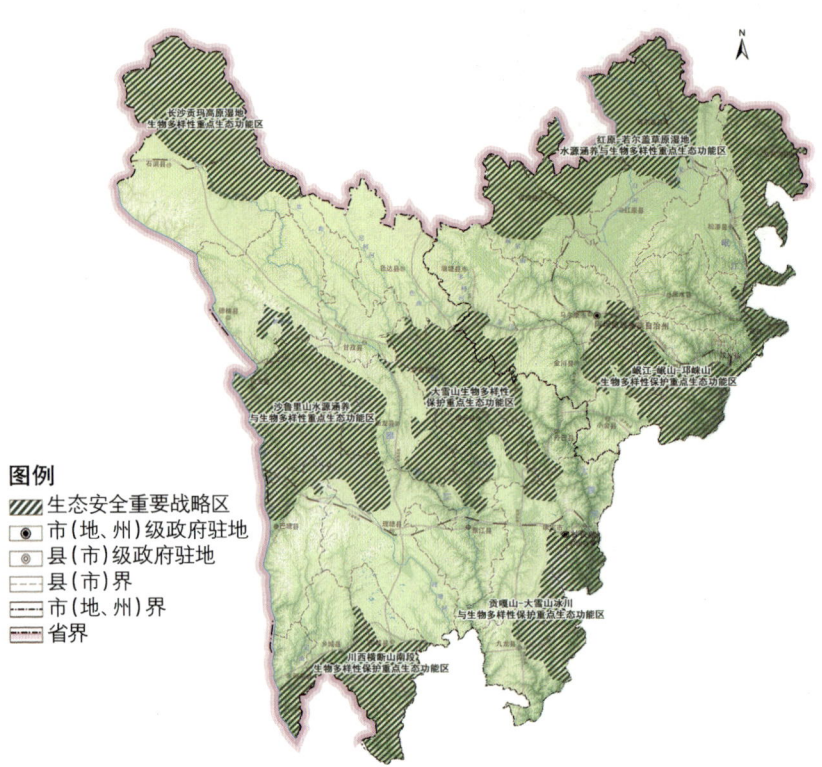

图4-7 川西北地区生态安全重要战略区分布示意图

4.2.2 生态优先区(分区)划定

为提升国土空间管理效率,区分不同地区的保护与开发的重要性差异,协调保护与开发之间的矛盾,研究在现有保护地的基础上,结合四类ESs的评价结果,将川西北地区全域划分为核心生态区(一级)、重要生态区(二级)、生态维育区(三级)和生态调控区(四级)四个不同等级的生态优先区(表4-4,图4-8),根据优先级别的差异对整个生态示范区进行生态分级管控,分级管控的策略详见本章4.3.1。

表4-4　川西北地区生态优先区等级体系

生态优先区	生态系统服务功能评价结果			说明
	极重要(项)	较重要(项)	一般(项)	
核心生态区 (一级优先区)	4	0	0	自然保护地,四项生态系统服务同为极重要的区域
重要生态区 (二级优先区)	3	1	0	两项或三项生态系统服务为极重要的区域
	3	0	1	
	2	2	0	
	2	1	1	
	2	0	2	
生态维育区 (三级优先区)	1	3	0	一项生态系统服务极重要的区域
	1	2	1	
	1	1	2	
	1	0	3	
生态调控区 (四级优先区)	0	4	0	多个生态系统服务较重要的区域
	0	3	1	
	0	2	2	
	0	1	3	
	0	0	4	

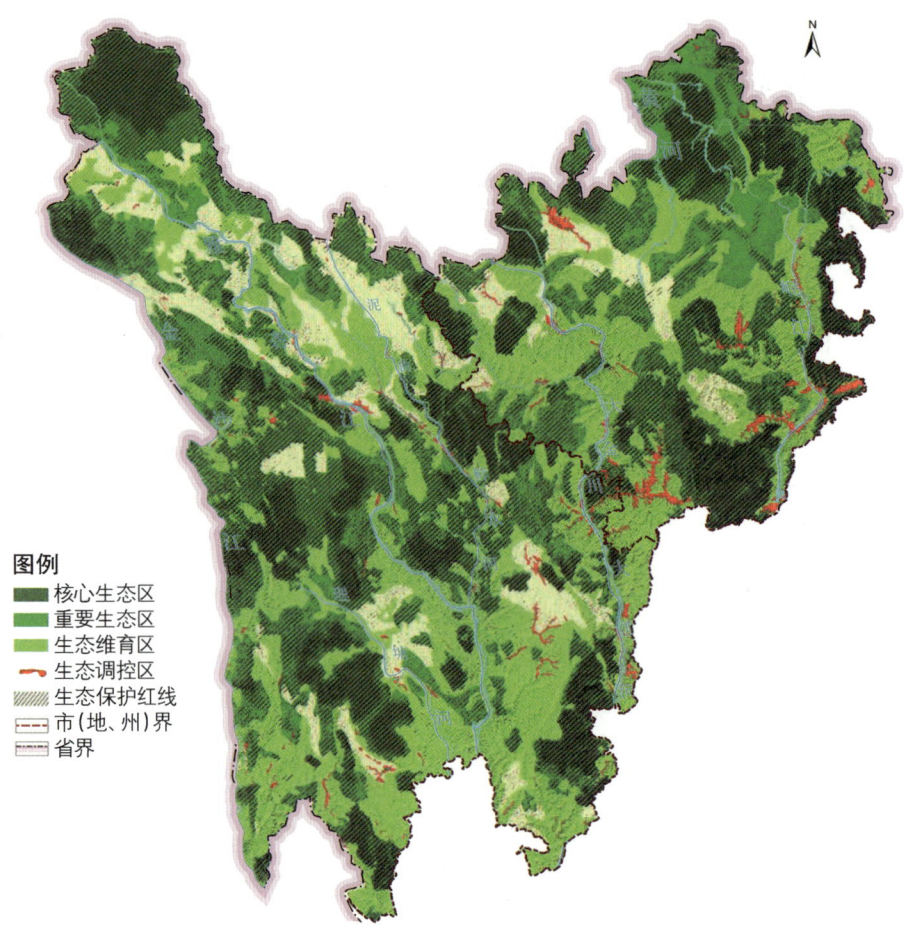

图 4-8　川西北地区生态优先区划分示意图

4.2.3　生态廊道网络构建

生态空间的连通性和完整性是维持生态系统功能的重要原则。为维护和增强多种生态系统服务，保护生态空间免遭城市化或农牧生产的影响，链接重要生态空间、使生态空间格局形成连贯的网络状的生态廊道的构建尤为重要。本书以生态系统服务功能评价中的一、二级优先区集中区域为生态源地，分两个层级、三种类别，依托生态红线范围、山脊林灌区域、河谷水系，构建川西北地区的区域生态廊道，包括两条陆生动物生态廊道和四条水生动物生态廊道（表4-5，图4-9）。

表4-5　川西北地区的区域生态廊道网络类别和保护方向

类别	名称	保护方向
陆生动物生态廊道	阿坝—甘孜三江源区生物多样性生态廊道	重点控制人为活动,推动地质灾害重点区域搬迁移民,主动监测生态系统和物种群落,通过禁牧、禁耕、禁采等恢复生境系统,保护生物迁徙走廊,依托自然物种的调节能力,实现生物多样性的系统性保护
	岷山—邛崃山生物多样性生态廊道	以岷江作为纵贯南北的物质、能量通道,通过构建和恢复岷江两岸植被生态系统,结合现有自然保护区、地质公园、风景名胜区、森林公园等联合构建川西北动物生态廊道
水生动物生态廊道	金沙江珍稀水生动物廊道	恢复河流连通性,保证洄游鱼类自由游动,通过增殖放流等措施恢复鱼类种群、数量和多样性
	雅砻江珍稀水生动物廊道	
	大渡河珍稀水生动物廊道	
	岷江珍稀水生动物廊道	结合陆生动物廊道建设,恢复河流两岸植被、稳固河流两岸地形地貌,并恢复河流连通性,保证鱼类洄游通道,通过增殖放流等措施恢复鱼类种群、数量和多样性

4.2.4　生态空间格局构建

生态空间格局的构建基于已有自然保护地与生态保护红线的分区结果,结合生物多样性保护、水源涵养、水土保持、气候调节的生态系统服务功能重要性评价结果,最终形成"两屏七区四廊多点"的区域生态安全格局(图4-10)。

4.3　基于生态保护重要性评价的自然保护地体系优化

为应对各类保护区、风景名胜区、森林公园、地质公园等自然保护地区域交叉、空间重叠,避免造成保护地管理职责不清、法规执行冲突等问题,研究提出应加强对川西北地区自然保护地整体的差异化管控,以生态保护重要性评价结果为依据,调整自然保护地边界和功能区,构建以国家公园为主体的自然保护地体系(图4-11)。

4.3.1　构建完善的自然保护地体系

目前川西北地区有1处大熊猫国家公园(局部),随着多年来的大熊猫保护以及总

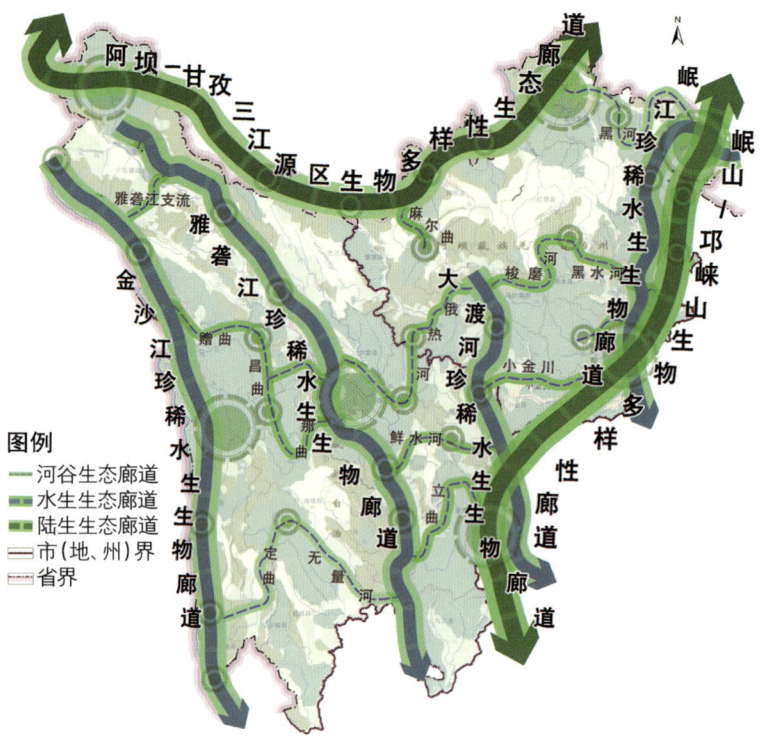

图4-9 川西北地区的区域生态廊道网络示意图

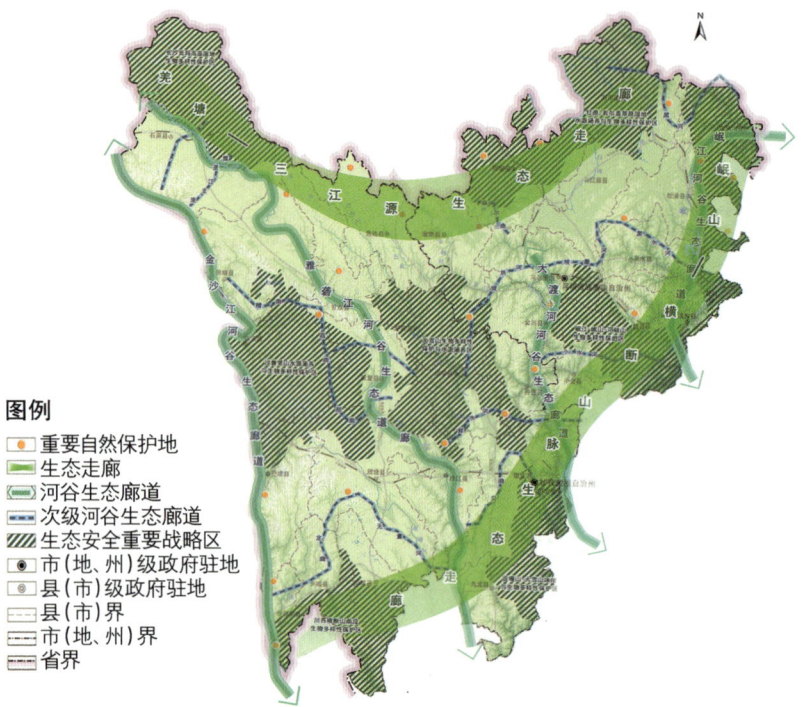

图4-10 川西北地区的区域生态空间格局示意图

体规划的编制实施，大熊猫国家公园在川西北地区内的分布和管控分区更加合理，建议结合本书进一步优化管控边界，加强大熊猫迁徙廊道生态空间的保护和预留。除生物多样性保护外，川西北地区在全国范围内突出的生态功能为水源涵养。若尔盖、长沙贡玛两大湿地是黄河源头和长江源头重要的水源涵养地，若尔盖湿地以黄河流域2.5%的国土面积贡献了10%的水源涵养量，川西北地区其他区域贡献了长江10%的水源涵养量。因此建议新建石渠长沙贡玛国家公园，或将石渠长沙贡玛国家级自然保护区纳入三江源国家公园，同时建议设立若尔盖湿地国家公园，加强湿地的保护和修复，维育区域的水源涵养功能。

以识别的七大生态安全重要战略区为基础，针对生态系统维护功能极重要的区域，重点布局建设自然保护区，巩固生态功能，维持珍稀野生动植物的自然生境和栖息空间。到2035年建成自然保护区约4.1万平方千米，占比约17.4%。

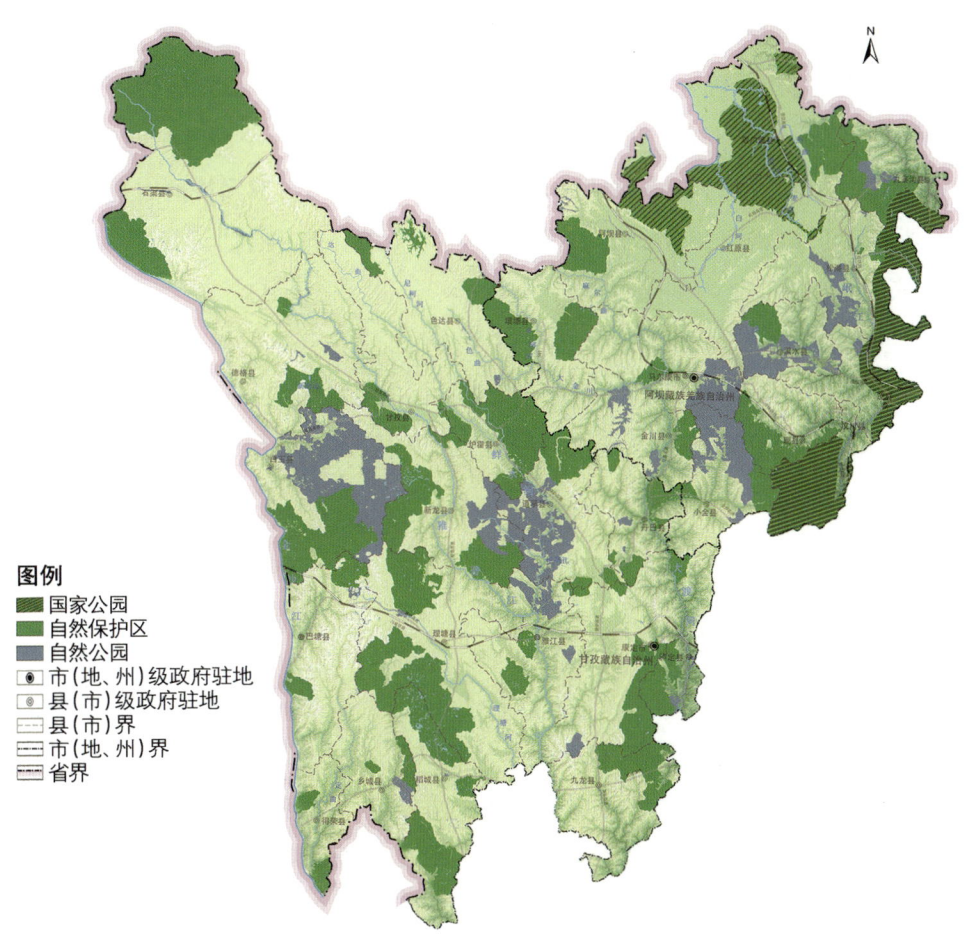

图4-11 自然保护地规划示意图

在各类重要生态系统集中分布区域，以保护不同层次生态资源和生境系统为目的，重点布局建设丰富多样的湿地、森林、地质等自然公园，强化自然公园的生态保育功能，促进生态服务功能的转化和科学合理利用。到2035年建成自然保护区约1.5万平方千米，占比约6.5%。

4.3.2 严格自然保护地空间管控

1）合理调整自然保护地范围并勘界立标

按照国家制定的自然保护地范围和区划调整办法，依法整合、优化和完善自然保护地边界和功能区。开展自然保护地勘界定标，建立四川省自然保护地矢量数据库，并纳入全省统一的国土空间信息监管平台，与生态保护红线衔接，在重要地段、重要部位设立界桩和标识牌。

2）推进自然资源资产确权登记

完善自然资源统一确权登记办法，每个自然保护地作为独立的登记单元，清晰界定区域内各类自然资源资产的产权主体，划清各类自然资源资产所有权、使用权的边界，明确各类自然资源资产的种类、面积和权属性质，逐步落实自然保护地内全民所有自然资源资产代行主体与权利内容，非全民所有的自然资源资产实行协议管理。

3）实行自然保护地差别化管控

根据各类自然保护地功能定位，基于既严格保护又便于基层操作的原则，对川西北地区内自然保护地合理分区，实行差别化管控。国家公园和自然保护区实行分区管控，原则上核心保护区内禁止人为活动，一般控制区内限制人为活动。自然公园原则上按一般控制区管理，限制人为活动。

4.4 基于生态功能协同与权衡的生态空间管控策略

针对川西北地区生态功能重要、生态重要空间比重高的特征，研究提出增加生态管控层次，通过制定分级管控要求，优化管控体系，减少保护与开发的矛盾。同时川西北地区生态服务功能类型多且各生态服务功能空间分布不均衡、相互影响，在制定生态管控政策时，若忽视生态服务功能之间的权衡关系，过分强调某项服务功能，可能导致另一项生态服务功能的衰退。因此，在川西北地区生态空间管控策略制定中应用ESs协同与权衡分析，识别不同区域的主导生态服务功能，对一、二级优先区进行细化分类管控。

4.4.1 生态空间的分级管控

在生态空间格局的核心生态区、重要生态区、生态维育区和生态调控区四级生态空间分区基础上，根据国家重点生态功能区、重要生态功能区域、生物多样性维护优先区的管控要求以及公益林、湿地、动植物等各类保护要素的法律法规，构建"生态空间分区—开发活动"判断矩阵，提出对四级生态空间内的城镇建设、村庄建设、基础设施建设、农牧业开发、矿产开发、其他建设和原住民管理等开发建设行为的精细化管制政策（表4-6）。

4.4.2 生态廊道的分级管控策略

依照生态廊道生态功能的重要性，川西北地区的生态廊道的管制可以划分为三级，分别为一级生态廊道、二级生态廊道和三级（河谷）生态廊道。

一级生态廊道管制区主要包括川西北地区东部的岷山—岷江生物多样性保护区、岷江—邛崃山生物多样性保护区、贡嘎山—大雪山冰川与生物多样性保护区和川西北地区北部的长沙贡玛高原湿地生物多样性保护区、若尔盖草原湿地水源涵养与生物多样性保护区所构成的"一横一纵"两条生态廊道。一级生态廊道具有特殊重要生态功能，属于必须强制性严格保护的区域，囊括了川西北地区的生态功能重要区域和生态环境敏感脆弱区域，该管制区需禁止影响生态功能的开发建设活动，完善生态环境长期跟踪监测和定期评估考核体系。其管制政策以保护自然生态和严格控制项目准入为主，维育原生态自然环境，严格控制准入项目的生态影响。

二级生态廊道管制区包括四条纵向的生态廊道，涵盖了川西北地区11个自然保护区，属于限制建设区，禁止对主导生态功能产生影响的开发建设活动，控制线性工程、基础设施和独立型特殊建设项目用地。激励性内容主要包括制定已有建设管控和退出机制，激励农业用地、矿产资源开发用地逐步退出，推进矿山复绿、防沙治沙和水土保持等生态修复工程（表4-7）。

河谷生态廊道管制区为川西北地区内的主要河流系统，为满足水源保护、防洪、生物栖息地维护和游憩等要求，对河道及两侧重要的自然与人文过程的基本需求空间进行沿线强制性管控。河谷生态廊道中的敏感区包括湿地、河岸植被、河岸等地区，它们是维持河谷生态系统健康的关键，必须严格管控这些区域，确保河谷的形态、与周边环境进行物质能量的交换（表4-8）。

表4-6　川西北地区生态空间管制措施一览

开发活动	生态管控措施			
	核心生态区	重要生态区	生态维育区	生态调控区
城镇建设	禁止	禁止	严格控制建设规模,原有城镇逐渐减量,旅游服务为该区域城镇的主要职能	允许,科学规划,保护环境,不超过生态承载力的城镇发展规模、产业方向,以生态城市为目标,优化产业结构,提高资源利用效率。集约开发,集中建设
村庄建设	禁止	禁止,除地方特色保护类村庄维护	允许一定规模的村庄建设,做到与自然环境协调	允许,集约开发,集中建设
基础建设	禁止,除国家战略需求	禁止,除国家和省部级战略需要、符合县级以上国土空间规划的线性基础设施	限制,控制新增公路、铁路的规模,规划好动植物迁徙通道,构建生态廊道,推广清洁能源,健全公共服务体系,提高公共服务供给能力和水平	允许
农牧业	禁止,除食源性耕地和牧草地	禁止,除食源性耕地和牧草地	限制,保持和提高生态农产品供给能力,调整畜牧业生产方式,大力发展草业,加快规模化圈养牧业发展,旱作节水农牧业	允许,打造川西北地区农林畜牧产品生产、加工基地
矿产开发	禁止	禁止,除国家战略性资源勘查、地质勘查	限制,大规模开山、开荒等破坏地貌和清除地表植被的开发方式,矿山修复,河流修复	允许,合法矿产资源勘查、开采
其他建设	禁止,除合法的栖息地改造、救灾减灾、科研和监测,外来物种控制	禁止,除合法的生态修复、科研和监测、救灾减灾,外来物种控制	限制,合法的旅游基础设施,生态系统修复与恢复,恢复草原植被、湿地和珍稀动植物的建设,防灾减灾,外来物种控制	允许,打造川西北地区旅游、文化基地
原住民(含原有设施)	只减不增,逐步迁出	只减不增,逐步迁出	限制规模	允许集聚提升

表4-7 二级生态廊道主要管制内容

管制方面	涉及内容
土地用途	生态廊道内以林地、草地、湿地和水域等生态用途为主,严格控制建设用地、矿产开发用地与农用地
用途转换	禁止生态廊道内的自然保护区转为城乡生态区和农业生产区
项目准入	限制国家重大基础设施、必要的旅游交通通信设施,允许生态保护与修复工程、文化自然遗产保护工程等项目建设
开发建设方式	自然保护区内的原有村庄用地和其他建设用地不得随意扩建与改建;制定线性基础设施生态建设技术规范,规定开发强度、生态保护要求和景观设计要求等,促进线性工程融入自然生态环境

表4-8 河谷生态廊道主要管制内容

管控方面	主要内容
保证河谷生态廊道内的水量和生物多样性	为防止河谷生态特性和生态功能的退化,需保证河谷内的水量,对河谷的原生地貌和生态特征进行维持,实现河谷生物多样性保护
保持河流的连续性和完整	生态廊道内严格控制人工建设对河流的割裂和破坏,保证河流系统通畅,维持动植物的生态过程,保证系统间的良好循环
功能维护和恢复	对局部生态退化严重的生态廊道进行生态修复,保护河谷敏感区,保证河谷生态系统在人为干扰下具有持续自生能力

4.5 基于层级传导和问题导向的生态修复治理格局

本书从战略传导和空间分区传导两方面落实国家、省级战略,以《四川省市级国土空间生态修复规划编制指南(试行)》为依据,确定8个二级生态修复分区;同时,响应生态空间治理诉求,关注主要问题和功能提升的空间分布,以地理单元为依据,确定主要的生态修复单元。作为生态修复工程治理的重点区域,生态修复单元涵盖全域的林草湿生境恢复、沙化治理、石漠化治理、灾害恢复治理、矿山修复治理等工程。

4.5.1 生态修复分区

川西北地区是国家"两屏三带"的重要组成部分,涉及青藏高原生态屏障区生态保护和修复、黄河重点生态区(含黄土高原生态屏障)生态保护和修复、长江重点生态区

图4-12　川西北地区生态修复分区示意图

(含川滇生态屏障)生态保护和修复等国家任务。川西北地区可划分为雅砻江上游高原湿地水源涵养与生物多样性保护修复区、雅砻江中上游高原高山水源涵养与生物多样性保护修复区、金沙江上游水源涵养与生物多样性保护修复区、若尔盖草原湿地水源涵养功能提升区、岷山—岷江高山水源涵养与生物多样性保护修复区、岷山—大渡河高山水源涵养与生物多样性保护修复区、大渡河中游高山水源涵养与生物多样性保护修复区和龙门山水源涵养与生物多样性保护修复区八个生态修复分区,以国家生态战略和主导生态服务功能为目标,实施生态修复工作(图4-12)。

4.5.2　重点生态修复单元

川西北地区落实全域生态保护要求,实行全域监测、调查、诊断、修复、治理的生态

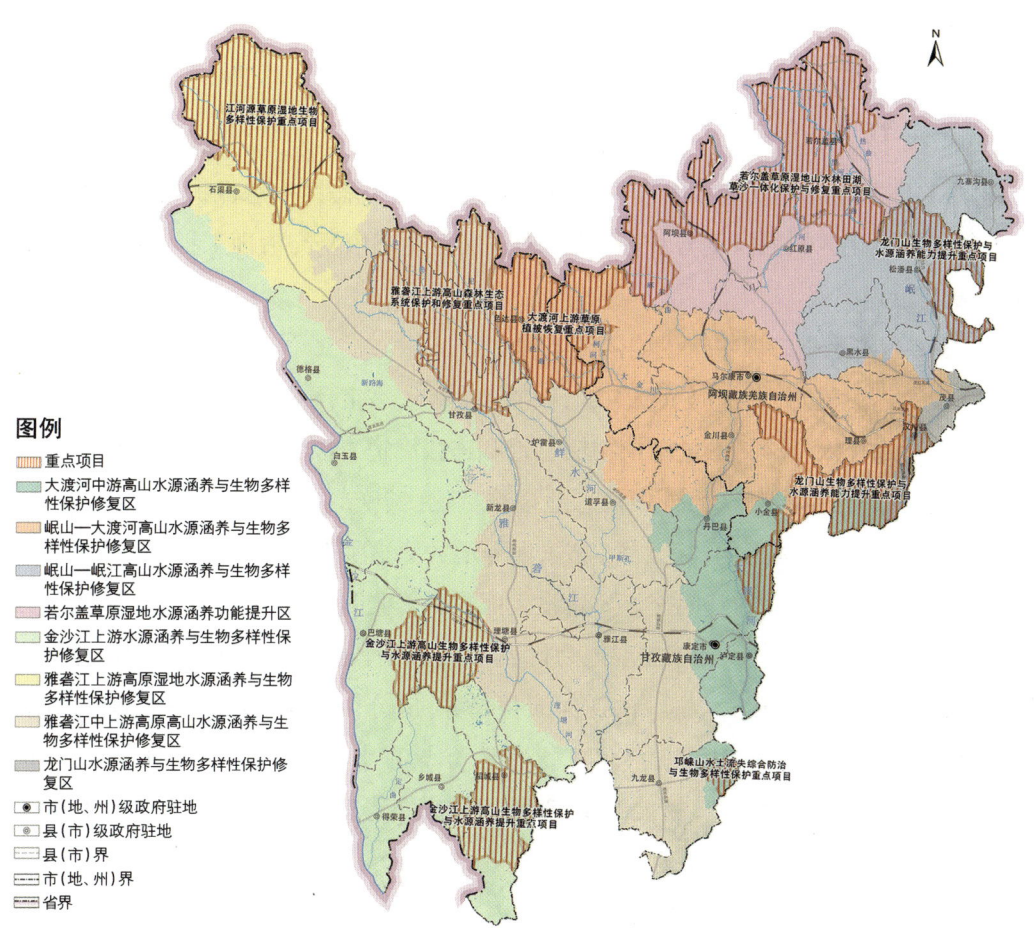

图 4-13 川西北地区生态修复规划示意图

修复制度。同时以发挥生态功能为目标导向,以退化风险为问题导向,形成14个重点生态修复单元,分别是若尔盖草原湿地水源涵养修复单元、岷山涪江河谷水源涵养与生物多样性修复单元、石渠高原湿地水源涵养与生物多样性修复单元、龙门山岷江河谷水源涵养与生物多样性修复单元、索龙山水源涵养与生物多样性修复单元、鲜水河河谷水源涵养与生物多样性修复单元、大小金川水源涵养与生物多样性修复单元、大渡河河谷水源涵养与生物多样性修复单元、海子山水源涵养与生物多样性修复单元、岷山岷江河谷水源涵养与生物多样性修复单元、邛崃山岷山河谷水源涵养与生物多样性修复单元、雀儿山水源涵养与生物多样性修复单元、雅砻江中游河谷水源涵养与生物多样性修复单元和金沙江河谷水源涵养与生物多样性修复单元。各生态修复单元因地施策,依托修复项目实现矿山修复治理、林草湿生境恢复治理、石漠化治理、沙化荒漠化治理、灾害恢复治理等措施的单元统筹(图4-13)。

4.5.3 生态修复重大工程

川西北地区生态修复重大工程主要包括四类：核心生态区生态保护与生境恢复工程、沙化和石漠化区域的恢复与治理工程、地震灾区生态恢复与治理工程、矿山废弃地生态恢复与治理工程。

1）核心生态区生态保护与生境恢复工程

加强九寨沟、黄龙、白水河、九顶山、千佛山、片口、雪宝顶等自然保护区建设，加强区域天然林保护，恢复珍稀濒危动植物栖息地和连接廊道。以大熊猫国家公园为核心，在汶川、茂县、松潘和九寨沟县开展栖息地植被重建，实施退耕还林、还草和植被恢复。建设土地岭、二郎山、泥巴山、黄土梁、施家堡等地大熊猫生态廊道，连通各个孤立的栖息地，实现隔离种群之间的基因交流。建设大熊猫科普监测站及管护站，完善室内外数据平台遥感监测设施等。以若尔盖湿地为代表的高原沼泽湿地和湖泊，面临"沼泽—沼泽化草甸—草甸—沙地化—荒漠"的逆向演替趋势，应分析湿地演化与环境响应机制，建立湿地生物多样性及维持机制，沙化草场治理，填堵排水沟，修筑拦水堤坝，推进湿地生态移民，牧民退出牧业生产，植被恢复，湿地固体废物清理，外来生物入侵等工程和生物措施相结合，逐步恢复退化湿地生态功能。

2）沙化和石漠化区域的恢复与治理工程

针对若尔盖区域的沙化和石漠化，加强湿地保护与恢复，禁止开渠排水，采取填沟、堵渠等方式恢复沼泽湿地，减少沙化面积和发生的可能性；准确评估草地承载能力，调整放牧强度，放牧时期和放牧种类；对已经退化的区域，实施封禁，积极开展林草恢复；加强鼠虫害治理，研究鼠虫生活规律和生活习性，做出防治规划，加强区域生物多样性保护，保护鹰、雕等鼠类天敌，增强区域生物防治能力，尽量减少使用化学药剂、生物药剂等可能导致生态环境变化的防治措施。石渠县轻度和中度沙化地区开展以露天沙地封沙育草，半固定沙地围栏种草，河流、水库、坑塘等湿地恢复重建，鼠虫害以生物防治为主、化学防治为辅的防治方式。巴塘、得荣、乡城三县荒漠化土地，开展封沙育草，退耕还林、还草，实施人工造林，围栏护草，外来入侵物种的识别与清理，鼠虫害以生物治理为主、化学防治为辅。康定市金汤镇及雅拉河沿岸的石漠化区域开发建设中，必须规范和严格管理矿产资源开发，严格控制环境污染和生态破坏；合理调整农业产业结构，发展林果业为主的生态农业、农林产品深加工业以及生态旅游业，促进地区经济发展；大力推广太阳能、天然气等清洁能源，改变山区农村以薪柴为主的生活用能结构；加强永久基本农田保护和建设,改造坡耕地;开展荒漠化区综合治理和山体综合治理,播种优良灌草植物,提高山体林草植被覆盖度,控制水土流失。在甘孜康定市金汤镇建立野外生态监测站,加强区域石漠化生态监测与预警,防止喀斯特地貌区石漠化。

3)地震灾区生态恢复与治理工程

汶川、理县、茂县、松潘、九寨沟县等受汶川地震、九寨沟地震影响的区域,开展以地质灾害综合整治,岷江和黄河水源区、堰塞湖、水库库区的生态治理,岷江沿线水源涵养林、水土保持林等防护林体系的建设。

4)矿山废弃地生态恢复与治理工程

对非法矿山予以限时关停、闭矿,位于核心生态区的矿山资源予以关停、闭矿;对已经开发的和废弃的砂金矿,石灰岩矿等众多矿山资源和矿山废弃地进行生态环境恢复治理工程;对资源枯竭型区域进行资源转型及新型产业发展的引导,新建矿山加强审批管理,确定产业准入条件。推进现有矿山生态恢复治理,改变传统单纯注重废弃矿山土地复垦的观点,以景观生态学和生态系统理论为指导,实施重点矿山生态恢复与重建。推进闭坑矿山生态恢复治理。针对甘孜州砂金开采区、砂石料场、石膏矿露采区和煤矿露采区开展以植被恢复为主、旅游开发为补充的闭坑矿山生态恢复,使其成为结构协调、功能完善、具有维持自调节特征的生态系统。

4.6 川西北生态示范区生态价值转化思考

川西北地区大面积、高层级的生态空间,限制了开发建设行为,在新发展理念的背景下,需要探寻高质量发展路径,促进生态资源价值转化。本书通过统筹川西北地区自然资源、落实自然资源确权登记、规范生态产品价值核算、引导生态产品经营开发、完善生态产品保护补偿制度、建立实施保障机制、推进试点示范区域建设等工作,建立健全川西北地区的生态产品价值实现机制。

4.6.1 构建生态价值核算框架

1)基于自然资源调查基础推进确权登记工作

对川西北地区自然资源进行确权登记工作,是实现生态产品价值转化的重要基础工作。自然资源调查确权登记工作主要是充分利用现有土地利用现状调查、生态保护红线划定等自然资源调查成果,继而结合县域或乡镇行政边界、自然保护地、河湖湿地

表4-9 生态系统服务主要功能及内涵

服务类型	主要功能	服务内涵
供给服务	粮食生产	生态系统提供的各种农产品,主要表现在种植业方面
调节服务	气候调节	各景观生态系统所具有的调节区域小气候的功能
	气体调节	生态系统维持大气化学组分的平衡,如吸收二氧化碳、释放氧气。此外还有臭氧防护紫外线、二氧化硫水平方面的服务功能
	水源涵养	生态系统所具有的截留、吸收和贮存水分的功能
	环境净化	各景观生态系统对环境中有害物质进行吸收、降解功能以及杀菌、滞尘、除污等,从而达到净化环境的效果
支持服务	土壤保持	生态系统通过截留、吸收、下渗等作用降低地表径流对土壤的侵蚀,保持土壤肥力,减轻生态系统破坏和泥沙淤积量
	维持养分循环	生态系统对养分的储存、内部循环、处理和获取,如固氮过程,N、P和其他元素养分循环等
	生物多样性	各景观生态系统作为野生动植物的基因来源与栖息地,具有维持生物多样性的功能
文化服务	美学景观	各景观生态系统所具有的娱乐休闲用途,美学、艺术、教育、精神和科学文化价值等

等重要生态空间边界,划定登记单元,调查各类自然资源的类型、边界、面积、权属等,形成自然资源调查图件和相关调查成果,确定空间管制规则,建立统一的自然资源登记数据库,通过审核、公告、登簿等流程,将登记事项记载于自然资源登记簿。最后,以登记簿为核心,建设自然资源统一确权登记信息管理平台,实现自然资源管理信息互通共享。

2) 依据土地利用类型核算生态系统服务价值总量

土地利用景观格局的变化会对各景观生态系统的类型、空间布局产生重要影响,导致生态系统中物质循环、能量流动等生态过程发生改变,最终影响生态系统服务功能的发挥,使供给、调节、支持与文化服务的价值也随之发生变化(表4-9)。所以,本书通过核算不同土地利用类型的生态系统服务功能价值,从而核算出川西北地区全域的生态系统服务价值总量。

本书以生态系统服务价值(ESV)计算公式[①]进行核算:

---

① COSTANZA R, ARGE, GROOT R D, et al. The value of the world's ecosystem services and natural capital[J]. Nature, 1997, 387(15): 253-260.

$$E=\sum_{n=1}^{n} P_a S_a$$

式中，E代表生态系统服务总价值；S_a代表土地利用类型a的面积；P_a代表单位面积生态系统服务价值系数。

选用谢高地等学者在2015年最新修正的单位面积生态系统服务价值当量[①]，来估算川西北地区的生态系统服务价值（表4-10）。

表4-10 单位面积生态系统服务价值当量

生态系统服务		供给服务			调节服务				支持服务			文化服务
一级分类	二级分类	食物生产	原料生产	水资源供给	气体调节	气候调节	净化环境	水文调节	土壤保持	维持养分循环	生物多样性	美学景观
农田	旱地	0.85	0.40	0.02	0.67	0.36	0.01	0.27	1.03	0.12	0.13	0.06
	水田	1.36	0.09	-2.63	1.11	0.57	0.17	2.72	0.01	0.19	0.21	0.09
耕地	耕地	0.43	0.20	0.01	0.34	0.18	0.05	0.14	0.53	0.06	0.07	0.03
森林	针叶	0.22	0.52	0.27	1.70	5.07	1.49	3.34	2.06	0.16	1.88	0.82
	针叶混交	0.31	0.71	0.37	2.35	7.03	1.99	3.51	2.86	0.22	2.60	1.14
	阔叶	0.29	0.66	0.34	2.17	6.50	1.93	4.74	2.65	0.20	2.41	1.06
	林地	0.15	0.34	0.17	1.11	3.32	0.98	2.42	1.35	0.10	1.23	0.54
	灌木	0.19	0.43	0.22	1.41	4.23	1.28	3.35	1.72	0.13	1.57	0.69
草地	草原	0.10	0.14	0.08	0.51	1.34	0.44	0.98	0.62	0.05	0.56	0.25
	灌草丛	0.38	0.56	0.31	1.97	5.21	1.72	3.82	2.40	0.18	2.18	0.96
	草甸	0.22	0.33	0.18	1.14	3.02	1.00	2.21	1.39	0.11	1.27	0.56
湿地	湿地	0.51	0.50	2.59	1.90	3.60	3.60	24.23	2.31	0.18	7.87	4.73
荒漠	荒漠	0.01	0.03	0.02	0.11	0.10	0.31	0.21	0.13	0.01	0.12	0.05
	裸地	0.00	0.00	0.00	0.02	0.00	0.10	0.03	0.02	0.00	0.02	0.01
水域	水系	0.08	0.23	8.29	0.77	2.29	5.55	102.24	0.93	0.07	2.55	1.89
	冰川积雪	0.00	0.00	2.16	0.18	0.54	0.16	7.13	0.00	0.00	0.01	0.09
城市	城市	0.01	0.00	-7.51	-2.42	0.00	-2.46	0.00	0.02	0.00	0.34	0.01

---

① 谢高地,张彩霞,张昌顺,等.中国生态系统服务的价值[J].资源科学,2015,37(9):1740-1746.

川西北地区的2019年的自然粮食产量的经济价值参考四川省的自然粮食产量的经济价值，为1 687.22元/公顷·年，本书根据该经济价值量，计算得到川西北地区土地利用类型单位面积生态系统服务价值（表4-11）。

本书根据单位面积生态服务价值量和土地利用类型面积计算出川西北地区各个土地利用类型的生态系统服务价值，从而得到川西北地区生态系统服务价值总量为5 051亿元（表4-12）。

四川的生态服务价值总量为33 337.32亿元，全国的生态服务价值总量为381 034.22亿元，川西北地区占四川的生态服务价值比例为15.15%，占全国的生态服务价值比例为1.33%（表4-13）。在人均生态服务价值上，川西北地区的人均生态服务价值远大于四川省和全国的人均水平。因此，讨论川西北地区的生态价值转换问题具有现实意义。本书以川西北地区的市县为单位核算不同类型的生态产品价值，进一步探索生态产品价值。

3）结合地域特征建立生态产品价值评价

以川西北地区各市县为单位，核算生态系统的物质产品价值、调节服务价值和文化服务价值为基础，识别川西北地区各市县内的生态产品价值特征，以此为依据探索相应的价值转化路径。

物质产品指的是人类从生态系统获取的可在市场交换的各种物质产品，如食物、纤维、木材、药物、装饰材料与其他物质材料。研究中川西北地区各市县的物质产品价值量通过市县农林渔牧产业收入界定。物质产品价值量较高的市县主要为汶川县、若尔盖县、茂县、红原县、阿坝县等农林渔牧业发展基础较好的市县。

调节服务为生态系统提供改善人类生存与生活环境的惠益，如调节气候、涵养水源、保持土壤、调蓄洪水、降解污染物、固定二氧化碳、氧气提供等。研究依据川西北地区的生态特征，选取碳固定、物种保育两大调节服务功能价值量进行核算。碳固定价值量较高的是石渠县、若尔盖县、红原县，氧气提供价值量较高的是石渠县、若尔盖县、红原县，物种保育价值量较高的是石渠县、理塘县、白玉县。

生态系统提供的文化服务为人类通过精神感受、知识获取、休闲娱乐和美学体验从生态系统获得的非物质惠益。研究中文化服务价值根据各市县的文化旅游总收入界定，文化服务价值量较高的市县为康定市、汶川县、九寨沟县、松潘县、泸定县等，该类市县拥有星级旅游景区等较为丰富的旅游资源（表4-14）。

表4-11 川西北地区土地利用类型单位面积生态系统服务价值(元/公顷·年)

生态系统服务		供给服务			调节服务					支持服务		文化服务
一级分类	二级分类	食物生产	原料生产	水资源供给	气体调节	气候调节	净化环境	水文调节	土壤保持	维持养分循环	生物多样性	美学景观
农田	旱地	1 434.14	674.89	33.74	1 130.44	607.40	16.87	455.55	1 737.84	202.47	219.34	101.23
	水田	2 294.62	151.85	−4 437.39	1 872.81	961.72	286.83	4 589.24	16.87	320.57	354.32	151.85
耕地	耕地	725.50	337.44	16.87	573.65	303.70	84.36	236.21	894.23	101.23	118.11	50.62
森林	针叶	371.19	877.35	455.55	2 868.27	8 554.21	2 513.96	5 635.31	3 475.67	269.96	3 171.97	1 383.52
	针叶混交	523.04	1 197.93	624.27	3 964.97	11 861.16	3 357.57	5 922.14	4 825.45	371.19	4 386.77	1 923.43
	阔叶	489.29	1 113.57	573.65	3 661.27	10 966.93	3 256.33	7 997.42	4 471.13	337.44	4 066.20	1 788.45
	林地	253.08	573.65	286.83	1 872.81	5 601.57	1 653.48	4 083.07	2 277.75	168.72	2 075.28	911.10
	灌木	320.57	725.50	371.19	2 378.98	7 136.94	2 159.64	5 652.19	2 902.02	219.34	2 648.94	1 164.18
草地	草原	168.72	236.21	134.98	860.48	2 260.87	742.38	1 653.48	1 046.08	84.36	944.84	421.81
	灌草丛	641.14	944.84	523.04	3 323.82	8 790.42	2 902.02	6 445.18	4 049.33	303.70	3 678.14	1 619.73
	草甸	371.19	556.78	303.70	1 923.43	5 095.40	1 687.22	3 728.76	2 345.24	185.59	2 142.77	944.84
湿地	湿地	860.48	843.61	4 369.90	3 205.72	6 073.99	6 073.99	40 881.34	3 897.48	303.70	13 278.42	7 980.55
荒漠	荒漠	16.87	50.62	33.74	185.59	168.72	523.04	354.32	219.34	16.87	202.47	84.36
	裸地	0.00	0.00	0.00	33.74	0.00	168.72	50.62	33.74	0.00	33.74	16.87
水域	水系	134.98	388.06	13 987.05	1 299.16	3 863.73	9 364.07	172 501.37	1 569.11	118.11	4 302.41	3 188.85
	冰川积雪	0.00	0.00	3 644.40	303.70	911.10	269.96	12 029.88	0.00	0.00	16.87	151.85
城市	城市	16.87	0.00	−12 671.02	−4 083.07	0.00	−4 150.56	0.00	33.74	0.00	573.65	16.87

表4-12 川西北地区土地利用类型生态系统服务价值量（万元）

生态系统服务	供给服务			调节服务				支持服务		文化服务
	食物生产	原料生产	水资源供给	气体调节	气候调节	净化环境	水文调节	土壤保持	维持养分循环	生物多样性	美学景观
建设用地	158.03	0.00	-118 683.13	-38 244.10	0.00	-38 876.23	0.00	316.07	0.00	5 373.14	158.03
草地	381 754.29	561 724.17	310 857.06	1 974 215.04	5 219 126.49	1 723 347.93	3 822 996.52	2 405 052.02	185 423.51	2 186 906.71	965 292.99
耕地	13 255.33	6 165.27	308.26	10 480.96	5 548.74	1 541.32	4 315.69	16 337.97	1 849.58	2 157.84	924.79
灌木林地	188 272.49	426 090.38	217 999.73	1 397 180.07	4 191 540.20	1 268 362.05	3 319 541.29	1 704 361.50	128 818.02	1 555 725.32	683 726.42
竹林地—灌木林地	7.37	16.69	8.54	54.72	164.15	49.67	130.00	66.75	5.04	60.93	26.78
乔木林地	139 331.96	315 819.11	157 909.56	1 031 056.51	3 083 880.73	910 302.14	2 247 888.96	1 253 987.64	92 887.97	1 142 522.08	501 595.06
园地	903.03	2 046.86	1 023.43	6 682.39	19 986.96	5 899.77	14 568.81	8 127.23	602.02	7 404.81	3 250.89
未利用地	0.00	0.00	0.00	5 522.11	0.00	27 610.56	8 283.17	5 522.11	0.00	5 522.11	2 761.06
水域	3 042.54	8 747.31	315 283.58	29 284.48	87 092.81	211 076.46	3 888 370.69	35 369.57	2 662.23	96 981.08	71 880.09
冰川及永久积雪	0.00	0.00	13 917.58	1 159.80	3 479.40	1 030.93	45 940.90	0.00	0.00	64.43	579.90

表4-13 生态服务价值总量比较

地区	生态服务价值ESV/亿元	人均ESV/万元	川西北ESV占比
川西北	5 051.09	25.08	100.00%
四川省	33 337.32	4.14	15.15%
全国	381 034.22	2.84	1.33%

表4-14 各县(市)各类生态产品价值量(单位：万元)

县(市)	农林渔牧产品价值量	碳固定价值量	物种保育价值量	文化服务价值量
马尔康市	68 111	1 411	1 649	100 685
汶川县	214 810	1 079	1 561	510 967
理县	65 588	889	1 567	393 617
茂县	157 505	986	1 244	314 553
松潘县	98 184	1 842	1 924	405 172
九寨沟县	61 398	1 271	1 645	465 230
金川县	77 223	1 281	1 256	115 494
小金县	79 968	937	1 259	147 652
黑水县	82 881	894	1 002	139 926
壤塘县	63 630	1 623	2 026	29 202
阿坝县	113 451	4 381	3 218	56 275
若尔盖县	211 284	14 460	2 982	196 453
红原县	128 054	9 211	1 937	136 180
康定市	68 538	2 771	2 714	896 711
泸定县	48 764	600	648	404 391
丹巴县	43 100	1 170	962	330 060
九龙县	41 042	1 461	1 541	93 812
雅江县	33 503	2 145	1 830	132 495
道孚县	32 386	1 963	1 618	175 054
炉霍县	34 989	938	783	64 339
甘孜县	60 817	1 815	1 205	140 492

（续表）

县（市）	农林渔牧产品价值量	碳固定价值量	物种保育价值量	文化服务价值量
新龙县	39 061	2 299	2 745	53 187
德格县	59 558	2 227	2 679	82 434
白玉县	45 272	2 789	3 727	80 124
石渠县	63 552	19 366	7 523	150 909
色达县	52 693	2 652	1 684	80 592
理塘县	66 471	6 944	4 393	138 347
巴塘县	48 874	1 533	2 608	87 788
乡城县	28 770	1 221	1 274	149 820
稻城县	24 181	2 932	2 199	285 593
得荣县	24 018	579	695	67 210

基于生态产品价值评价，分类分区引导生态产品经营开发，健全生态产品经营开发机制，能够促进生态产品价值转化的实现。基于研究的生态产品价值评价，川西北地区可以进一步拓展延伸生态产品产业链和价值链，将洁净水源、清洁空气、适宜气候等生态优势转化为产业优势，实现生态产品价值转化模式的多样化。同时，基于已有的生态产品，可以进一步加强政府对生态产品品牌的培育和保护，建立规范的生态产品认证评价标准，从而促进品牌效应的形成，提升生态产品价值。同时，川西北地区应健全以生态环境要素为实施对象的分类补偿要素，综合考虑生态保护地区经济社会发展状况、生态保护成效等因素确定补偿水平，对水域保护、林地保护、农业生态治理、草原保护、沙化土地封禁保护等情况予以适度补偿，能够缓解生态系统服务功能价值较高地区生态环境保护资金不足的窘境，充分保护生态系统服务功能价值较高区域的生态优势。此外，川西北地区还需要大力推动生态资源权益交易市场化，鼓励在政府适当管控的条件下，构建碳排放权、排污权等交易机制，促进生态资源权益交易市场的形成。

4.6.2 探索生态价值转化路径

根据生态产品属性，在确保生态产品生态价值的前提下，研究将川西北地区生态资源进行合理划分。具体可分为以下三类：一是具有纯公共产品属性的公共性生态产品

（例如森林、湿地、河流等），具有非排他、非竞争性，无法界定产权，主要由政府主导进行保护和修复。二是具有私人产品属性的经营性生态产品，生产和消费对象明确，包括生态农产品、工业品、服务业产品，可以企业或个人为供给主体，市场价值可直接通过市场交易实现。三是介于二者之间的准公共产品，涉及主体众多、利益复杂，需要多元治理、协商共识，寻求利益最大公约数。

本书重在统筹川西北地区特色生态资源，探索特色农产品产业集聚发展、生态修复与治理项目、森林资源保护与利用等生态发展方向的价值转换路径。

1）基于品牌赋值的农林畜牧特色生态产品发展

川西北地区物质产品价值较高的市县可凭借得天独厚的资源优势，依托马铃薯、特色中药材、特色水果、特色蔬菜、生态畜牧业、酿酒葡萄、食用菌等特色产业，以政府推动、生态农业协会注册集体商标、国有农投公司运营的模式，建立全产业链一体化公共品牌服务体系，通过统一品牌解决生态精品农业分散经营的问题。

该类市县在形成生态农业产业集聚规模后，可加大宣传力度，依托川西北地区高原特色生态农业公共品牌开展宣传展览会，或者通过冠名等方式举办或赞助国内外相关展览会，提升生态农业产品的附加值与企业竞争力，加强公共品牌效应。

2）依托生态修复与国土综合整治项目的生态产业化经营

针对若尔盖区域的沙化和石漠化的恢复与治理工程、甘孜州砂金开采区、砂石料场、石膏矿露采区和煤矿露采区等矿山废弃地的生态修复与治理工程，本研究建议通过"政府购买""政府引导+市场招商竞争"两种方式实现生态价值的转化。

通过"政府购买"，可以在生态治理与修复后形成可让渡的权利交易指标，如补充耕地指标、建设用地流量指标等，以指标流转交易形成直接收益。以"政府引导+市场招商竞争"的方式，通过生态治理与修复项目与后置的土地使用权、经营权、收益权等捆绑，吸纳社会资本投入生态治理与修复项目，并允许适当的开发经营活动，将生态治理与修复项目区开发为景观科普公园、休闲旅游等具有观赏性的观光景区，实现收益分成[①]。

3）依托调节服务价值量构建纵向横向结合的生态补偿制度

为了维护川西北地区的生物多样性功能，响应"双碳"目标，研究建议基于生态调节服务价值量核算的碳固定价值量、物种保育价值量成果，川西北地区可以制定纵向横向相结合的生态补偿制度。

---

① 张丽佳,周妍,苏香燕.生态修复助推生态产品价值实现的机制与路径[J].中国土地,2021(7):4-8.

在自然资源资产负债表编制、自然资源调查与确权登记工作完成的基础上,推动生态补偿和生态价值显化,以市县行政区域作为生态补偿制度实施的基础单元。结合各市县的经济发展状况,采用"纵向+横向"的生态补偿方式。纵向补偿方面,对于需补偿的生态价值部分,试行阶段先由州政府基于一定比例提供补贴,剩余部分由接收生态服务的县转移支付。以后年度逐渐降低州政府补贴比例,直至完全退出。横向补偿方面,先期按照一定比例的权重进行各县之间的横向生态补偿,逐年增大权重比例,直至体现全部生态服务价值[①]。

为保障生态补偿制度实施的长效性,须进一步推动生态责任制度化,出台生态文明建设目标评价考核办法等制度,将生态服务价值指标纳入各区年度考核,每年组织检查考核。

4)基于森林资源保护与集约利用的"林票""碳票"交易市场建设

川西北地区生态资源丰富,可以探索"林票"制度发展与改革,量化合作股权,按村集体、单位或个人占有的股权份额制发"林票",建立实名登记制度。同时,建立规范的市场化交易,允许林票在农村产权交易中心挂牌交易,使其具有有价证券的股权凭证。引导村集体与国有林场、社会资本的合作,鼓励和引导乡镇林场、村委会、村民小组和新型林业经营主体、国有林业企事业单位开展合作经营,借助先进的技术、资金、人才和管理的优势,实行集约化经营管理[②]。除了"林票"制度之外,川西北地区还可以进一步探索"碳票"制度建设,明确"碳票"的碳减排量,加强多部门之间的合作,建立"碳票"交易市场,规范"碳票"的制发、评估、质押、流转、交易等各环节,实现"碳票"与企业之间的对接与交易。

---

① 周业晶,周敬宣,陶涛,等.区域间生态补偿标准定量化研究——以鄂州市三区间补偿为例[J].环境与可持续发展,2017,42(3):143-150.
② 张秀媚,张毅,张昌财.林票制度研究——基于"四共一体"林业合作模式[J].中国林业经济,2021(3):26-30.

第5章

面向价值提升的农牧业发展路径与农业空间格局优化

5.1 研究背景与技术路线

5.1.1 研究背景

农业空间格局优化包括农业生产空间格局及乡村人居空间格局的优化。除了重要生态功能，川西北地区也具有重要的农业功能，是全国五大牧区之一和高原畜牧业的主要代表区域，国家农业可持续发展规划的保护发展区[《全国农业可持续发展规划（2015—2030年）》]和全国特色农产品区域布局规划的发展优势区[《特色农产品区域布局规划（2013—2020年）》]。四川省级国土空间规划中也强调了川西北地区作为现代高原特色农牧业基地的地位，要求其因地制宜地推动以生态农牧业为代表的农产品主产区布局优化。然而现状农牧业生产仍以传统生产方式为主，现代化和特色化程度不高，并且农牧业生产与生态保护之间矛盾突出，农牧业空间生产的整体价值和综合效益都亟待提升。同时川西北地区城镇化率偏低，是一个集中连片的欠发达地区。因此，对川西北地区而言，农业的现代化、特色化和高质量发展对提升区内农村发展水平和区域整体发展水平意义重大。由于特殊的自然地理格局，川西北地区广大的乡村腹地地广人稀，生活空间与生态保护之间也存在着矛盾冲突。得益于多种文化交融，乡村人居环境特色鲜明但整体品质有待提升，而极度零散的空间分布又进一步加大了人居环境提升的难度。因此，本章川西北地区农业空间格局优化研究的核心任务是探索生态保护优先的前提下，川西北地区农牧业高质量发展的路径，以及乡村人居空间格局优化的策略。

5.1.2 研究内容与技术路线

本章包括两大部分，首先是农业生产空间的总体格局优化研究，如何处理生态保护与农牧业发展的冲突；如何提高特色农牧业的生产效益，增加特色农牧业产出、减少低效农地。具体研究内容包括：①农牧业发展现状与问题识别。②结合地形特征和现状农牧业生产特征，综合识别生产空间分区，并在此基础上形成农牧业发展空间格局。③协调生态保护与农牧业发展冲突的农牧业发展空间分类引导。④特色农牧业潜力评估与特色农牧业基地规划。⑤传统农牧业遗产的空间保护。

其次是乡村人居空间格局的优化，如何协调生活空间与生态保护的矛盾，统筹乡村

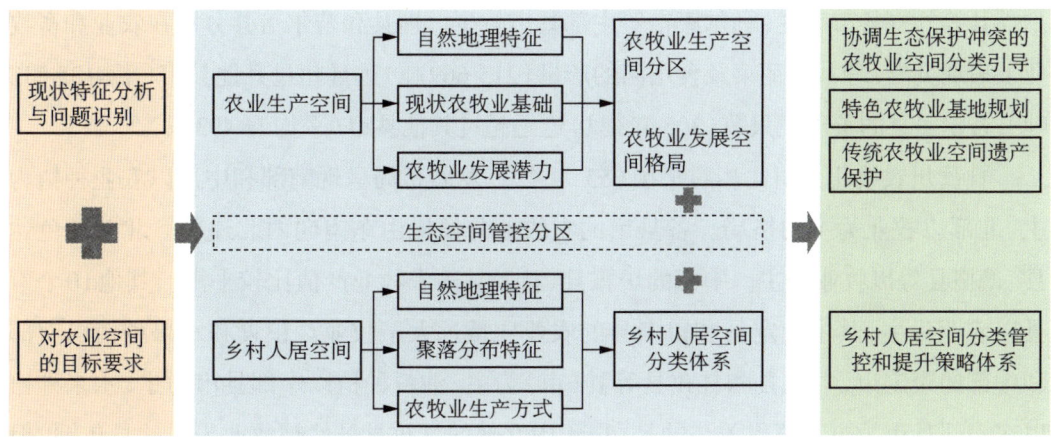

图 5-1 技术路线

生产与生活关系，推进乡村人居空间布局优化和环境提升。具体研究内容包括：①乡村人口空间现状特征分析和问题识别。②乡村人居空间分类体系的构建。③乡村人居空间分类管控和提升策略（图 5-1）。

5.2 农牧业发展现状与空间格局优化

5.2.1 农牧业发展现状与问题

1. 农牧业发展比重高，空间分异明显

与全省三次产业结构比重相比，川西北地区第一、三产业比重较高，约70%的人口从事第一产业，畜牧业是当地主要支柱产业和农牧民主要经济来源。甘孜州第一产业产值在三产总产值中比例在全省最高（23.4%）。

阿坝州第一产业以畜牧业为主，畜牧业产值占62%，农业产值仅31%，农牧业发展布局呈现南部以农业种植为主、北部以牧业为主的格局。各县（市）的农牧业分值比[①]由东南向西北递减。红原县、阿坝县、壤塘县和若尔盖县以牧业为主。红原县由于农业产量极低，牧业相对比重极大。其他9个市县以农业为主，其中泸川县、理县、茂县的农业比重远大于牧业。具体到农牧产品种类，粮食、水果和蔬菜产量以南部县市为主，而油料产量以北部县市为主。肉牛放牧主要集中在北部若尔盖县、阿坝县和红原县，肉羊放牧以若

[①] 由农业、牧业的各类产品产量进行标准化加权评分后得到的农业分值与牧业分值之比。以下提到的农牧业比重、农业比重、牧业比重都是围绕这一指标进行的论述。

尔盖县等外围县市为主,马尔康市等中部县市较少。理县和若尔盖县分别在农业和畜牧业上表现突出,理县的蔬菜及食用菌的产量(215 669吨)远远超过其他县市(平均35 112吨),若尔盖县的羊出栏只数(305 423只)远远超过其他县市(平均16 493只)。

甘孜州农牧业分值比相对平衡(53∶42),发展布局呈现南部和中部以农业种植为主、北部以牧业为主的格局。各县市的农牧业分值比由东南向西北递减。北部的色达县、德格县等以牧业为主。中部的炉霍县、新龙县等农牧业产值比较平衡。其他10个市县以农业为主,其中泸定县和得荣县的农业比重远大于牧业。粮食和水果种植以南部和中部的康定市、九龙县和甘孜县等县(市)为主,油料种植以中部县市为主,水果种植以东南部县市为主。值得关注的是,位于中北部的甘孜县虽然被牧业为主的县包围,但有较高的粮食、油料和蔬菜产量,农业比重也相对较高(图5-2—图5-7)。

2. 农牧业总体发展水平偏低,发展动力与特色化水平不足

川西北地区内两州的第一产业发展长期落后于全省平均发展水平。传统农牧业比重大,农牧产品空间分布不平衡、品种相对单一、生产能力偏低等现实问题突出;农牧业产业化经营水平和产品市场化水平低,特色农牧产品的产后加工、储藏、市场开发等环节十分薄弱,名、特、优农牧产品品牌少,中介组织、营销协会、专业合作组织建设滞后,新产品开发进展缓慢,农牧产品市场影响力小、市场份额不足,市场开拓艰难。牧区贫困化问题非常严重,牧区经济结构单一,科学种养水平低,生态特色牧业发展层次低,畜产品商品化率低,牧民增收渠道十分狭窄,草原畜牧业转型发展和促进牧民脱贫增收的任务尤为艰巨。

3. 农牧业与生态协调发展难度大

川西北地区为国家重要的生态功能区,现阶段传统粗放型农牧生产方式仍占很大比重,生态农牧产业发展与生态环境保护、建设协调发展难度大,生态环境建设与农牧民保生存、保生产、促增收的矛盾还比较突出。尤其是传统的畜牧业对生态环境冲突较大。根据"双评价"(详见本书第3章),川西北地区内31个市县中,大部分都存在牧业超载现象,中度和重度超载的县比例较高。过度放牧造成草原退化、生物多样性降低等多种生态问题,是影响川西北地区生态功能的重要原因之一。

4. 农牧业基础设施和服务技术体系建设仍然滞后

农牧业基础设施建设投入不足,农田水利、草原、畜禽养殖、交通、通讯、市场等方面

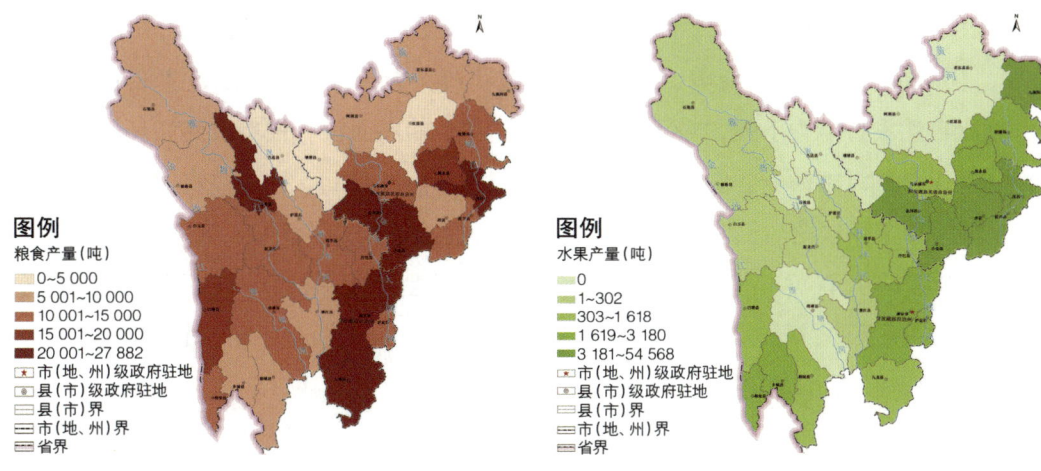

图 5-2　川西北地区各县市粮食产量示意图　　图 5-3　川西北地区各县市水果产量示意图

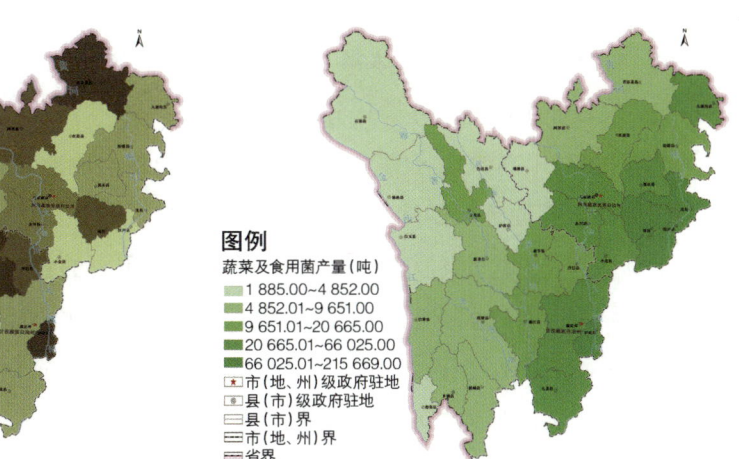

图 5-4　川西北地区各县市油料产量示意图　　图 5-5　川西北地区各县市蔬菜及食用菌产量示意图

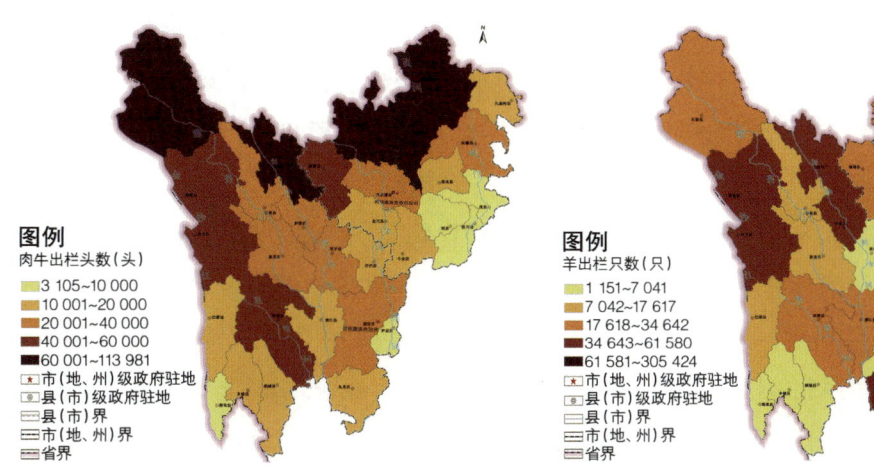

图 5-6　川西北地区各县市肉牛产量示意图　　图 5-7　川西北地区各县市肉羊产量示意图

的基础设施建设严重滞后。骨干水利工程少，渠系配套差，农田水利设施、田间道路不配套。仍有部分行政村未通电，电力基础设施薄弱。农牧业生产物质技术装备条件较差，抵御自然灾害能力不强，"靠天吃饭、靠天养畜"的局面没有根本改变。环境监测能力差，环保基础设施薄弱。农牧业技术服务能力较弱，县（市）、乡（镇）农业科技推广基础条件差，服务手段落后。农技人才引不进、留不住，本土实用型人才培育力度不够，科技人员量少质弱、青黄不接、断层严重。农牧业科技创新水平低，新技术推广应用速度慢、水平低，新品种、新技术推广难度大。农牧业机械化装备总量不足、机械化程度普遍偏低。农牧业病虫害防控能力弱等现实问题突出。

5.2.2 农牧业发展总体格局与空间分类引导

1. 农牧业生产空间总体格局

1）农牧业生产空间差异化分区及指引

川西北高山高原地区的生产能力基本上受制于地形、水文、气候等自然基底条件。一方面，高山高原地区的陡峭坡度与高海拔，以及复杂的水文与气候环境，影响耕地面积、土壤地力、有效灌溉面积、草原植被覆盖率等重要的农牧业生产要素。另一方面，高山高原地貌滞后了通村道路、灌溉渠系、防灾设施、水电通信等农牧业生产基础设施的建设与普及。因此，川西北地区复杂多样的地形地貌特征对作物种类、产量、标准化种养殖水平、农牧产品加工水平等因素形成主要限制。

因此，本研究对川西北地区的生产空间特征的分区将基于以地形地貌分区为基础，结合农牧业功能综合划分。首先根据各乡镇尺度的地形地貌条件（主要为坡度与海拔）进行宏观特征划分，再依据统计年鉴数据识别出每个县级行政单元的农牧业相对生产水平，最后进行交叉分析后得出以地形特征为基底的农牧业生产空间分区。

首先，根据相关研究，将区域内最低海拔高度与地形起伏度联合为地形地貌因素，依据研究区实际地形共分为六大类（表5-1，表5-2，图5-8）。

其次，根据《2018四川统计年鉴》的农村经济作物面积产量数据，进行各县市的农业、牧业评分与比值计算。农业分值由粮食、蔬菜、水果和油料的产量（单位：吨）进行标准化后加权平均而得；牧业分值由肉牛、肉羊的头数（单位：头）进行标准化后加权平均而得，计算出川西北地区各县市农牧业比值（图5-9）。可见，川西北地区各县市内部的农牧业比值由东南向西北递减。东南区域以农业生产为主，而海拔更高的西北区域以牧业生产为主。

表5-1 地形地貌特征分类表

地形起伏度最低处海拔	Ⅰ类(起伏度较低)	Ⅱ类(起伏度较高)	Ⅲ类(起伏度大)
＜2 500米	/	/	高山峡谷
2 500米≤海拔≤3 500米	中山平原	复合过渡地带	丘原山原
＞3 500米	高原平原	/	高原高山

表5-2 川西北地区地形地貌分区引

分区	特征分布地区
高原平原区	高山平原区属超高海拔平地类地貌,区域整体海拔位于3 500米以上,为超高海拔地区;区域内地形起伏度较低,地形较平坦。高原面为典型的冰缘地貌,发育高山草甸土,为高山亚寒带灌丛草甸带。石渠县、德格县、色达县、新龙县、理塘县及稻城县等县较多部分位于高山平原区内
中山平原区	中山平原区属高海拔平地类地貌,区域整体海拔位于2 500～3 500米,为高海拔地区;区域内大部分为草原,地形较平坦。阿坝县、红原县、若尔盖县及雅江县等县大部分位于中山平原区内
高山峡谷区	高山峡谷区属大起伏高山类地貌,区域整体最低海拔小于2 500米,为高海拔或中海拔地区;区域内大部分地区地形起伏度大,峡谷或河谷居多。九寨沟县、黑水县、茂县、理县、汶川县及丹巴县、康定市、泸定县及九龙县等县(市)较多部分位于高山峡谷区内
丘原山原区	丘原山原区属大起伏中山类地貌,区域整体最低海拔位于2 500～3 500米间,为高海拔;区域内大部分地区地形起伏度较大。小金县、新龙县及九龙县等县部分位于丘原山原区内
高原高山区	高原高山区属高海拔大起伏类地貌,整体海拔在3 500米左右,区域内大部分为高海拔的金沙江流域深切河谷地区。甘孜州西北角的石渠县和德格县西侧等位于高原山原区内
复合过渡地带区	复合过渡地带区属高海拔丘陵类地貌,区域整体海拔位于2 500米至3 500米,为高海拔地区;区域内地形起伏度较大,可视为台地与高丘区域。乡城县、壤塘县、马尔康市、金川县及道孚县等县(市)大部分位于复合过渡带区内

第三,对川西北地区地形特征与农牧业比重进行交叉分析,最后归纳识别出以地形条件为基底的三大类、八小类农牧业生产空间分区,包括高原平原草甸牧业主导区、中山平原湿地牧业主导区、高原高山峡谷农业主导区、高山干热峡谷农业主导区、高原平原宽谷半农半牧区、中山丘原河谷半农半牧区、河间中山平原半农半牧区和过渡丘原山原半农半牧区(图5-10,图5-11)。根据这八类分区特点提出差异化的指引(表5-3)。

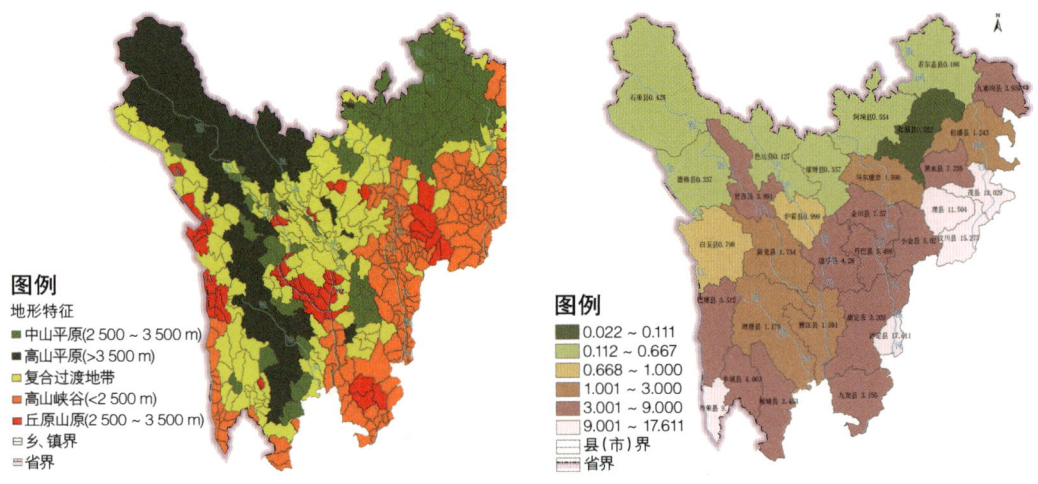

图5-8 川西北地区各乡镇地形特征分类示意图

图5-9 川西北地区县市农牧业分值比

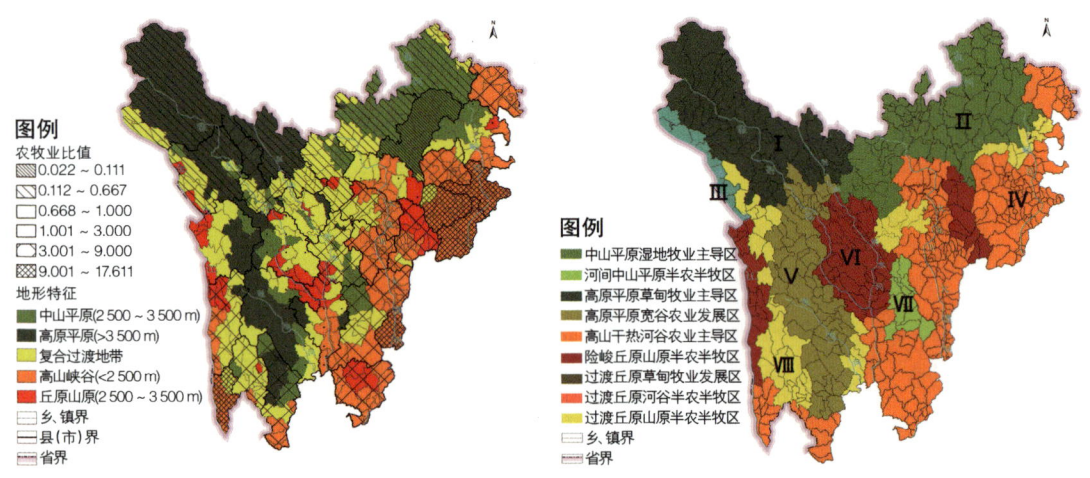

图5-10 川西北地区地形特征与农牧业比重交叉分析示意图

图5-11 川西北地区农牧业生产空间分区示意图

2) 农牧业发展空间总体格局

在川西北地区农牧业生产空间分区基础上形成"四带三区多点"的农牧业空间格局。四条特色农业发展带包括金沙江流域特色农业发展带（石渠、德格、白玉、巴塘、乡城、得荣）、雅砻江流域特色农业发展带（甘孜、新龙、雅江、九龙、理塘）、大渡河流域特色农业发展带（马尔康、金川、小金、丹巴、康定、泸定）、岷江流域特色农业发展带（茂县、理县、汶川）。三区为石渠、色达、阿坝—红原三片高原特色牧业区，形成以不同特色产品为主导的多个特色农牧业生产基地（图5-12）。

表5-3 农牧业生产分区及指引

分区	分布地区	指引
高原平原草甸牧业主导区	主要分布在极高海拔平原地区,为高山亚寒带草甸地区,包括石渠县、色达县、德格县的大部分地区	农牧业生产以牦牛为主,受自然条件和生态保护限制,不适宜现代化和规模化生产,以满足本地牧民生活保障为主要目标的牧业经济
中山平原湿地牧业主导区	主要在低山平缓丘陵,谷底平坦开阔区内大小盆地广泛分布,包括若尔盖县、阿坝县、红原县大部分地区	区内大部分草原湿地坝子。农业生产以牦牛为主,适宜牧业的现代化和规模化,畜牧业基地、畜牧产业加工业
高原高山峡谷农业主导区	主要在金沙江流域高海拔河谷地区,以石渠县西部金沙江沿岸地区为代表	地形险阻,坡度大、但有可利用的平地面积,人口集聚在沿岸河谷,以青稞等高原特色农业和高原蔬菜等设施农业为主
高山干热峡谷农业主导区	主要分布在亚热带干热河谷,包括汶川县、理县、茂县、康定市、泸定县大部分地区	雨热同期的水热组合条件,农业适宜性最好,盛行灌溉农业,以粮食、优质蔬菜(食用菌)、特色水果等特色农业和休闲农业为主
高原平原宽谷半农半牧区	主要位于雅砻江流域,包括甘孜县、理塘县的大部分地区	以高海拔浅切宽谷地貌为主,南部日照多辐射强,适宜发展高原河谷农业,以青稞、豌豆、小麦、中草药材等高原特色农业为主,北部以藏羊、牦牛等牧业为主导,南部以农业为主导
中山丘原河谷半农半牧区	主要是江河上游流域地形险阻,包括巴塘部分地区、炉霍、新龙的部分地区	坡度大、可利用平地面积少,发展林业为主同时利用狭窄的山坡台地和部分河谷地带从事半农半牧生产。粮食、蔬菜等农业生产主要集中在流域沿岸,丘原山区以藏羊等牧业为主
河间中山平原半农半牧区	位于江河流域的夹缝地带,包括康定市、炉霍县的部分地区	主要地貌是海拔较高的中山平原,从事半农半牧生产,以粮食、蔬菜、水果等农业生产为主。兼有牧业生产
过渡丘原山原半农半牧区	丘状高原与高山、河谷平地相间分布,包括巴塘县、乡城县的部分地区	主要为复合过渡地貌以粮食、水果等农业生产和藏羊、牦牛畜牧业为主导

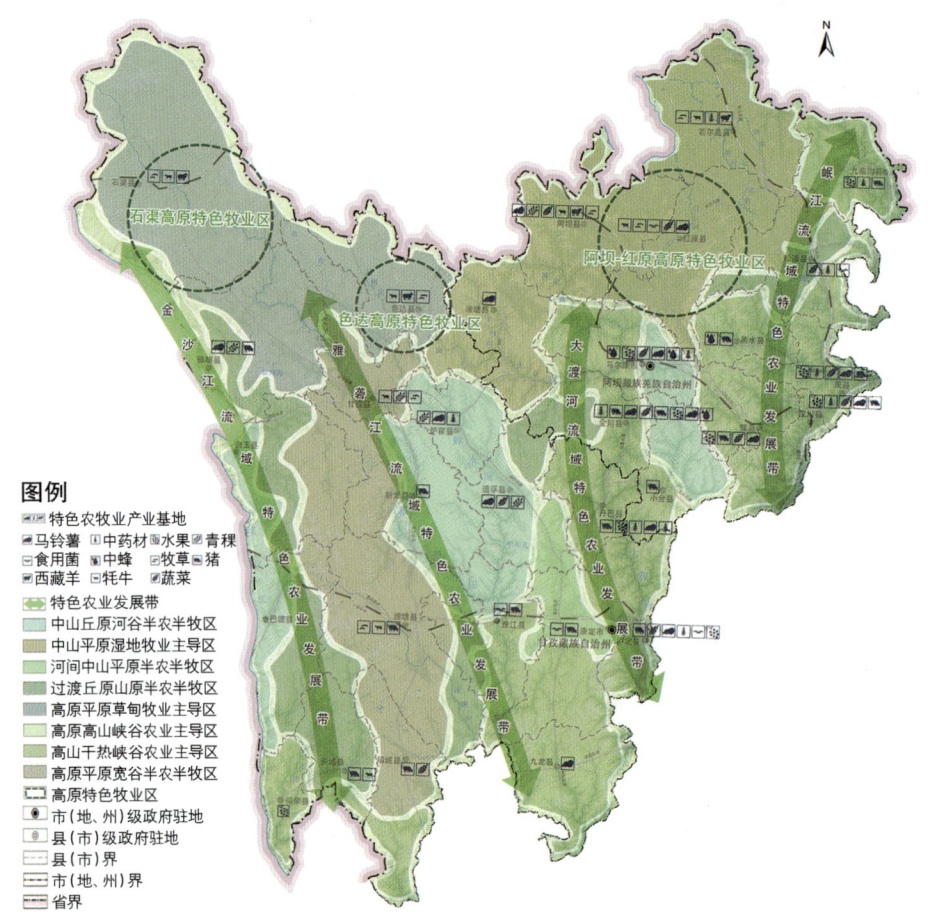

图 5-12 川西北地区农牧业空间格局示意图

2. 农牧业生产基地布局规划

1）基础保障产业

第一是优质青稞产业。以确保农牧民口粮自给为主要目标，稳定青稞播种面积，提高青稞品质和单产，加快高产专用型优质新品种选育，大力推广粮饲兼用型青稞，推进青稞标准化生产基地建设，打造全国青稞优质高产高效示范区。产业布局以阿坝县、道孚县、炉霍县、甘孜县、德格县为核心区，辐射若尔盖、松潘、壤塘、马尔康、康定、石渠、新龙、白玉、雅江、理塘、稻城等县（市）。在甘孜州建设青稞研发中心，重点选育高产优质新品种青稞。在阿坝州阿坝县、甘孜州道孚县、炉霍县、甘孜县、德格县建设良种繁育基地，依托国家、省、州等农业科学院的技术支撑，以龙头企业为实施主体，培育和引进高产优质新品种。

第二是优质马铃薯产业。瞄准马铃薯主粮化发展趋势,依托传统马铃薯生产优势,通过良种补贴、良法配套技术培训、基础设施建设等扩大马铃薯种植规模。积极引进马铃薯加工项目,推动马铃薯由副食消费向主食消费转变、由原料产品向产业化系列制成品转变、由温饱消费向营养健康消费转变。鲜食商品薯以岷江、大渡河流域海拔1 800米地带为核心,重点在汶川县、理县、茂县、小金县、金川县、泸定、九龙等县发展鲜食商品马铃薯,主要以生产薯条、薯片、炸片等的低淀粉型马铃薯及菜用薯为主。加工型马铃薯产业布局以农区海拔2 700米以下、牧区3 000米以下区域为核心发展加工型马铃薯,主要发展高淀粉加工型马铃薯。重点分布在炉霍、德格、道孚、康定、马尔康、阿坝、红原、壤塘等县(市)。

第三是优质油菜产业。充分利用川西北地区是全国十字花科油菜和球径类作物夏季制种的最佳区域之一的优势以及四川最大的春油菜种植区域的基础,以发展花期较长的品种为主,结合旅游业推动农旅融合发展,沿公路沿线着力打造千里高原春油菜走廊,以国道213和317沿线的阿坝、若尔盖、壤塘、九寨沟、道孚、甘孜等为核心发展油菜标准化种植基地,形成油菜生产旅游观光产业带。

2) 优势特色产业

第一是特色蔬菜产业。川西北地区是四川省五大蔬菜产区之一,是四川省西北山地秋淡蔬菜生产基地,对满足成都、重庆及四川省其他地市州的秋淡蔬菜供应具有重要作用。川西北地区面向区内外、省内外,抓好"菜篮子"工程,着力建设城郊蔬菜、外销蔬菜、旅游蔬菜基地,加快发展绿色食品、有机农产品和地理标志农产品,提高市场竞争力。阿坝州蔬菜产业布局多种类型产业带。大白菜产业以理县朴头镇、马尔康梭磨乡为示范带动,主要生产夏秋淡菜,减少春菜生产,提倡"大白菜+莴笋""大白菜+棒菜"等轮(间)作模式。莴笋、棒菜和花菜产业以茂县太平乡木耳寨村、小金县两河乡、理县古尔沟镇为示范带动,以夏秋生产为主,茂县、金川等积温较高县可适当进行春菜生产。莲白产业以汶川卧龙、草坡片区、茂县土门片区为主,辐射阿坝、若尔盖等高原气候区域。茄果类精品产业以茂县渭门乡、沟口乡番茄标准化种植基地为带动,辐射理县、金川、黑水等县。绿豌豆产业以小金县种源及标准化生产基地、阿坝县规模种植基地为主,辐射马尔康市、松潘县、壤塘县,适度扩大生产规模。甘孜州蔬菜产业布局在东部加快建设秋淡季、错季节外销蔬菜基地;在南部、北部地区推广钢架大棚、日光温室等设施农业,发展城郊蔬菜,提高当地蔬菜自给能力。

第二是特色水果产业。利用川西北地区立体气候资源丰富、适宜多种优质水果生长的优势,结合精准扶贫着力打造川藏高原特色水果产业带。产业布局多种类型的特色水果。甜樱桃主要集中在东南部高山峡谷地区半干旱河谷区域发展，以汶川、理县、茂县、泸定为核心。脆李以茂县、泸定为主，主要在海拔高度1 500~2 600米的岷江流域、大渡河流域高半山，选择花期无霜冻适宜区域发展，在不同海拔建立脆李生产基地，延长鲜销果品的供应期。苹果以小金、茂县、理县、泸定、丹巴为主，其中岷江流域海拔1 400~1 800米，大渡河流域海拔1 800~2 600米，均可发展。晚熟枇杷以茂县、小金、金川、九寨沟的示范基地为带动，在岷江、大渡河流域海拔高度1 400米以下的地带进行试验示范，培育替代产业。酿酒葡萄以小金、金川、茂县、九寨沟、丹巴、得荣为主，依托本地红酒企业，规范建设葡萄产业园。其他特色水果如鲜食葡萄、梨、鲜食杏等围绕全域旅游发展，在交通便捷区和气候适宜区规范建设种植基地。

第三是特色畜牧业。大力调整养殖业结构，重点发展优质特色牦牛、藏猪、藏鸡、优质藏羊、优质肉牛等特色畜禽养殖业，以标准化适度规模养殖示范为抓手，积极探索推广现代家庭牧场、社区畜牧业等现代牧业发展模式，提高畜禽商品化率，打造川藏高原生态特色农畜产品基地。突出产业主导优势，在牧区发展草原畜牧业，推进牦牛乳标准化生产，建设全域、全产业链优质牦牛肉和牛乳生产基地。加强西藏羊、藏猪、藏鸡、阿坝中蜂生产标准体系建设，建设特色产业基地。在产业布局方面，牦牛产业以红原、若尔盖、阿坝、甘孜县、石渠、白玉、色达、理塘等为重点，辐射带动其他13县(市)。西藏羊产业以若尔盖、阿坝、色达、石渠为重点，辐射全区西藏羊养殖区。生猪产业在金川、小金、汶川、茂县、理县、黑水、九寨沟、泸定、康定、丹巴等县城各建1个良种生猪仔猪繁育场。

第四是优质牧草业。以保护和恢复草原生态为前提，坚持因地制宜、分区布局、择优扶持、配套发展的原则，采取复种、套种，引草入田，充分利用弃耕地、退牧还草地扩大人工种草、牧草种子及饲草料生产规模。建设高效、集约、持续的优质牧草生产基地，增加饲草料的供应和贮备。进一步调整优质牧草生产布局，实现饲草饲料、牲畜资源的合理配置。产业布局以阿坝、红原、若尔盖、甘孜、色达、石渠、理塘等为核心，建设牧草种子扩繁基地、高产优质人工饲草基地，同时加大天然草地保护和恢复力度，使天然草地平均植被盖度提高到85%以上，亩产鲜草350千克以上。

3) 特色潜力产业

第一是道地中药材产业。针对川西北地区气候冷凉，适宜于发展高原特色中药材的特点，采取野生资源科学采集利用与人工栽培相结合推进该区道地中药材产业发展，以稳步推进为原则，以适宜于高原地理条件且市场需求稳定、经济效益较高的品种为主导，分品种在适宜区域内布局。中药材栽培品种选择以名贵药材为特色，主要发展川贝

表5-4 特色农牧业产业基地

特色产品	主要产品种类	主要产业基地
特色果产业	优质樱桃、青脆李、苹果、梨、核桃等	汶川、泸定、小金、金川
高山蔬菜	叶菜类、茄果类等秋淡蔬菜类	汶川、理县、茂县、泸定、康定、九龙
马铃薯	优质脱毒马铃薯	甘孜、道孚、泸定、九龙、阿坝
酿酒葡萄	优质酿酒葡萄	丹巴、得荣、小金
中低温食用菌	黑木耳、金针菇、羊肚菌、松茸等特色品种	泸定、康定、丹巴、道孚、雅江、红原
特色中药材	川贝母、当归、虫草等	松潘、泸定、康定、理塘
生态畜牧业	藏猪、藏羊、牦牛、特色牧草等	若尔盖、阿坝、松潘、红原、理塘、色达、甘孜、白玉、石渠

母、党参、秦艽、黄芪、红毛五加、大黄等品种，适当发展黄芩、重楼、猪苓、天麻等。产业重点布局在茂县、松潘、九寨沟、金川、小金、汶川、若尔盖、泸定、康定、丹巴、炉霍等高半山地区。

第二是特色食用菌产业。在川西北地区东部和南部适宜区加快培育发展食用菌，以"公司+基地+农户"模式积极引导农民种植木耳、香菇、银耳、灵芝、羊肚菌等食用菌，建设食用菌出口创汇农产品基地，加快发展食用菌加工产业。产业重点布局在甘孜州泸定县、康定市、雅江县、红原县、松潘县（表5-4）。

3. 协调农牧业生产与生态保护的矛盾

川西北地区全域都属于国家级重点生态功能区，生态重要空间比重大，资源环境约束强，农牧业生产与生态保护的矛盾冲突突出，以牧业生产与生态保护的冲突为典型，传统以放牧为主的牧业生产方式是川西北地区农牧业生产带来生态退化的主要原因。但牧业生产与生态保护也存在着一定的共生关系，在长期的生态系统演化中，适度的放牧也成为草原生态系统的有机组成部分。本节重点针对牧业生产与生态保护的矛盾进行了研究，通过对牧业强度空间分布（图5-13）、生态问题区域与生态空间管控分区的叠加分析，根据与生态的冲突情况对牧业生产进行分类，针对不同类别的牧业空间提出差异化的管控策略。

通过空间分析，全域牧业空间根据与生态管控分区以生态问题区域的关系划分为禁牧修复、限牧维育、结构优化和特色发展四大类（图5-14，表5-5）。

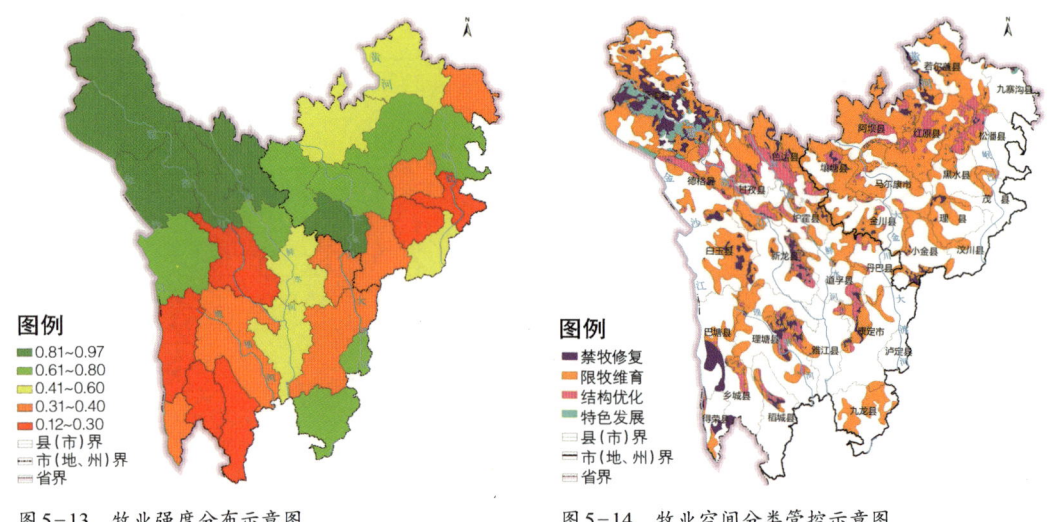

图5-13 牧业强度分布示意图　　　　图5-14 牧业空间分类管控示意图

表5-5 牧业空间分类

分区	问题区域	超载区域	其他区域
核心生态区	禁牧修复	限牧维育	限牧维育
重要生态区	禁牧修复	限牧维育	限牧维育
生态维育区	禁牧修复	结构优化	结构优化
生态调控区	禁牧修复	结构优化	特色发展

禁牧修复类以石渠、若尔盖、巴塘等县的部分地区为典型，主要分布在生态退化区域，生态功能重要但生态脆弱、生态退化严重，对这类地区原则上以禁牧为主，除保留少量修复性放牧活动外，以退牧还湿还草为主。

限牧维育类以阿坝、红原、色达、壤塘、白玉、九龙、马尔康等县（市）的大部分地区为典型，基本上分布在核心生态与重要生态区内生态问题区以外的其他区域，牧业与生态保护矛盾突出。这类地区将加强对牧业生产的管控，逐步引导牧民迁居，降低自然放牧强度，逐步形成与本底生态系统相适应的放牧强度。

结构优化类以色达、松潘、理塘、康定等县（市）的部分地区为典型，属于生态维育区和生态调控区内的超载区域，此类地区全年或者季节性超载情况明显，鼓励牧业从草场型自然放牧向基地化养殖转变、引导牧民定居；允许部分耕地"粮（食）改饲（草）"或者通过"粮饲轮作"保障生态保护与牧业发展的协调。

特色发展类以石渠等县的部分地区为典型，主要分布于生态调控区内，生态问题较少，草原质量好，畜牧业发展有优越的基础，这类地区鼓励牧业的特色化发展。

4. 传统农牧业遗产保护

1) 传统农牧业遗产体系

传统农牧业遗产是指人类与其所处环境长期协同发展中，创造并传承至今的独特的农业生产系统，这些系统具有丰富的农业生物多样性、传统知识与技术体系，以及独特的生态与文化景观等，对农业文化传承、农业可持续发展和农业功能拓展具有重要的科学价值和实践意义。川西北地区地处川藏连接地带，是汉藏经济文化交流的重要纽带和桥梁，素有"汉藏走廊"之称。千百年来，受独特的地理、生态环境和人文差异影响，逐步形成了独具特色、种类繁多、经济与生态价值高度统一的农牧业遗产。发掘、保护、利用和传承农牧业遗产，对于改善高原地区生态环境、促进该区农牧业可持续发展具有重要意义。川西北地区的传统农牧业遗产主要包括几类生态系统和技术体系。

川西北高原草原特色游牧系统集中分布在川西北高原草原区，重点分布于若尔盖地区、红原县、阿坝县、石渠县、色达县等地区。该地区西北部以草地为主的生态系统，构成了长江、黄河上游的天然绿色屏障，是全省草地生态重点区和国家主体功能区中的限制开发区。长期形成的逐水草而居的游牧习俗，成为地区独具特色且与生产、生活息息相关的文化。随着近年来全球气候变化、人类活动加剧、自然灾害频发、草地超载过牧等的影响，该地区存在不同程度的草地退化问题，而传统的草原游牧系统具有提高草地生物多样性及群落稳定性的重要作用，有助于草地退化问题的解决。

川西北河谷地带旱作系统集中分布于岷江、大渡河、金沙江等流域的河谷地带，是川西北特色农业重点发展地区，重点分布于汶川、茂县、小金、泸定、得荣等县。长期以来，为适应农业发展，该地区人民形成了独特的旱地耕作文化。主要表现在河谷地带沿等高线方向修筑的条状阶台式或波浪式断面梯地以发展旱作农业或特色林果，并根据实际情况发展适宜当地发展的节水灌溉系统、坡面排水系统以及田间道路系统，不仅能有效治理水土流失，而且也有利于作物生长和营养物质的积累。

川西北林农牧复合系统集中分布于半农半牧区，重点包括康定市、丹巴县、雅江县等地区。这些地区自然条件相对恶劣，立地条件较差，当地人民通过种植适应性较强的林木改变局地气候和土壤条件，使得在林下或林边种植农作物成为可能，发展了多种多样的林农牧复合系统。

川西北特色畜牧养殖系统几乎分布在川西北地区全域,包括红原牦牛、若尔盖牦牛、九龙牦牛、昌台牦牛养殖系统,红原阳噶藏绵羊养殖系统,以及黑水藏猪、乡城藏猪养殖系统。广袤的林草资源和畜种资源使得畜牧业成为重要的基础产业和优势产业。川西北地区的天然草地是畜牧业的物质基础,以此为食的畜禽品种具有耐寒耐粗饲、绿色无污染的特点。川西北地区的牦牛、藏绵羊、藏山羊、藏猪、藏鸡等资源在四川乃至全国都具有其独特的优势。

除了多元的生态系统,传统农牧业遗产还包括特殊本地物种资源保护与利用技术体系。物种资源是物种进化的基础,也是人类社会生存和发展的物质基础。受独特的地形、气候、土壤等影响,川西北地区具有独具地方特色的粮食作物、特色果蔬等重要种质资源库,如青稞、野生松茸等。通过长期的开发保护,当地也形成了多样的特种物种资源保护与利用的技术体系,重点包括青稞、小金苹果、得荣葡萄、汶川甜樱桃、理县大白菜、雅江松茸等物种。这些无论是对生物多样性的保护,还是对于培育新的抗病品种、为人类提供食物源和生物生存环境资源等方面,都有着积极作用。

2)传统农牧业遗产保护主要措施

一是加强重要农牧业遗产的发掘与保护。目前川西北地区仅有石渠县扎溪卡游牧系统被列入中国重要农业文化遗产,丰富的农牧业遗产目前远没有得到充分的发掘与保护。应尽快开展川西北地区重要农牧业遗产的普查工作,并在全面评价其多功能价值、濒危性与保护紧迫性的基础上,做好中国甚至全球重要农业文化遗产的申报工作。

二是做好农牧业遗产保护的示范与推广。农牧业遗产具有活态性、适应性、复合性、战略性、多功能性、濒危性等特点,与其他地区相比,川西北地区农牧业遗产潜在的生态、经济与文化价值还没有得到充分发挥,基于多重价值的多功能农业发展尚处于起步阶段。在乡村振兴战略、美丽乡村建设和现代农业发展背景下,应积极探索农牧业遗产保护与融合发展途径。在产业发展方面,通过"有文化内涵的生态农产品"的开发,提高农产品价值;通过功能农业、文化农业、休闲农业、农产品加工等的发展,促进三产融合发展,促进农业文化遗产地潜在生态与文化价值向现实经济价值的转化。与此同时,在技术创新上系统梳理和总结该区重要农业文化遗产技术体系,包括农业资源综合利用技术、农业生态保育技术、农业环境治理技术、自然灾害防御与气候变化适应技术等,并与现代农业生物技术、信息技术等结合,探索现代生态农业发展模式,并进行推广示范,促进生态环境改善和现代生态农牧业的发展。

5.3 乡村人居空间现状与格局优化

5.3.1 乡村人居空间发展现状与问题

1. 聚落规模小、分布散,且与农牧生产关系密切

受自然地理格局影响,川西北地区乡村聚落分布零散、面广量大,人口密度每平方千米仅10人左右,内部乡村居民点人均建设用地面积差异较大。基于川西北地区农村宅基地图斑分布的相关计算,阿坝、甘孜两州各县市平均图斑数量为7 675个。按乡镇来看,大部分乡镇的乡村地区平均图斑数量在100~700之间,图斑的平均面积约2 000平方米(图5-15,图5-16)。

相对于农业为主的地区,牧业为主的地区乡村聚落分布更为零散、细碎。从农村宅基地图斑数量(平均面积)和县市农牧业相对比重图中可对比得出,整体而言,甘孜州北部、阿坝州中部如石渠、德格、白玉和红原等牧业为主县,图斑数量远多于(图斑平均面积远小于)以农业为主和农牧业比重相当的其他县市。从农村宅基地图斑分布来看,乡村聚落分布最为密集的区域(空间自相关高—高区域)位于川西北地区东南部康定—泸定—小金—理县一带,此区域位于雅砻江、大渡河以及岷江中下游峡谷地带,地形以高山干热河谷为主,为农业集中区。在北部若尔盖、阿坝、壤塘、德格等牧业为主县也零散分布若干聚落集聚程度高的乡镇。但总体而言,川西北地区大部分区域的乡村聚落分布零散、稀疏,在农业活动为主的地区中分布更集聚(图5-17)。

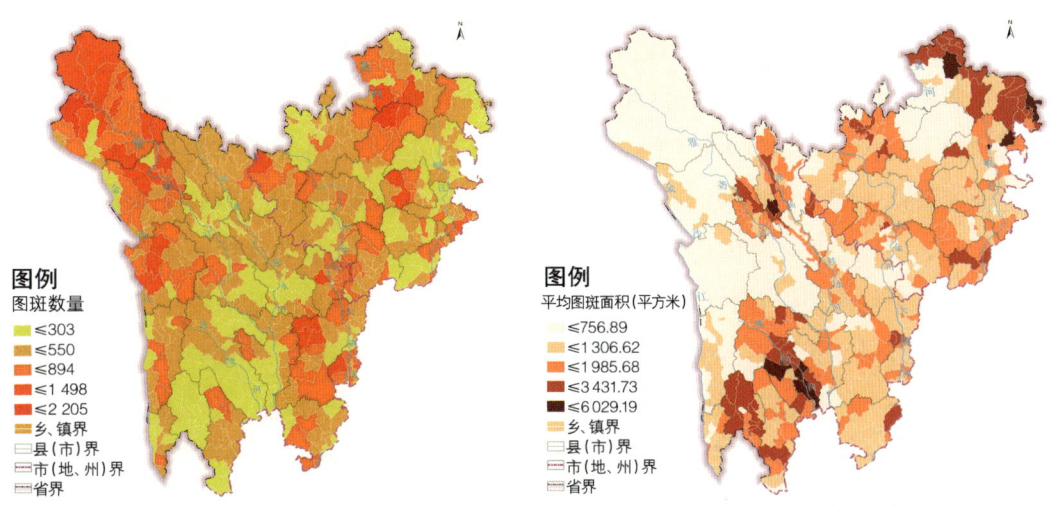

图5-15　农村宅基地图斑数量分析示意图　　图5-16　农村宅基地图斑平均面积示意图

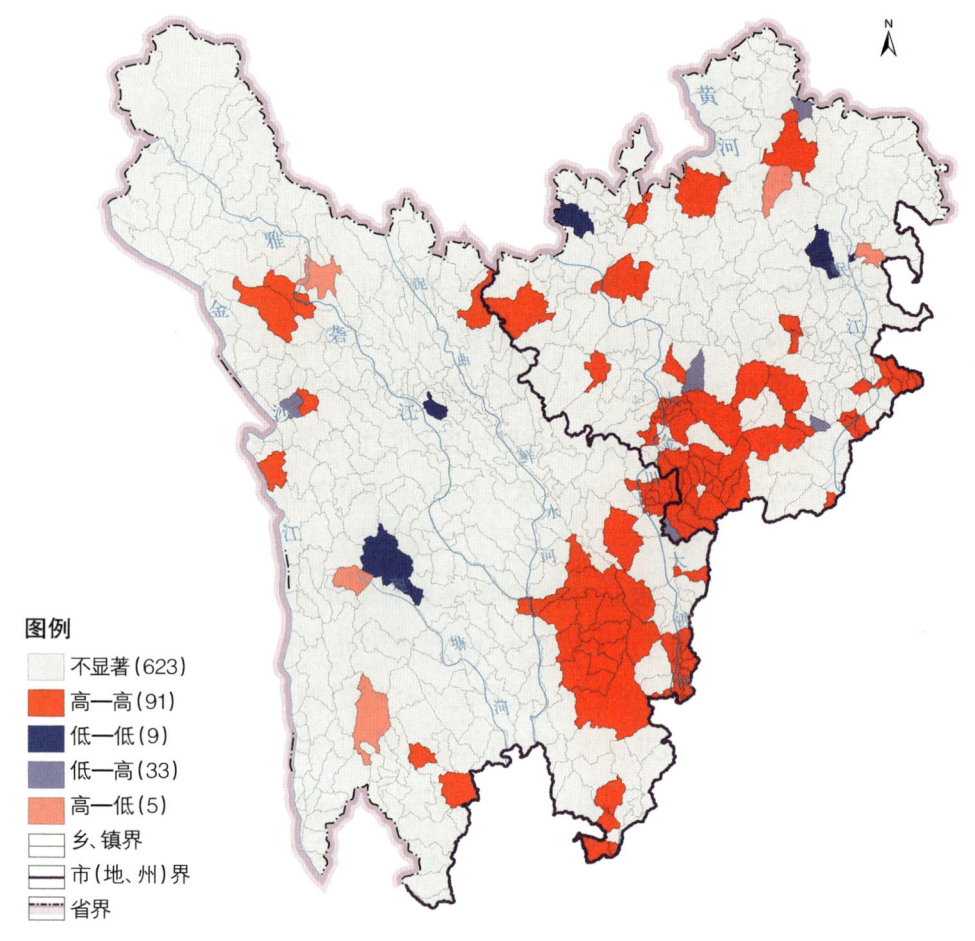

图 5-17　乡村聚落集聚分布空间自相关示意图

2. 聚落主要分布在中海拔缓坡地区,呈现明显的亲水、亲路的特征

川西北地区大多数乡村聚落(80.16%)分布在海拔 2 000～4 000 米的高原上。2 000 米海拔以下的聚落面积较大而数量少,主要是由于川西北地区的整体海拔较高。聚落平均面积大体上随着海拔的上升而递减。在 2 000～4 000 米的几个区段的聚落平均面积较为接近,平均聚落面积是 1 962.9 平方米。4 000 米以上的海拔区段聚落数量只占 8.59%,聚落平均面积仅有 1 273 平方米。海拔 5 000 米以上的聚落基本没有(图 5-18)。

川西北地区乡村聚落的数量整体伴随坡度的增加逐渐减少,大部分(86.35%)乡村聚落分布在 25°中坡以下。聚落数量最多的坡度在 6°～15°区间,坡度在 25°以上的聚落呈现数量少、面积小(平均面积约为 1 200 平方米)的特征。小于 6°的聚落平均面积最大,而数量较少,原因可能在于川西北地区整体地形崎岖,平坦坡较少(图 5-19)。

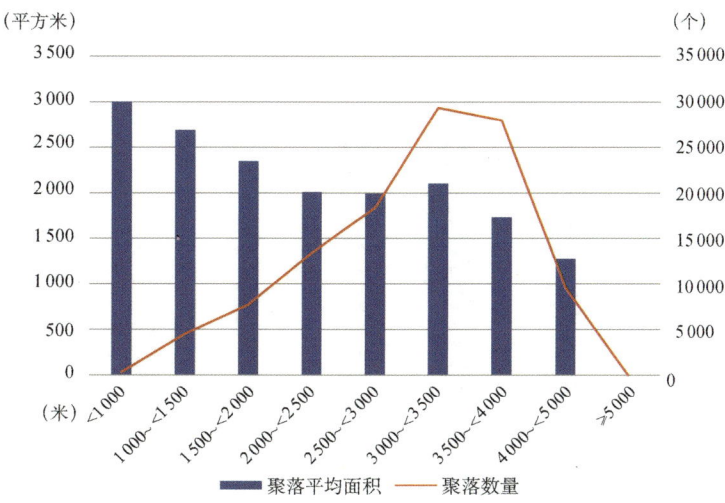

图5-18 不同海拔条件下聚落平均面积与数量

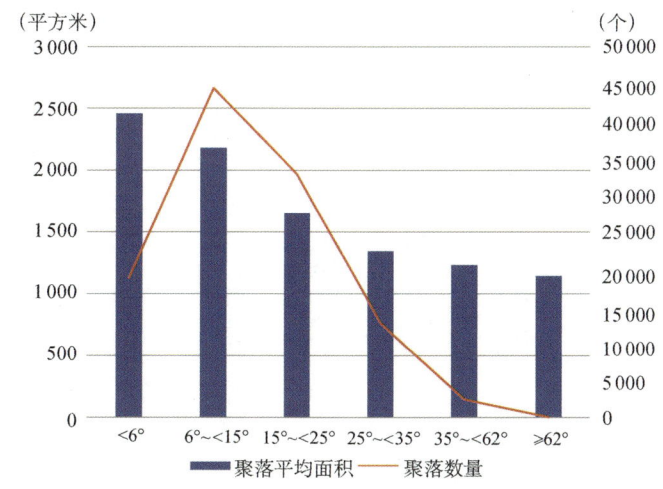

图5-19 不同坡度条件下聚落平均面积与数量

基于对乡村聚落与水源距离的分析,川西北地区的乡村聚落有较为强烈的趋近水源倾向。82.59%的聚落位于水源500米范围内,位于1 000米范围内的占聚落总数的96%以上。只有不到5%的聚落位于水源1 000米以外。在聚落面积上也基本呈现出距离水源越远、面积越小的规律。在距离水源100~250米范围内聚落面积最大(图5-20)。

川西北地区的乡村聚落也有强烈的趋近道路倾向。70.66%的聚落位于道路100米范围内,位于500米范围内的占聚落总数的95%。只有不到2%的聚落位于道路缓冲区的1 000米以外。在聚落面积上也呈现出距离道路越远、面积越小的规律(图5-21)。

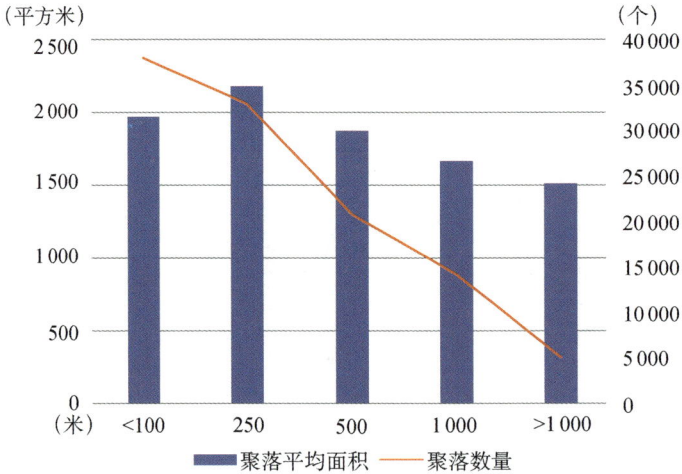

图5-20　与水源不同距离的聚落平均面积与数量

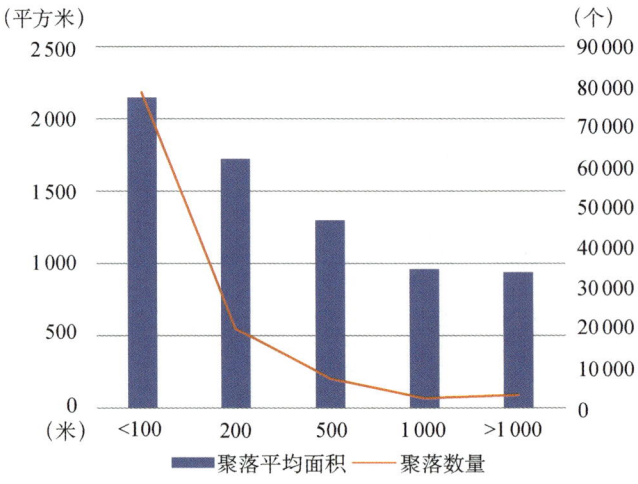

图5-21　与道路不同距离的聚落平均面积与数量

3. 生态约束强,现状居民点与各类管控红线矛盾冲突大

川西北地区现状乡村聚落与生态红线的矛盾突出。具体包括建设用地与公益林的冲突,多见于河谷地带;建设用地与生态红线和基本草原的冲突,与基本草原的冲突大部分都在高原草原地区,部分牧民点深入基本草原;部分地区还存在乡村居民点与永久基本农田的冲突,多见于河谷地带人居活动密集区边缘,基本农田划定时将部分外围居民点建设用地划入其中。

表5-6 乡镇道路交通设施概况

道路交通设施类别		全省	川西北地区	川西北地区与全省平均水平的差距
道路覆盖率	通公路的村	99.3%	96.7%	-2.6%
交通站点覆盖	有火车站的乡镇	5.3%	0%	-5.3%
	有码头的乡镇	9.8%	0.2%	-9.6%
	有高速公路出入口的乡镇	11.4%	0.6%	-10.8%
道路路灯覆盖率	村内主要道路有路灯的村	16.7%	37.4%	20.7%
村委会到最远自然村或居民定居点距离	5千米以内	90.7%	80.9%	-9.8%
	6~10千米	7.1%	9.5%	2.4%
	11~20千米	1.7%	6%	4.3%
	20千米以上	0.5%	3.6%	3.1%

4. 居民点交通、基础和公共设施服务基础差，末端限制严重，提升难度大

受自然地理条件限制和由此导致的空间分布零散的影响，川西北地区乡村居民点的交通、公共服务与市政基础设施的配置与建设较为落后。乡村交通与道路设施方面，阿坝、甘孜两州的村级道路设施相对完善，公路覆盖率为96.7%，80.9%的村庄村委会到最远自然村、居民定居点的距离在5千米以内。然而，火车站、码头、高速公路出入口等交通站点在各乡镇的覆盖面较低（表5-6）。

燃气、污水处理、垃圾处理基础设施的水平较差，同时地理条件和生态管控的约束增加了乡村地区设施配置的难度。乡村居民点和农牧、林业等生产活动非常分散，彼此之间隔山越水相距甚远，设施等支撑体系的优化提升的难度大。阿坝、甘孜两州乡镇供水普及率为57.4%，落后于全省86.1%的供水普及水平。目前，农村地区大部分都是通过直接由河道、山泉、水库、坑塘、浅层地下水取水，供水设备简单，集中供水率低，净水设施不足，设施管理与维护落后。不良地形及恶劣地质条件使饮水渠道选址和建设存在极大困难。燃气方面，阿坝、甘孜两州村级燃气覆盖率很低，仅为1.4%，可能与当地居民用电、烧柴的生产生活习惯有关。在通信基础设施方面，阿坝、甘孜两州有93.1%的村通电话，37.1%的村通宽带互联网，仅5%的村有电子商务配送站点。由于供给不足，大部分村镇居民的通信方式以移动电话为主。污水与垃圾处理方面，阿坝、甘孜两州的村级生活污水处理率为9.5%，乡镇生活垃圾处理率达65.9%，整体上水平不高（表5-7）。

村级的公共服务设施短板明显。教育设施方面，阿坝、甘孜两州乡镇有小学基本实现小学教育的全覆盖，托幼教育覆盖面较低，与全省平均水平差了14.2%。医疗设施方面，阿坝、甘孜两州的乡镇层面基本实现了医疗卫生机构的全覆盖，但在村级层面，有卫生室的村占60.3%，较全省平均低了25.1%。社会福利设施方面，阿坝、甘孜两州的乡镇社会福利设施非常不足，与全省平均有比较大的差距（分别相差43.2%和40.6%）（表5-8）。

表5-7 川西北地区区域乡镇基础设施概况

	市政基础设施类别		全省	川西北地区	川西北地区与全省平均水平的差距
市政基础设施	供水普及率	集中或部分集中供水的乡镇	86.1%	57.4%	−28.7%
	燃气普及率	通天然气的村	45.9%	1.4%	−44.5%
	污水处理率	生活污水集中处理或部分集中处理的村	11.8%	9.5%	−2.3%
	生活垃圾处理率	生活垃圾集中处理或部分集中处理的村	71.4%	65.9%	−5.5%
	卫生	完成或部分完成改厕的村	58.8%	55.4%	−3.4%
	通信	电信设施：通电话的村	98.7%	93.1%	−5.6%
		宽带普及率：通宽带互联网的村	84.4%	37.1%	−47.3%
		有电子商务配送站点的村	15%	5%	−10%

表5-8 川西北地区区域乡镇公共服务设施概况

	公共服务设施类别		全省	川西北地区	川西北地区与全省平均水平的差距
教育、医疗与社会福利机构	医疗	有医疗卫生机构的乡镇	99.9%	99.3%	−0.6%
		有卫生室的村	85.4%	60.3%	−25.1%
	社会福利	有社会福利收养性单位的乡镇	56.6%	13.4%	−43.2%
		有本级政府创办的敬老院的乡镇	48.3%	7.7%	−40.6%
	教育	有幼儿园、托儿所的乡镇	93.6%	79.4%	−14.2%
		有幼儿园、托儿所的村	26.2%	17.1%	−9.1%
		有小学的乡镇	98.8%	96.3%	−2.5%

5.3.2 协调生态保护与人居空间的矛盾

川西北地区全域都为国家重要生态功能区,自然生态空间比例大,大量的乡村居民点零散分布在各类自然生态空间中。根据全域生态分区管控策略,各级生态分区对各类人类开发活动有不同的管控要求。针对乡村居民点与生态保护之间的矛盾冲突,基于生态分区管控策略,对不同分区的乡村居民点制定差异化的策略,作为村庄管控的底线要求。

1）生态调控区内的村庄

生态调控区是川西北地区内人类活动主要集中的区域,生态调控区内的村庄根据其区位的不同,也有不同的管控策略。对城镇集中发展区内的村庄应加强城乡融合,与区内城镇统筹发展,承担县城的辐射带动。鼓励和引导农牧业发展的现代化、特色化,鼓励特色农牧产品加工的发展。大力发展休闲农业和乡村旅游。加强与城镇之间的交通联系,完善村庄的基础设施、公共服务设施和旅游服务设施,优化村庄人居环境,保护和提升村庄的风貌特色,提升村庄宜居和宜旅水平。

对于生态调控区内的其他村庄,鼓励乡村城镇化,优化区内村庄布局,促进相对集聚；鼓励和引导农牧业发展的现代化、特色化发展；有条件的地区可以适度发展休闲农业、乡村旅游等,与周边环境的生态旅游统筹发展；切实推进牧民新村、美丽乡村、扶贫移民新村等的规划建设,完善农牧民定居点等村庄的基础设施和公共服务设施,优化村庄人居环境,保护和提升村庄的风貌特色,提升村庄宜居水平。

2）生态维育区内的村庄

生态维育区是生态重要功能区与人类活动集中区之间的过渡空间,原则上控制发展。对于生态维育区内的村庄应积极实施乡村城镇化策略,引导现状居民点逐步减量化发展,减少乡村人口和建设规模,保留与自然生态环境品质相适应的少量的乡村居民点,并推进村庄有机适度集中。改善优化村庄建设环境,提升生态化的水平,提高水源保障能力,推动太阳能等新型能源应用,通过采用低成本的小型生态化技术处理减少农村生活对环境的影响,在提升村庄宜居水平的同时保障村庄与自然环境的协调。禁止大规模的生产开发活动,在保持生态环境品质的情况下,允许农牧民进行一定规模的生产活动,但从类型、规模、空间等方面对乡村居民的农牧业等生产活动提出限制要求。

3）重要生态区内的村庄

重要生态区原则上以生态保护为主,对其内部的村庄,除了特色村庄之外,逐步推进居民点向附近县城和乡镇转移安置,靠近城镇集中发展区的尽量向城镇集中发展区内的城镇转移安置;在过渡期内根据生态区的保护要求,提高水源保障能力,推动太阳能等新型能源应用,通过采用低成本的小型生态化技术处理减少农村生活对环境的影响,保持生态功能不退化、生态品质不降低。除食源性耕地和牧草地外,禁止农牧业生产,通过生态补偿等政策保障居民生活要求。

4)核心生态区内的村庄

核心生态区是需要严格保护的生态空间,对核心生态区内的村庄,推进乡村居民搬迁转移,以向附近县城和乡镇搬迁安置为主,靠近城镇集中发展区的尽量向城镇集中发展区内的城镇转移安置。

5.3.3 乡村人居空间分类指引

1. 乡村人居空间分类的技术方法

川西北地区的乡村聚落分布主要受自然地理格局和农牧生产活动影响。从统筹生产生活的角度,以乡村生活空间为基础,一方面叠加其所处的生产空间分区;另一方面基于地形地貌、交通区位等空间性要素进行分类,从而识别乡村人居空间的差异性。考虑到乡村的生产空间分区是以县级单元的统计数据和宏观自然地理条件为主要依据,而生活空间的分类是以微观地理单元——乡村居民点宅基地图斑为分析基础,为了更准确地反映生活空间与生产方式的关系,利用生产空间在微观尺度下的分布情况,即叠加乡村居民点图斑周边的三调地类对生产空间分区进行修正。

通过叠加居民点图斑和生产空间分区可以发现,农牧业生产方式呈现出水平差异和垂直差异共存的特征,水平差异性体现在流域或山系分区,是影响农牧业生产方式的主要因素;而垂直差异性主要是受海拔和坡度的影响,主要是温度和光热条件的差异和农业基础设施的条件。同时海拔和坡度还决定了农业生产设施与生活设施的配置和维护难度,而与县城及重要乡镇之间的关系则决定了生活空间设施和服务的水平。因此,综合生产和生活的影响,以流域或山系分区、海拔与坡度、与县城及重要乡镇的距离形成人居空间分区分类的整合思路(图5-22)。

2. 乡村人居空间分类体系

1)基于农业生产方式的聚落分类

将农牧业生产空间八大分区进一步与三调农用地地类与乡村聚落斑块进行叠加

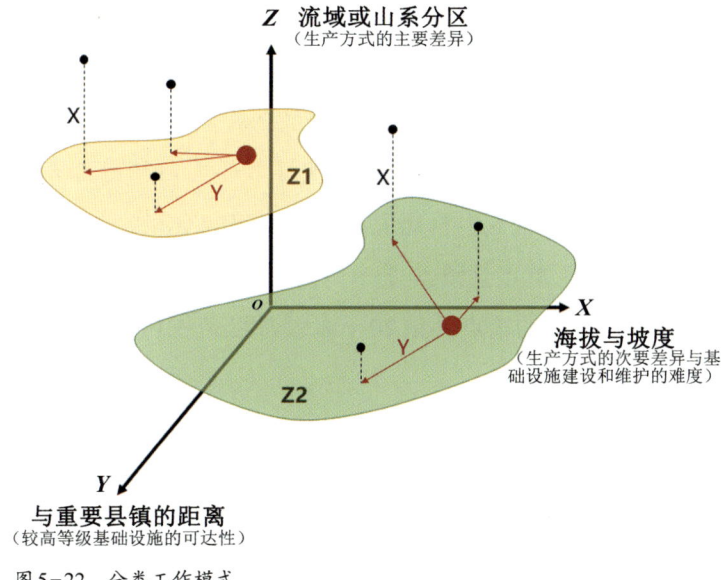

图 5-22 分类工作模式

后,全域乡村聚落可以整合为岷江流域及其他、大渡河流域、若尔盖盆地区域、大雪山与岷山山系区域、分水岭区域(邛崃山与沙鲁里山)以及高原台地区域六大片区(图 5-23,表 5-9)。

2)基于地形地貌的聚落分类

在高程层面,根据高程分布规律,可将乡村聚落归纳为三类:①低山聚落——海拔 2 000 米以下,聚落数量少,面积大;②中高山聚落——海拔 2 000~4 000 米,聚落数量多,面积中等;③极高山聚落——海拔 4 000 米以上,聚落数量少,面积小(表 5-10)。

在坡度层面,根据坡度分布规律,可进一步将乡村聚落归纳为三类:①平坦坡聚落——坡度小于 6°,聚落数量少,面积大;②中坡聚落——坡度 6°~25°,聚落数量多,面积中等;③陡坡聚落——坡度 25°以上,聚落数量少,面积小(表 5-11)。

在距离水源的临近度层面,根据分布规律,可将乡村聚落分为两类:①亲水聚落——距离水源 2 500 米以内,数量约占 60%;②远水聚落——距离水源 2 500 米以上,数量约占 40%。远水聚落的平均面积略小于亲水聚落的平均面积。

3）基于交通和区位的聚落分类

在交通区位方面，一是考虑聚落距离道路的距离，由于绝大多数聚落在道路500米范围内，距离道路距离大于500米的聚落数量不足5%，只需将乡村聚落归为临路聚落一类。二是考虑聚落到县城和重点镇的距离，选择常住人口超过万人的乡镇，以20千米范围为缓冲区，分析川西北地区乡村居民点与重点镇的空间关系。分析发现，大部分（62.16%）的农村聚落都位于重点县镇20千米以外。相对而言，38.84%的聚落位于面积占川西北地区总面积19.07%的重点县镇20千米缓冲区范围内，因此，农村聚落有一定的近城镇倾向。

距离县城及重要乡镇20千米范围内的农村聚落，一般可以在一日来回的时间条件下，就近使用重点县镇的设施。聚落面积上，近城镇与远城镇的聚落面积总体差异较小。近城镇聚落的平均面积稍大。因此，根据与县城及重要乡镇距离的分布规律，可进一步将乡村聚落归纳为两类（表5-12）。

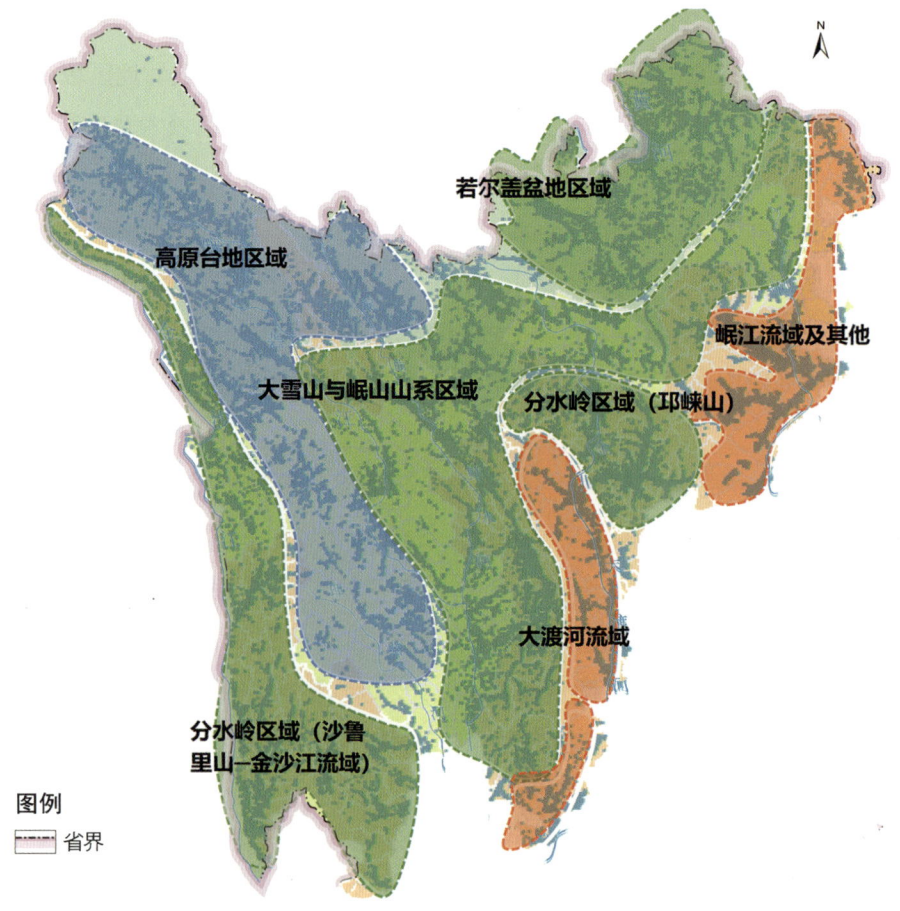

图5-23 农牧业生产的流域或山系分区示意图

表5-9 农牧业生产的流域或山系分区及特征

分区	特征
岷江流域及其他	农牧混合,主要为种植业、特色农业(果园)与基于人工牧草地的牧业
大渡河流域	农业主导,主要为种植业(水田、园地)与特色农业(果园、茶园),牧草地缺乏
若尔盖盆地区域	牧业主导,基本为基于天然牧草地的牧业,被沼泽地和宽广的河滩包围
大雪山与岷山山系区域	牧业与林业,天然牧草地与乔灌木林地相间分布,面积广阔。有零星农业用地
分水岭区域(邛崃山与沙鲁里山)	农牧混合,主要为种植业(水田、园地)与特色农业(果园、茶园),人工牧草与天然牧草面积相对较小
高原台地区域	牧业主导,主要为基于天然牧草地的牧业,以及少部分林业

表5-10 不同海拔条件下聚落平均面积与数量

聚落类别	海拔高度	规模特征	数量占比	平均面积(平方米)	总面积占比
低海拔聚落	低于2 000米	数量少,面积大	11.24%	2 682	14.31%
中高海拔聚落	2 000~4 000米	数量多,面积中等	80.17%	1 963	80.09%
极高海拔聚落	高于4 000米	数量少,面积小	8.59%	1 274	5.60%

表5-11 不同坡度条件下聚落平均面积与数量

聚落类别	坡度	规模特征	数量占比	平均面积(平方米)	总面积占比
缓坡聚落	坡度小于6°	数量少,面积大	16.93%	2 458	21.28%
中坡聚落	坡度6°~25°	数量多,面积中等	69.42%	1 917	69.46%
陡坡聚落	坡度大于25°	数量少,面积小	13.65%	1 241	9.25%

表5-12 与城镇不同距离的聚落的特征、面积与数量

聚落类别	地理特征	规模特征	数量占比	平均面积(平方米)	总面积占比
近城镇聚落	与重点城镇距离小于20千米	数量较多,面积中等	38.84%	2 147	39.50%
远城镇聚落	与重点城镇距离大于20千米	数量多,面积中等	62.16%	1 903	60.50%

4）综合分类

由于自然地理格局是影响川西北地区乡村聚落分布的基础因素，且相对于其他要素导致的差异，不同海拔之间的乡村聚落分布差异较大，因此综合分类以海拔为基础，将乡村聚落分为低海拔、中高海拔和高海拔三大类。在这三大类的基础上，再叠加其他因素形成二级分类。

低海拔（<2 000米）的聚落基本上位于川西北地区东部的高山深切峡谷地带，垂直地带分异性大于水平地带分异性。由于水热条件较好，因此生产以河谷农业为主导。平地缓坡基本位于河谷两岸的狭长地带，沿河向外坡度增大。整体上低海拔聚落可以分为低海拔中缓坡近城镇聚落、低海拔中缓坡远城镇聚落、低海拔陡坡聚落三类，在岷江流域和大渡河流域两个区域均有分布（表5-13）。

表5-13 低海拔聚落的分区分类

聚落类别	岷江流域及其他	大渡河流域
	生产方式：农牧混合。主要为种植业、特色农业（果园）与基于人工牧草地的牧业	生产方式：农业主导。主要为种植业（水田、园地）与特色农业（果园、茶园）
低海拔中缓坡近城镇聚落	生产方式：低于25°的中缓坡可以进行种植。大面积的人工牧草地。 取水条件：低海拔及缓坡度，取引水条件良好。可以就近使用城镇的水处理设施。 基础设施：水处理、环卫、通信、交通枢纽等基础设施可就近城镇使用	生产方式：低于25°的中缓坡可以进行种植。有川西北地区最密集的农田、水浇地等种植土地。 取水条件：低海拔及缓坡度，取引水条件良好。可以就近使用城镇的水处理设施。 基础设施：水处理、环卫、通信、交通枢纽等基础设施可就近城镇使用
低海拔中缓坡远城镇聚落	生产方式：低于25°的中缓坡可以进行种植。大面积的人工牧草地。 取水条件：低海拔及缓坡度，取引水条件良好。 基础设施：水处理、环卫、通信、交通节点等基础设施需要村镇自建自用	生产方式：低于25°的中缓坡可以进行种植。有川西北地区最密集的农田、水浇地等种植土地。 取水条件：低海拔及缓坡度，取引水条件良好。 基础设施：水处理、环卫、通信、交通节点等基础设施需要村镇自建自用
低海拔陡坡聚落	生产方式：由于大于25°陡坡无法进行种植，陡坡聚落大多靠近果园茶园。 取水条件：陡坡条件导致取引水设施建设存在困难。 基础设施：由于地形原因、交通、管道等设施的建设与维护存在困难	生产方式：由于大于25°陡坡无法进行种植，陡坡聚落大多靠近果园茶园。农田距离较远，可能存在"村田分离"情况。 取水条件：陡坡条件导致取引水设施建设存在困难。 基础设施：由于地形原因、交通、管道等设施的建设与维护存在困难

中高海拔(2 000~4 000米)聚落在全域范围内均有分布。涵盖了牧区、半农半牧区和农业主导区。主要的地貌特征包括高原河谷、高原台地、山原丘原等复杂种类地貌。垂直地带分异性与水平地带分异性共存。中高海拔缓坡聚落可以分三类：①若尔盖盆地区域，聚落逐水草而生；聚落密度低，分布零散，沿蜿蜒的高原河流分布。②分水岭区域，牧草地(人工/天然)与水浇地，农牧混合。③大雪山与岷山山系区域，山林环境，天然牧草地与林地为主，伴有零星农用地。中高海拔陡坡聚落可以分五类：①分水岭区域，牧草地(人工/天然)与水浇地，农牧混合。②大雪山与岷山山系区域，山林环境，天然牧草地与林地为主，伴有零星农用地。③岷江流域，农牧混合，陡坡聚落分布在河谷外缘的山坡上，底下是低海拔聚落。④大渡河流域，农业为主，中高海拔陡坡聚落散布在乔灌木林地。⑤其他零散分布聚落。总体上整合为中高海拔中缓坡近城镇聚落、中高海拔中缓坡远城镇聚落和中高海拔陡坡聚落三类，前两类在若尔盖盆地区域、邛崃山与沙鲁里山分水岭区域，以及大雪山与岷山山系区域都有分布，中高海拔陡坡聚落只在邛崃山与沙鲁里山分水岭区域、大雪山与岷山山系区域分布(表5-14)。

高海拔(>4 000米)聚落主要分布在川西北地区的中部与西北部(甘孜州)地区。涵盖了牧区、半农半牧区和农业主导区。主要的地貌特征包括高原平原、高原河谷、山原丘原等复杂种类地貌。同样，垂直地带分异性与水平地带分异性共存。高海拔的居民点主要分布在缓坡和中缓坡，陡坡很少，聚落平均面积最小。在空间上基本没有集聚倾向，在多类生产区零星分布。高海拔聚落主要分布在高原台地区域，牧业区聚落分布密集，沿着窄短密集的高原水系分布，周围天然牧草地范围连片且广阔，发展高原平原和宽谷上的牧业。其他还有一些零星分布，农业与半农牧区聚落零散，周围天然牧草地面积较小，且聚落周边无农业用地。进一步归并为极高海拔中缓坡近城镇聚落、极高海拔中缓坡远城镇聚落和极高海拔陡坡聚落三类，都分布在高原台地区域(表5-15)。

表5-14 中高海拔聚落的分区分类

聚落类别	若尔盖盆地区域	分水岭区域(邛崃山与沙鲁里山)	大雪山与岷山山系区域
	生产方式：牧业。基本为基于天然牧草地的牧业，被沼泽地和宽广的河滩包围	生产方式：农牧混合。主要为种植业(水田、园地)与特色农业(果园、茶园)，人工牧草与天然牧草面积相对较小	生产方式：牧业与林业。天然牧草地与乔灌木林地相间分布，面积广阔。有零星农业用地
中高海拔中缓坡近城镇聚落	生产方式：基本为高山平原和宽谷上的牧业。取水条件：中高海拔及缓坡度，取引水条件尚可。	生产方式：低于25°的中缓坡可以进行种植。有相对密集的农田、水浇地等种植土地。取水条件：中高海拔及缓坡度，	生产方式：高山山地牧业，以及林业、菌菇等特色农业。取水条件：中高海拔及缓

（续表）

中高海拔中缓坡近城镇聚落	可以就近使用城镇的水处理设施。 基础设施：水处理、环卫、通信、交通枢纽等基础设施可就近城镇使用	取引水条件尚可。可以就近使用城镇的水处理设施。 基础设施：水处理、环卫、通信、交通枢纽等基础设施可就近城镇使用	坡度，取引水条件尚可。可以就近使用城镇的水处理设施。 基础设施：水处理、环卫、通信、交通枢纽等基础设施可就近城镇使用
中高海拔中缓坡远城镇聚落	生产方式：基本为高山平原和宽谷上的牧业。 取水条件：中高海拔及缓坡度，取引水条件尚可。 基础设施：水处理、环卫、通信、交通节点等基础设施需要村镇自建自用	生产方式：低于25°的中缓坡可以进行种植。有相对密集的农田，水浇地等种植土地。 取水条件：中高海拔及缓坡度，取引水条件尚可。 基础设施：水处理、环卫、通信、交通节点等基础设施需要村镇自建自用	生产方式：高山山地牧业，以及林业、菌菇等特色农业。 取水条件：中高海拔及缓坡度，取引水条件尚可。 基础设施：水处理、环卫、通信、交通节点等基础设施需要村镇自建自用
中高海拔陡坡聚落	/	生产方式：由于大于25°陡坡无法进行种植，陡坡聚落大多靠近果园茶园（邛崃山）/高山牧草地（沙鲁里山）。 取水条件：陡坡条件导致取引水设施建设存在困难。 基础设施：由于地形原因、交通、管道等设施的建设与维护存在困难	生产方式：高山山地牧业，以及林业、菌菇等特色农业。 取水条件：陡坡条件导致取引水设施建设存在困难。 基础设施：由于地形原因、交通、管道等设施的建设与维护存在困难

表5-15 高海拔聚落的分区分类

聚落类别	高原台地区域
	生产方式：牧业主导。 主要为基于天然牧草地的牧业，以及林业（和菌菇）
极高海拔中缓坡近城镇聚落	生产方式：沿着窄短密集的高原水系分布，大面积的天然牧草地，基本为高山平原和宽谷上的牧业。 取水条件：取引水条件极差，渠道受冻蚀作用强烈。 基础设施：水处理、环卫、通信、交通枢纽等基础设施可就近城镇使用，比较分散
极高海拔中缓坡远城镇聚落	生产方式：大面积的天然牧草地，基本为高山平原和宽谷上的牧业。 取水条件：取引水条件极差，渠道受冻蚀作用强烈。 基础设施：水处理、环卫、通信、交通节点等基础设施需要村镇自建自用，比较分散
极高海拔陡坡聚落	生产方式：极高海拔的陡坡区域不适宜生产活动。 取水条件：取引水条件极差，渠道受冻蚀作用强烈，气候坡度不适宜管道建设和维护。 基础设施：由于地形原因、交通、管道等设施的建设与维护存在困难

3. 乡村人居空间分类指引

根据乡村居民点聚落的综合分类，根据其自然地理基础、生产生活条件等，对不同的乡村居民点提出分区分类差异化指引。

1）大渡河流域：低中海拔农业主导地区

大渡河流域低海拔中缓坡的村庄，生产生活基础条件较好。农业生产方面，有川西北地区最密集的农田、水浇地，农业生产适宜性相对较高。以自然生态保育、村集体生活就业保障为主，稳定农业生产结构，加强农用地综合整治，重点提升农田质量，优化农业生产条件，鼓励加强高标准农田建设；在保护耕地的基础上，积极推进农业生产的现代化和特色化。对于城镇周边的乡村居民点，加强与城镇的一体化发展，推进与城镇基础设施和公共服务设施方面的共享，积极推进人居环境品质改善，鼓励有条件的村庄依托区位和农业生产资源推进休闲农业、乡村旅游适度发展。对于远离城镇的聚落，积极推进城镇化，引导人口向乡镇、县城和有空间条件的大村集中，推进重点村的交通、基础设施和公共服务设施的完善，加强人居环境的整治提升。

大渡河流域低海拔陡坡和中高海拔陡坡的居民点，由于坡度的限制，农业以特色林果、茶园、药材种植为主。农田一般距离村落较远，"村田分离"的情况比较普遍。对于规模比较小的居民点引导和鼓励向县城、镇和低海拔缓坡村集中，进一步完善乡村居民点基本公共服务和日常生活所需的基础设施（如供水）的覆盖率，同时以保障居民基本生活为基本原则鼓励基础设施的自建自用。

2）岷江流域及其他：低中海拔农牧混合地区

岷江流域及其他片区的聚落大部分是农牧复合为主，对于牧业地区参考牧业管控的要求加强牧业空间的管控，做好传统牧业生产活动的垂直季节性迁移安排工作。对于低海拔中缓坡的村庄，同样鼓励与城镇基础设施和公共服务设施的一体化建设，以及向重点村庄的人口集聚。借助适宜良种示范推广、生态友好型农业等现代农业技术，适度扩大种植面积、提升零碎分布的农用地质量，提倡耕地资源利用的休养生息。对于低海拔和中高海拔陡坡的村庄，因地制宜发展茶叶、水果等特色农业，由于地形条件导致设施配置和维护难度较高，鼓励和引导陡坡聚落优先向城镇集中，根据保障居民基本生活需求的原则完善设施，以低成本、分布式、生态化、自建自用的设施为主。

3）若尔盖盆地区域：中高海拔牧业主导地区

若尔盖盆地区域聚落主要分布在中高海拔的中缓坡地区，以高山平原和宽谷上的牧业生产为主，参考牧业管控的要求加强牧业空间的管控。鼓励和引导牧业发展的现代化、特色化，鼓励特色农牧产品加工的发展，推进特色农牧业基地建设。长期探索构建牧民人居—畜牧生产—草地生态的系统协调耦合、有序运转的草地空间管理体系与牧业经营模式,协调畜草规模匹配矛盾,缓解草地生态服务功能压力。推进牧民定居行动计划,积极开展定居点整治行动,提升村庄人居建设水平与生活质量,避免村庄建设空间资源的闲置浪费。促进城乡一体化布局规划设计,实现城乡空间融合发展。

4）大雪山与岷山山系区域、邛崃山与沙鲁里山分水岭区域：中高海拔农牧混合地区

大雪山与岷山山系区域、邛崃山与沙鲁里山分水岭区域的聚落大部分是农牧复合区,主要分布在中高海拔区域,不同的是大雪山与岷山山系区域以天然牧草地和林地为主,邛崃山与沙鲁里山分水岭区域以水田和园地为主,兼有少量牧草地。对于牧业空间,参考牧业管控的要求加强管控,充分利用天然牧草地兴办家庭小牧场开发边远草地,稳步增加牲畜活动数量,道路、河流沿线适当控制放牧密度,中高海拔陡坡的聚落积极鼓励牧民定居和城镇化。利用中缓坡拥有相对密集的农田、水浇地等种植土地的良好农业生产条件,挖掘高山原宽谷农业种植优势,开展耕地资源集中提质工作。在中缓坡、陡坡的林地,陡坡的园地积极广泛地推进林果、菌菇、药材,以及果园茶园等特色农业的发展。结合城镇周边村庄的就地城镇化、生态移民引导人口集中的工作,在解决好耕地、水电、道路、通信等基础生存环境的基础上,深度融合传统农牧业与农副产品加工发展。

5）高原台地区域：高海拔牧业主导地区

高原台地区域的聚落沿着窄短密集的高原水系分布,拥有大面积的天然牧草地,以牧业生产为主,参考牧业管控的要求加强牧业空间的管控。高原台地聚落整体取水条件较差,需加强居民供水的保障。中高海拔中缓坡的居民点因地制宜发展特色林果、菌菇等特色农业。高原台地的极高海拔陡坡区域生产、生活的适宜性较差,不适宜人居,现状有零散的牧民居民点,积极引导牧民转移和定居,完善牧民定居点的设施和服务水平。通过易地扶贫搬迁、生态宜居搬迁、村庄集聚发展等方式实施村庄搬迁拆并与分类有序退出,对于规模较大的村庄实行土地整治盘活、环境保育、风貌优化等措施,建成宜居宜业的美丽草原居住地。

第6章

基于统筹协调的城镇化模式与城镇化空间格局优化

6.1 研究背景与研究内容

　　川西北地区地广人稀，整体城镇化水平偏低，城镇化动力不足。在新的发展背景下，如何高质量推进新型城镇化建设是川西北地区当前的重要任务。本章的研究基于川西北地区人口城镇化的现状特征，包括规模水平、变化趋势、空间分布格局、动力来源等，剖析川西北地区城镇化过程中的关键问题，制定相应的目标和对应问题与目标的解决方案，对人口与城镇化的规模进行预测，探索城镇化的动力转型机制与差异化路径，并引导优化人口分布与城镇发展的空间布局。在此基础上，由于川西北地区文化景观资源价值突出，文旅融合发展是推进川西北地区经济社会发展和城镇化的主要动力之一，本章还对川西北地区特色风貌保护格局和旅游的发展路径及空间布局优化进行了研究。

　　本章主要研究内容包括：①基于川西北地区人口与城镇化发展的现状特征与趋势，明确城镇化发展的突出问题。②基于多种情景预测川西北地区人口规模与城镇化率，判断未来城镇化的发展动力，并结合上位规划确定发展目标。③基于川西北地区整体开发保护格局、生态管控要求、灾害安全系数、空间开发潜力等，从城镇化动力与模式、人口分布引导、核心城市吸引力集聚提升等方面提出推进川西北地区新型城镇化进程的对策建议。④在文化景观价值评估的基础上，提出国土空间规划背景下构建与巩固特色风貌保护格局的城乡景观风貌优化策略。⑤旅游发展的现状及问题识别、空间潜力评估及旅游空间布局优化和服务体系优化建议。

6.2 人口变化趋势与城镇化模式引导

6.2.1 城镇化的现状特征与问题

1）地广人稀、少数民族人口聚居

　　川西北地区位于"胡焕庸线"以西，人口分布极为稀疏，每平方千米不足10人，大幅低于全省、全国平均水平（图6-1）。川西北地区是少数民族聚居区，区内少数民族人口占比高，甘孜州人口中藏族人口比重达到88%，阿坝州人口中藏族人口占比达66%、羌族占比达16%（图6-2）。

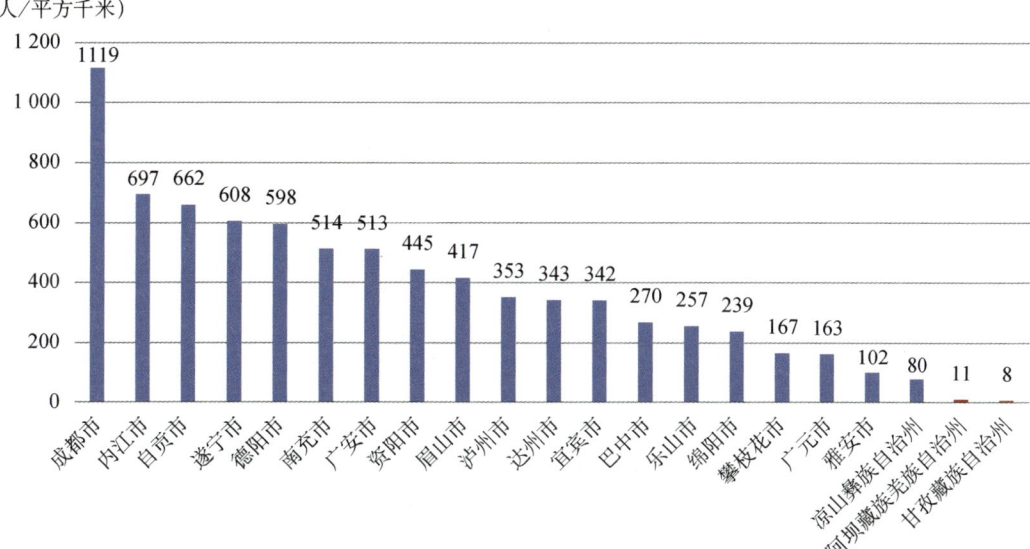

图6-1　2018年四川省各市(州)人口密度

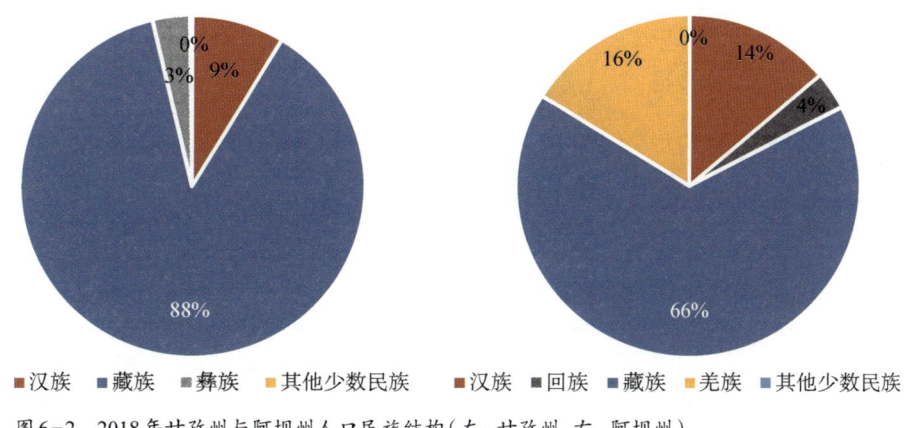

图6-2　2018年甘孜州与阿坝州人口民族结构(左:甘孜州,右:阿坝州)

2）人口结构年轻、存在增长压力

川西北地区人口结构年轻,和四川省其他市州相比,甘孜、阿坝两州0～14岁人口占比高,劳动年龄人口比重高、劳动力供应较为充足,老龄人口比重相对较低。较为年轻的人口年龄结构也使得川西北地区人口自然增长率相对较高,近年来自然增长率一直保持在6‰左右(图6-3)。

相对较高的人口自然增长率也使得川西北地区存在一定的人口增长压力,川西北地区的常住人口年均增速均高于全省和全国的年均增长速度。2000—2018年,川西北地区人口从174.5万人增长至214.0万人,年均增长11.4‰,年均增长2.2万人。同期甘孜

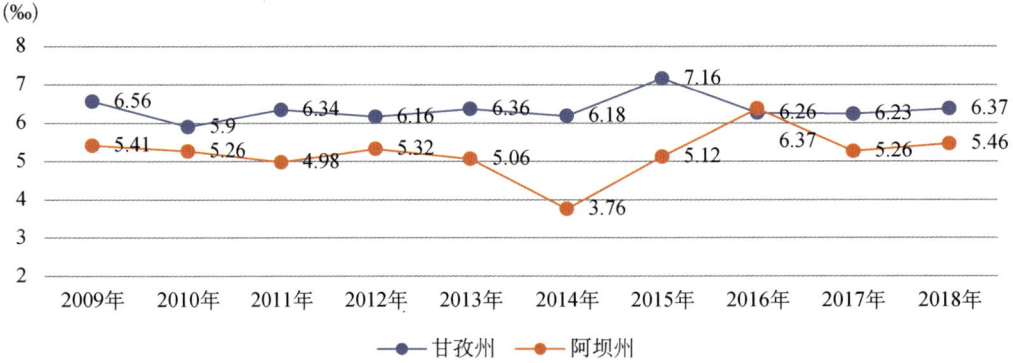

图6-3 甘孜州及阿坝州历年人口自然增长率

表6-1 川西北地区及甘孜州、阿坝州常住人口增长情况

	时段	期初（人）	期末（人）	年均增速	年均增量（人）
川西北地区	2000—2010年	174.5万	199.1万	13.3‰	2.5万
	2010—2018年	199.1万	214.0万	9.1‰	1.9万
甘孜州	2000—2010年	89.72万	109.19万	19.8‰	1.9万
	2010—2018年	109.19万	119.6万	11.4‰	1.3万
阿坝州	2000—2010年	84.75万	89.87万	5.9‰	0.51万
	2010—2018年	89.87万	94.4万	6.2‰	0.57万

表6-2 四川省和全国历年常住人口增长情况

	四川省		全国	
	年均增速	年均增长（人）	年均增速	年均增长（人）
2000—2010年	-2.4‰	-19.3万	5.7‰	13 409万
2010—2018年	4.6‰	37.4万	5.0‰	681万
2000—2018年	0.7‰	5.9万	5.4‰	711万

州从89.72万人增长至119.6万人，年均增速16.1‰，年均增长1.66万人；阿坝州从84.75万人增长至94.4万人，年均增速6.0‰，年均增长0.54万人（表6-1，表6-2）。

3）城镇化进程滞后、城镇化动力不足

受自然条件及社会经济发展水平限制，川西北地区城镇化进程较为滞后。两州城镇化水平较低，2018年甘孜州为31.6%、阿坝州为40%，均大幅低于四川省平均水平

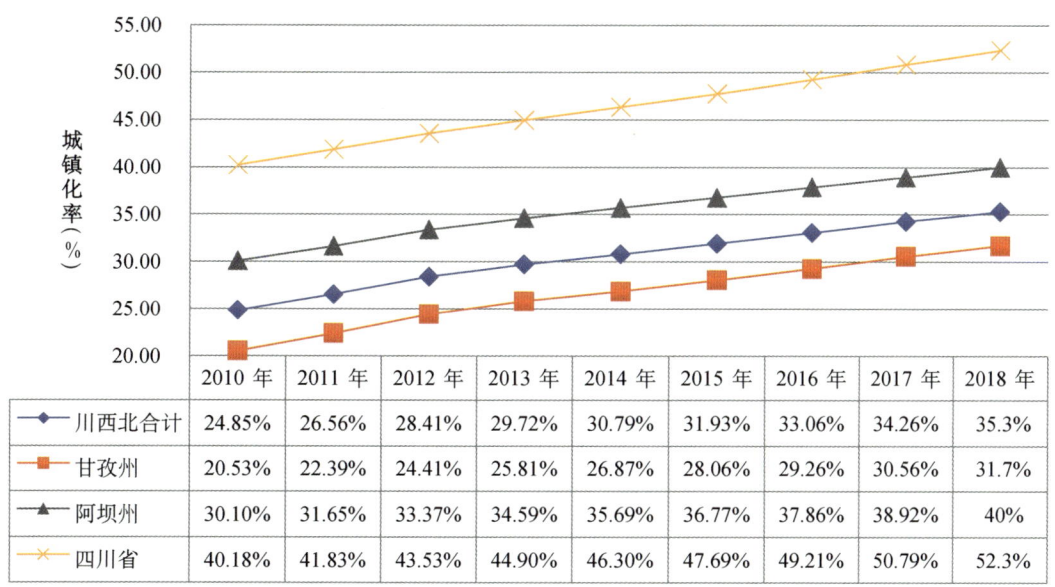

图6-4 川西北地区、四川省2011—2018年城镇化率变化

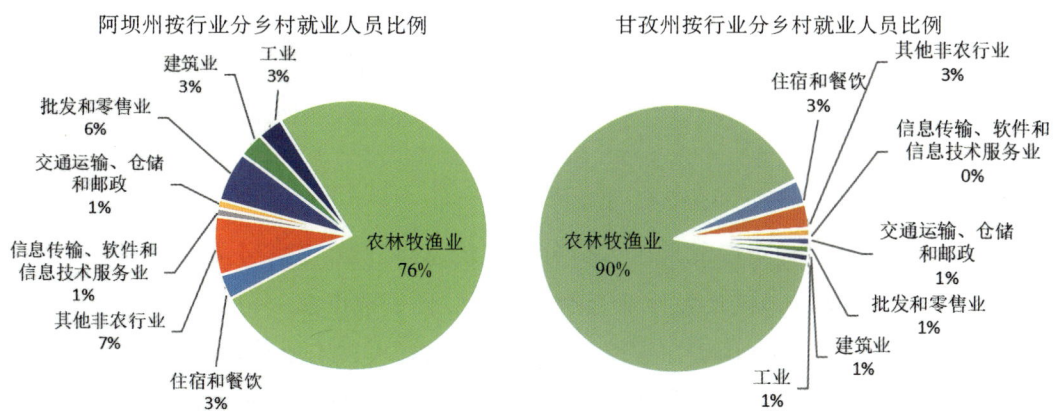

图6-5 2018年阿坝州乡村就业结构　　　　图6-6 2018年甘孜州乡村就业结构

(图6-4)。川西北地区城镇化动力不足,特色农牧业产品产量虽居全省前列但加工率低、旅游产业与城镇结合度偏低,非农产业发展乏力,农村居民城镇化难度较大。目前川西北地区仍有大量劳动力从事第一产业,甘孜州和阿坝州第一产业就业人口比重分别为71.6%、55.6%,分别位列四川省各市州第一和第二位。同时,在乡村就业人员中,阿坝州农林牧渔业就业人员占76%,其他从事建筑业、工业、批发零售业等非农产业;甘孜州农林牧渔业就业人员高达90%,乡村非农产业就业者仅占10%,乡村劳动力的非农化程度非常低(图6-5,图6-6)。

表6-3 《四川省城镇体系规划(2017—2030年)》川西北地区县市城镇等级规模

	阿坝州	甘孜州
5万—10万人	九寨沟、马尔康	康定
5万人以下	若尔盖、阿坝、红原、松潘、黑水、茂县、理县、汶川、小金、金川、壤塘	石渠、德格、色达、炉霍、甘孜、白玉、巴塘、得荣、乡城、稻城、九龙、泸定、雅江、丹巴、理塘、新龙

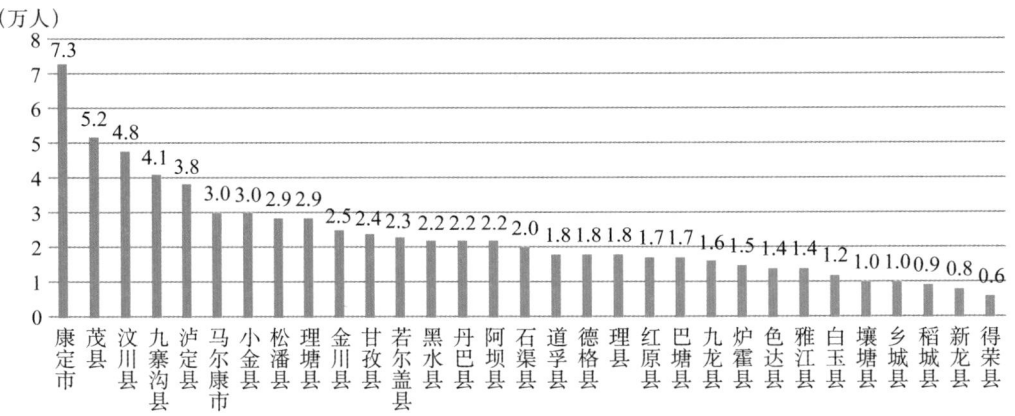

图6-7 2018年川西北地区各县城镇人口规模

4) 城镇承载能力不足,城镇小、散、弱

受地理环境影响,川西北地区人口分布呈现总体分散、集聚不足的特征,城镇规模小而分散。川西北地区的城乡聚落体系分为"县—重点镇——一般镇—村"四个等级。目前,阿坝、甘孜两州内人口规模最大的县城,城镇人口不超过10万人,因此在现实意义上,川西北地区的所有县城和镇区均属于小城镇范畴。在《四川省城镇体系规划(2017—2030年)》中,川西北地区各县市中心城区均规划为城镇人口10万人以下的"其他县城"级别(表6-3,图6-7)。

6.2.2 人口城镇化目标研判

1. 基本判断

川西北地区人口城镇化目标的确定应突出人口增长与资源环境承载能力相协调,城镇化发展与地区社会经济发展及城镇承载能力相匹配的基本原则。川西北地区生态敏感脆弱、人口承载能力在四川省五大片区中相对较差,规划逐步控制人口增速、引导人口向区外转移，缓解人口增长与资源环境紧约束之间的矛盾。人口分布引导方面，立足资源环境条件及社会经济发展潜力，川西北地区宜引导人口向重点城镇发展区集聚，充分发挥建设空间有余量、非农经济发展有潜力的部分县城及重点镇在城镇化进程中的作用，稳步推进城镇化，实现人口增长与资源环境承载能力相协调，城镇发展与产业集聚、乡村振兴协同，提升城镇化质量，走出一条城镇特色鲜明、乡村繁荣振兴的新型城镇化道路。

2. 目标研判

1）人口规模

本书在人口增长及城镇化率增长趋势外推的基础上，辅以对川西北地区资源环境承载能力的分析和未来社会经济发展对人口城镇化发展的影响，测算川西北地区人口规模和城镇化率。以人口历史增速为基准，设置规划期内人口增速的多个方案。虽然总体来看，川西北地区目前人口增长仍相对较快，人口年均增长率达到9.1‰，超过同期四川省4.5‰的平均水平，但鉴于该地区敏感脆弱的生态环境，从规划导向来看应对人口增长（主要是机械增长）进行一定的控制，引导人口向区外转移（表6-4）。

《四川省城镇体系规划（2017—2030年）》预测两州2030年总人口达到200万～230万人。突出人口增长目标与资源环境承载能力相协调，研究在省规划目标的基础上适当下调规划目标，规划拟定常住人口目标由2018年的214万增长至2035年的220万以内，常住人口占全省比重由目前的2.6%降低至2035年的2.5%，规划期内常住人口年均增长率下降至1.6‰。

2）城镇化率

目前川西北地区两州城镇化率不足40%，比全省平均水平低17%（2018年）。鉴于基数较低，预计规划期内与全省平均水平的差距会有一定程度的降低。在城镇化率年

表6-4 川西北地区及两州常住人口增长情况

年份	甘孜州		阿坝州		川西北地区	
	年均增速	年均增量（万人）	年均增速	年均增量（万人）	年均增速	年均增量（万人）
2000—2010年	19.8‰	1.9	5.9‰	0.51	13.3‰	2.5
2010—2018年	11.5‰	1.3	6.2‰	0.57	9.1‰	1.9
2019—2035年（规划预测）	2.1‰	0.3	1.0‰	0.10	1.0‰	0.4

表6-5　川西北地区及两州人口与城镇化目标判断

	常住人口（万人）		常住人口城镇化率	
	现状（2018年）	规划（2035年）	现状（2018年）	规划（2035年）
甘孜州	119.6	124	32%	51%
阿坝州	94.4	96	40%	60%
川西北地区合计	214	220	35%	50%～55%

表6-6　人口城镇化目标与全省平均水平的比较

	现状（2018年）	规划（2035年）
常住人口占全省比重	2.6%	2.5%
城镇化率与全省平均水平的差值	17%	20%

提高百分点历史数据趋势外推的基础上，从农牧业人口转移潜力及城镇经济社会承载能力两方面测算，预测川西北地区城镇化率至规划期末达到50%～55%，仍然低于全省平均水平，但与全省平均水平的差距将逐步降低（表6-5，表6-6）。

6.2.3　人口分布引导及城镇化的差异化路径

1. 总体思路

川西北地区地广人稀，居民点分布较散，人口分布引导和城镇化路径引导应突出与自然地理条件的契合，以及与川西北地区农牧民生产生活方式的匹配。研究显示，川西北地区居民点布局与地形地貌、居民生产方式以及城镇与乡村居民点之间的关系密切相关。根据以坡度为主的自然本底特征、农村居民生产方式、乡村居民点区位特征及设施配置条件，因地制宜引导形成不同类型的城镇化路径与模式，包括近城型乡村居民点的就地城镇化、散布型乡村居民点的适度干预就地集聚、陡坡型乡村居民点生产与居住分离的劳动力双栖型就地城镇化，以及放牧型乡村居民点的牧民定居（图6-8）。

2. 差异化路径

1）就地城镇化

中缓坡以从事种植业、特色林果及山地牧业为主且与城镇距离较近的乡村居民点，

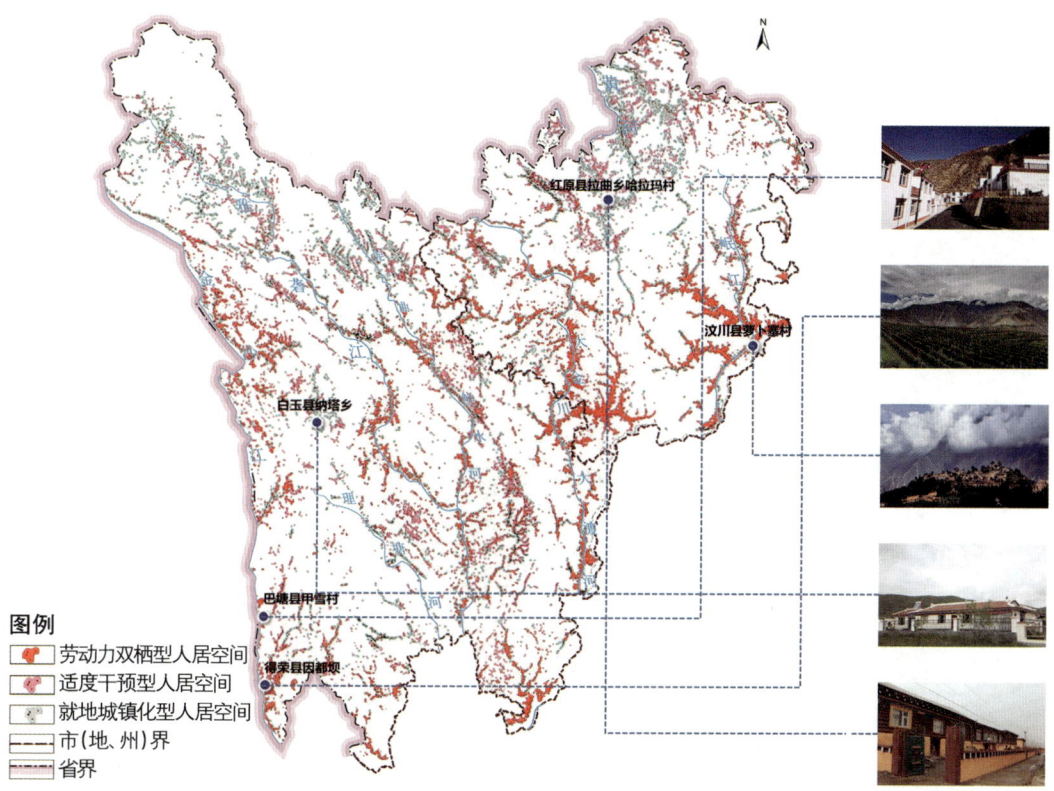

图6-8 不同类型城镇化模式人居空间分布示意图

生产条件良好且与城镇距离较近,可通过推动城镇基础设施向乡村延伸、城乡生活圈建设等手段,提高乡村地区基础设施和公共服务设施水平,促进城乡融合发展(图6-9)。

以巴塘县甲雪村地灾易地搬迁为例。该村离县城140千米,车程至少6个小时,土地贫瘠,地灾频繁。2016年8月,成都双流区援建力量为甲雪村和其他两个村启动整村易地搬迁,119户595名村民集体搬迁至巴塘县城附近。

2)适度干预就地集聚

中缓坡生产条件良好但与城镇距离较远的散布型乡村居民点,基础设施无法由城镇延伸而需居民点自建自用,因居民点分布分散导致设施建设成本较高。对该类居民点应通过适度的政策引导,引导散居乡村人口就近向规模较大、基础较好的居民点集聚(图6-10)。

以汶川县萝卜寨村为例。萝卜寨村素有"古羌遗都、云端村落"之称。2008年地震后,按照"原地重建,修旧如旧"的要求,全寨200多户居民搬进了新家。现已成为川西"精品旅游"的一张亮丽名片,主营车厘子产业,并衍生车厘子采摘体验等旅游项目系列,带动多种业态发展。

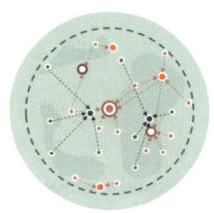

图6-9 就地城镇化模式示意

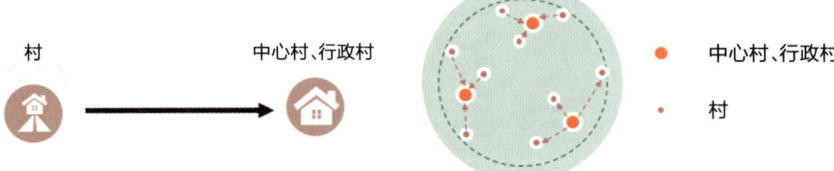

图6-10 适度干预就地集聚模式示意

图6-11 劳动力双栖型就地城镇化模式示意

图6-12 牧民定居模式示意

3) 劳动力双栖型就地城镇化

位于陡坡区域以林果业为主的乡村地区,自然条件导致取引水设施、道路建设与维护等存在困难。引导陡坡区域乡村居民集中居住于缓坡地区城镇。生产资料原址保留,通过合作社、现代化农庄等形式予以保障。以生产资料和人居空间分离的方式改善乡村居民生产、生活条件,促进城镇化发展(图6-11)。

以得荣县因都坝高半山搬迁为例。原村沟谷狭窄、山高坡陡、干旱少雨,传统种植广种薄收,生存条件恶劣。因都坝地势平缓,交通便利,水资源丰富,成为了移民的最终选址点。目前,已建成酿酒葡萄基地720亩,拓展了因都坝移民区群众的致富道路。

4）牧民定居

实施牧民定居工程,引导高海拔高原台地散居牧民至城镇或牧民定居点安居,采用暖季放牧、冷季舍饲的方式缓解生态压力,促进牧民增收(图6-12)。

以白玉县纳塔乡和红原县哈拉玛村为例。白玉县纳塔乡在2016年至2018年全乡107户易地搬迁户已全部入住,原住址已拆除进行复垦复绿。每个易地搬迁点都通水通电、安装广播电视和通信信号、建设硬化路,整个搬迁点村容村貌整洁卫生。2009年四川省开始实施四川藏区"三大民生工程",红原县哈拉玛村牧民生活条件明显改善,91 969户定居房基本建成,1 243个定居点和配套公共设施全面完成,10万顶新型帐篷及篷内设施全部发放给游牧民。

6.2.4 城镇空间格局优化与指引

1. 优化城镇功能体系,布局城镇集中发展区

综合考虑生态保护重要性、现状发展基础以及未来发展潜力,选择布局和构建八个城镇集中发展区,作为川西北地区城镇化发展的主要支撑,稳步推进川西北地区的城镇化发展。城镇集中发展区根据城镇功能的差异性,分为城镇功能主导型、旅游功能主导型,以及城镇功能和旅游发展复合型三类。

城镇功能主导型包括马尔康及周边、甘孜及周边、理塘及周边。城镇功能主导型城镇集中发展区主要强化县城中心职能和综合服务功能,提升教育、医疗、文化娱乐等公共服务配套水平和农牧业生产服务配套水平;完善内外交通网络,加强城镇之间以及与辐射范围内的村庄的联系,优化城镇集中发展区内的公共交通体系,强化区域交通节点的支撑能力;提升要素集聚功能,增加和周边县城的功能统筹和对周边乡镇的辐射带动,加强资源与空间的统筹以及服务与设施的共建共享。

旅游功能主导型包括稻城—亚丁—乡城、九寨沟—松潘。旅游发展型城镇集中发展区围绕自然保护区、历史文化古城、文化遗产等各类自然生态和人文资源的保护与利用,重点推进自然生态旅游、历史文化和民族文化等文化旅游以及沿线乡村旅游的发展,优化提升县城旅游服务设施建设与旅游服务能力,提升周边乡镇旅游接待能力,完善内外交通、基础设施和旅游服务设施体系;加强与云南、西藏的区域旅游的统筹发展,共同打造大区域旅游圈。

城镇功能和旅游发展复合型包括康定—泸定—甘孜新区、汶川—理县—茂县。城镇功能和旅游发展复合型城镇集中发展区积极推进各片区空间协同发展、旅游和特色农牧业之间的产业协同发展,优化片区的资源配置和城乡空间格局,有序引导中心城区的行政服务、公共服务和旅游服务等功能向新区疏解,控制生态廊道,避免城镇建设沿河谷和交通干线过度连绵蔓延。积极推进中心城区和新区与周边城镇的教育、医疗、养老、交通、市政等基础设施和公共服务设施的一体化发展,加强城镇之间以及与辐射范围内的村庄的联系。

2. 构建县城分类框架,引导城镇开发边界科学划定

首先,明确发展指标分配和人口引导向八个城镇集中发展区倾斜的基本原则。其次,构建由城镇建设安全系数和空间利用潜力两个维度交叉评估形成的县(市)城区分类框架,综合分析提出川西北地区县城分类发展指引,引导城镇开发边界的科学划定和用地指标的合理供给。

具体而言,城镇建设安全系数等级的评定综合考虑地灾、洪涝和地震风险三类灾害,判别现状洪涝、地震、地质等高风险区域,并通过赋予不同权重的综合风险模型综合叠加分析识别自然灾害高风险区,对各个县城进行低、中、高三类安全系数的评级。空间利用潜力评估基于城镇建设现状分析、建设适宜性评价、总体规划愿景等从空间供给和城乡发展潜力两方面综合考虑。综合以上因素形成县城分类发展指引,城镇建设用地指标向优势县市倾斜,形成增长型、调整型、重构型、提升型等不同的城镇化策略地区(图6-13)。发挥比较优势,潜力相对高、约束相对小的地区要承担更多的发展任务,成为承载国土开发活动的主要地区。

增长型县城均分布在城镇集中发展区内,受生态和地形约束小,安全系数较高,发展动力足且空间利用潜力大,引导人口向这类地区集中,空间增量拓展支撑要素集聚。这类县市的城镇开发边界划定中建议适度增量发展、适度提高弹性发展区比例。增长型县市包括马尔康、稻城、甘孜、理塘、松潘和阿坝。

重构型县城也均分布在城镇集中发展区内,发展动力足但空间利用潜力小,受生态和地形约束大,可保持人口的适度增长,在微增量基础上以存量优化更新、提升空间品质为主、适度提高弹性发展区比例,同时安全系数较低的区域要加强安全措施的防护。重构型县市包括康定(城区)、泸定、乡城、汶川、理县、若尔盖、红原和九寨沟。

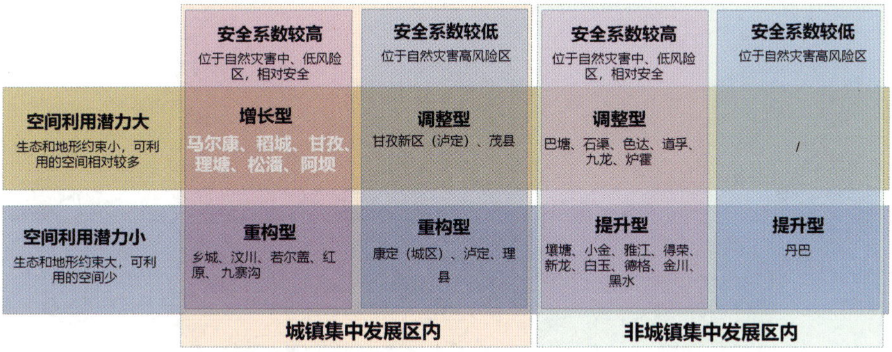

	安全系数较高 位于自然灾害中、低风险区，相对安全	安全系数较低 位于自然灾害高风险区	安全系数较高 位于自然灾害中、低风险区，相对安全	安全系数较低 位于自然灾害高风险区
空间利用潜力大 生态和地形约束小，可利用的空间相对较多	增长型 马尔康、稻城、甘孜、理塘、松潘、阿坝	调整型 甘孜新区（泸定）、茂县	调整型 巴塘、石渠、色达、道孚、九龙、炉霍	/
空间利用潜力小 生态和地形约束大，可利用的空间少	重构型 乡城、汶川、若尔盖、红原、九寨沟	重构型 康定（城区）、泸定、理县	提升型 壤塘、小金、雅江、得荣、新龙、白玉、德格、金川、黑水	提升型 丹巴
	城镇集中发展区内		非城镇集中发展区内	

图6-13 基于综合安全系数与空间利用潜力的县城分类指引

调整型县城发展动力不足，但空间利用潜力大，建议生态搬迁和安全搬迁主要向这类县市中安全系数较高的区域集中，在存量基础上考虑微增量发展，优化空间品质，同时安全系数较低的区域要加强安全措施的防护。调整型县市包括甘孜新区（泸定）、茂县、巴塘、石渠、色达、道孚、九龙和炉霍。

提升型县城均分布在非城镇集中发展区内，发展动力不足且空间利用潜力小，应控制人口导入，总体上以存量发展为基础、提升空间品质。提升型县市包括壤塘、小金、丹巴、雅江、得荣、新龙、白玉、德格、金川和黑水。

6.3 城乡风貌体系与引导策略

6.3.1 风貌体系格局

川西北地区城乡聚落风貌的特色与差异性更多地体现出该地区民族、宗教文化的分布规律与传播和影响的空间逻辑。根据对川西北地区全域地域文化风貌的划分，以及文化景观价值评估的空间结果分析，全域聚落风貌可总结为"七区、三廊道"的总体格局。

1. 特色风貌分区

由于山脉与河谷对区域地貌的切割作用，川西北地区民族以大分散、小聚集的形式分布，形成了不同的"板块"，各个不同的文化板块一直在相互影响过程中融合与分异。按照主导民族和宗教文化的影响范围，川西北地区可划分为七个文化风貌区（图6-14），分别为：格萨尔文化风貌区（图6-15）、香格里拉文化风貌区（图6-16）、木雅文化风貌区（图6-17）、嘉绒文化风貌区、安多文化风貌区、白马文化风貌区、羌文化风貌区。

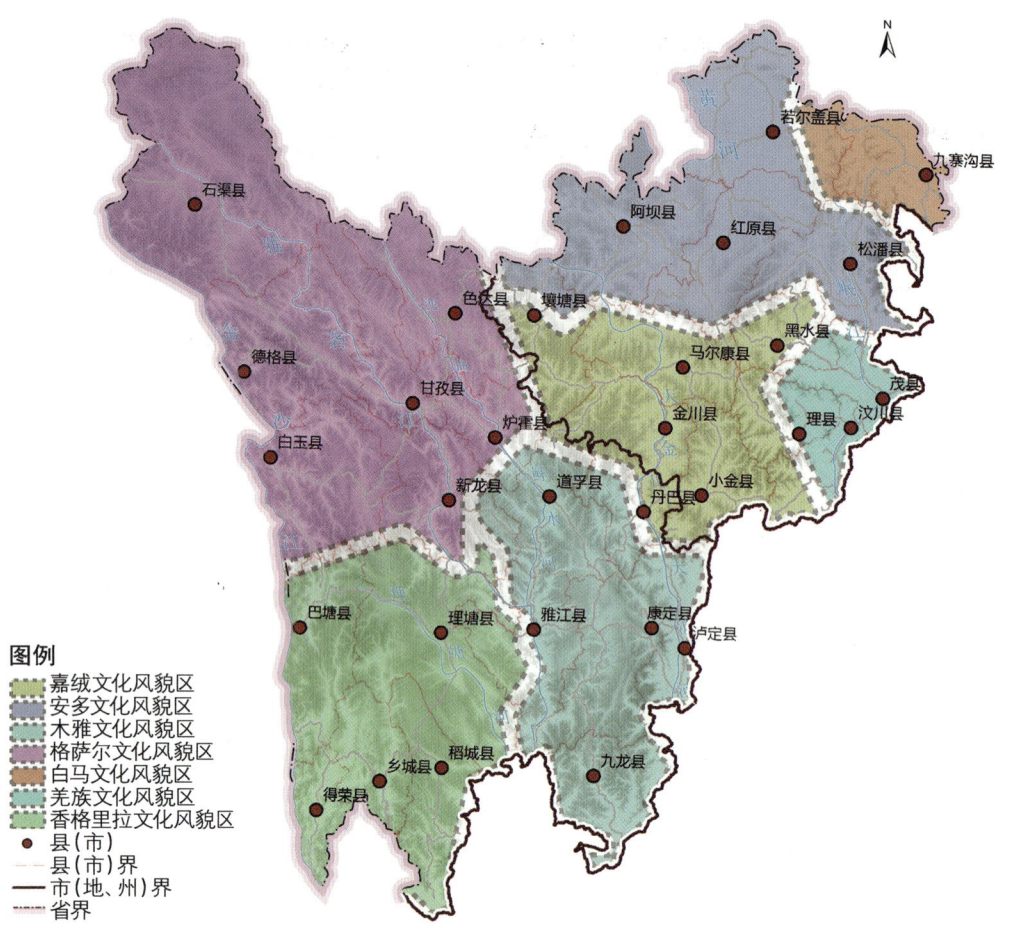

图 6-14 城乡聚落特色风貌分布示意图

格萨尔文化起源于草原文明,格萨尔文化景观区的典型民居的形态比较自由,建筑外立面多体现当地材料特性,体现出自然、单纯的游牧民族特征。以德格县民居为例,德格县红、黄、白、花、黑五教共存,还有格萨尔王等民间文化,具有典型的藏文化特性。

香格里拉文化景观区是吐蕃文化和佛学东进最早的地区,除了受到藏传佛教的深刻影响外,还受到纳西族、羌族、汉族等多种文化的影响。由于该地区海拔和气候适宜农业发展,形成了较为发达的农耕文明,被称为"塞外江南"。圣洁的雪山、草地、森林和湖泊,金黄色的稻田等景观元素,使其具有香巴拉传说中的仙境之美。稻城—亚丁是香巴拉文化圈的重点片区,稻城的民居属于南路康巴藏族建筑风格,最为典型的代表为"石碉楼",特色各异、功能丰富的藏式民居与院落形成了令人向往的多样空间,凸显了稻城典型的地域和民族特色。

图6-15 格萨尔文化景观区风貌(石渠)(傅鼎摄影)

图6-16 香格里拉文化景观区风貌(稻城)(陈小羊摄影)

图6-17 木雅文化景观区风貌(道孚)(傅鼎摄影)

木雅文化景观区的藏族民居建筑风貌特征明显受汉文化和相应的建筑技术的影响,该地区城乡景观的建筑群落中,除了传统藏式民居的"一"字和"L"形布局外,还存在一定比例的小青瓦、坡屋顶、穿斗结构和"合院"式布局。在折多山以东靠近成都平原的局部地区,如泸定县,由于历史原因形成汉族聚居区,其建筑风貌主要体现了汉族川西民居风貌特色。木雅文化景观区区别于其他文化风貌区的最主要特点体现在以代表儒家理念的合院制平面空间布局,穿斗式木构架、小青瓦,轻盈的门窗木雕工艺也体现出该地区独特的人文景观风貌。

嘉绒文化景观区位于藏羌走廊上,经历长时间与羌族的文化交流和演进过程,嘉绒藏区多建高碉,崇拜白石、崇信苯教,人居聚落风貌充满藏羌风情。民居多数依山就势建设,没有固定的朝向。材料多选用本地的灰岩片石、黄土及木材作为建筑材料,结合高超的建筑技艺,形成了独具地域特色的石砌民居。

安多文化景观区是传统的藏族牧区,该区域民居一般为两层或三层的土木结构建筑,建筑向上收分,建筑外墙厚实,防寒保暖,窗洞较小,适用于地域高原的寒冷气候。屋顶采用平坡结合的形式,民居都有独立院落,以便畜群的管理。除了固定的永久建筑,白色帐房也是安多文化亚区中牧民在游牧过程中的主要居住形式。

白马文化景观区主要分布在高寒山区河谷地带,房屋依山而建,一寨一村,因为崇尚自然、对自然山川顶礼膜拜,建筑景观风貌以石木材质为主,自然古朴,与自然环境融为一体。

羌文化景观区中,羌族人居聚落的布局和建设也充分考虑农业生产,由于山地地区空间狭小,羌族聚落建筑都是与地形结合,依山而建,将平坦空间留作耕种,同时建筑之间的边角空地也几乎都被羌人加以利用,成为房前屋后的菜园、果园,由此形成了空间丰富、层次感强烈,形态优美自然的羌族聚落,具有独特的文化和美学价值。并且,由于羌人营建聚落特别注重防御,因而形成了特殊的建筑形态——碉楼。整个聚落建筑构成一个高密度、窄街巷空间,在聚落建筑竖向联系上又通过过街楼和屋顶交通空间进行连接,形成了羌寨特有的空间特色。

2. 文化景观廊道

从更广阔的文化空间来看,川西北地区所处的文化地理位置具有鲜明的过渡性,是平原文明与高原文明、农耕民族与游牧民族、汉文化与藏文化的过渡地区。众多的文化要素在川西北地区汇聚和融合。从多种文化在相互传播和影响的空间特征角度分析,川西北地区可归纳出三种具有差异化景观风貌类型特征的文化传播走廊,即文化景观

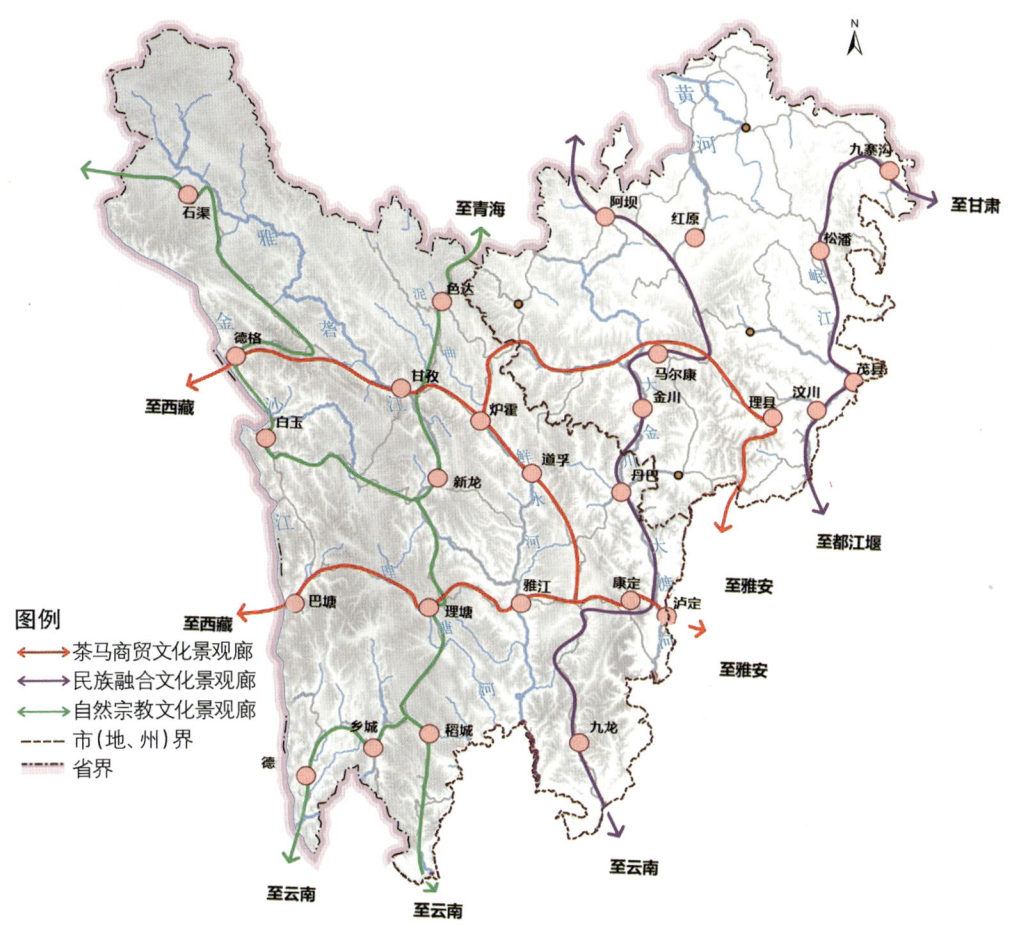

图6-18 川西北地区文化景观廊道示意图

廊道,包括茶马商贸文化景观廊道、民族融合文化景观廊道和自然宗教文化景观廊道(图6-18)。

茶马商贸文化景观廊道以传统的"茶马古道"线路为基础,形成了"南路"和"北路"两条走廊,东西向横穿川西北地区,连接四川盆地与青藏高原。该走廊是传统茶马贸易的重要通道,也是藏汉文化传播的通道。该文化景观廊道的特征有两方面。一方面,茶马贸易促成了商贸节点聚落的兴起,带动了如康定、甘孜、德格、巴塘这样的茶马贸易十分重要的中心枢纽城镇,以及走廊沿线数目庞大的村寨景观。另一方面,汉文化和汉族民居的风貌和建造工艺也随着茶马贸易的活跃逐渐向西传播,以至于在靠近西藏的巴塘县形成了具有川西文化特点的商业街巷和建筑细节。此外,沿着"德格—炉霍—道孚—康定—泸定"一线对民居风貌特征进行分析也会发现,民居建筑中的坡屋顶逐渐增多,建筑装饰和工艺更加细腻,这也是沿文化景观廊由西向东藏文化影响力逐渐减弱、汉文化影响力逐步增强的表现。

民族融合文化景观廊道是历史上羌族、彝族向南迁徙,逐渐与当地藏族、汉族交流、同化的线性空间,包括两条南北向的民族融合文化景观廊。东线经过"九寨沟县—松潘县—茂县—汶川县",该走廊由于位于川西北地区边缘,沿线较完整地保留了羌族的文化景观特征。西线经过"马尔康—丹巴—康定—九龙",明显受到了藏文化的影响,沿线形成了藏羌风格浓郁的嘉绒藏族高碉建筑,在九龙地区则形成了藏、羌、彝杂居的聚落风貌。

自然宗教文化景观廊道主要位于金沙江流域,呈南北走向,串联石渠、德格、白玉、甘孜、理塘、乡城、稻城等宗教文化和自然资源密集地带。该地带由于靠近卫藏地区,受到更多的藏传佛教文化影响;同时由于金沙江对沿岸的强烈切割作用,在狭小的带状区域中形成剧烈的海拔高差,形成了更加鲜明的自然景观特征。沿途的著名的宗教文化景观有:色达的五明佛学院、白玉的嘎托寺(红教最大朝拜圣地)、理塘长青春科尔寺(黄教最大的寺庙)、乡城噶丹·桑披罗布岭寺(康巴藏区规模最宏大,雕刻和绘画艺术集大成者)、德格的印经院(素有藏文化大百科全书),等等;沿途自然景观有:长沙贡玛国家级自然保护区、下拥自然保护区、毛垭大草原、亚丁风景区等一系列自然景观资源。

3. 景观风貌展示体系

依托城乡自然人文景观和聚落风貌的格局,川西北地区形成"三线、四区、多节点"的魅力景观风貌展示体系。"三线"即三条魅力景观风貌展示线路,沿线路展示川西北地区自然人文特色景观风貌。按照沿线景观特征的差异性,线路可划分为茶马商贸文化、藏羌民族文化和高原山水景观三段不同主题。"四区"即茶马商贸文化、藏羌民族文化、藏文化和草原文化、香格里拉自然人文风景四个主题展示区,由展示线路串联。"多节点"指多个景观风貌展示节点,展示线路沿途经过的景观价值总和评价较高、自然人文景观和城乡风貌突出的重点(市)县。根据城镇景观价值特征的差异,节点分为文化历史、聚落景观、综合景观、驿站服务四个类型(图6-19)。

6.3.2 景观风貌引导策略

1. 以重点景观市县为抓手,塑造城乡聚落风貌特色

以18个重点风貌县(市)为抓手,根据文化景观和聚落景观特征和侧重要素,对重点县(市)风貌进行引导(图6-20)。

第6章 基于统筹协调的城镇化模式与城镇化空间格局优化 | 207

图6-19 川西北地区魅力景观风貌展示体系示意图

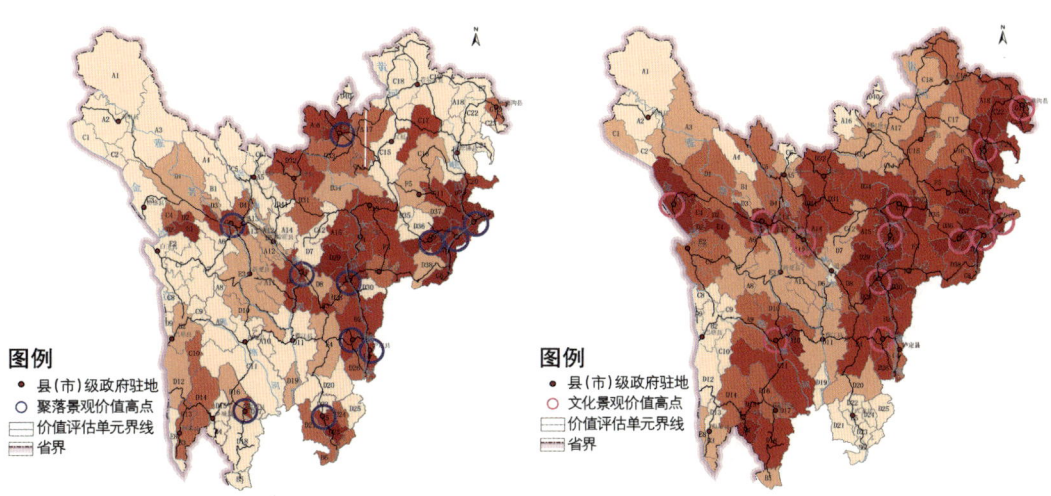

图6-20 聚落景观和文化景观价值高点分析

根据对聚落景观价值和文化景观价值的评估分析,将聚落和文化景观价值相对区域周边的高点对应的空间落实到市、县的空间节点,最终可将18个城乡聚落景观较突出的重点县(市),按照景观价值的类型划分如表6-7所示。

通过重点景观县(市)的景观风貌提升,塑造"泸—康—丹—金—马""汶—理—茂""甘—炉—道"三个聚落景观集中区,集中体现川西北地区城乡聚落景观风貌特色。

2. 以文化风貌分区为参考,引导全域多元有序建设

以7个文化风貌分区进行管控,引导全域城乡建设多元而有序,突出"自然主导、聚落点缀,地形地貌变化明显和藏羌民族特色风情浓厚"的全域风貌特色。按照文化风貌分区的划分,川西北地区典型城乡聚落风貌引导如表6-8所示。

由于川西北地区民族、文化分布和自然条件的多样性和复杂性,城乡建筑风貌在同一个文化风貌区内,为了适应地形地貌、生产方式以及自然环境差异的自发性活动,也会导致城乡景观风貌在区域整体性下呈现一些差异性。在进行城乡风貌引导、城市设计和建筑设计的具体研究时,需要在参考风貌整体性引导策略的基础上,结合对当地地形地貌、生产方式等具体情况综合研究和具体分析。

表6-7 重点景观县(市)风貌引导

类型	县(市)	特色定位	历史文化要素保护	城乡风貌结构梳理	城市天际线	城乡特色空间	建筑风格	周边自然环境整治与保护	周边历史环境梳理	配套设施齐全	交通便利性
聚落景观类	阿坝县、道孚县、泸定县、稻城县、九龙县	●	○	●	●	●	●	●	○	●	●
文化景观类	马尔康市、九寨沟县、松潘县、金川县、炉霍县、德格县、理塘县	●	●	○	●	●	●	○	●	○	○
聚落+文化景观类	康定市、丹巴县、甘孜县、茂县、汶川县、理县	●	●	●	●	●	●	●	●	●	●

非常重要● 一般重要○

表6-8 城乡聚落风貌引导

文化景观分区	建筑主体形态	传统材料	主体色调	重要装饰	风貌特色
格萨尔文化景观区	2～3层、平屋顶	黄土、木	土黄(夯土本色)、红、白、黑	门窗洞口用"巴酥块"装饰,窗框、门框涂有白色或黑色梯形窗套,在门窗洞上做小雨篷,起到防雨防晒和装饰作用	朴素自然、粗犷豪放、敦实厚重
香格里拉文化景观区	2～3层、平屋顶	毛石、黄土、木	冷灰(毛石本色)、白、黑	门窗、檐部为装饰重点,多用黑色巴酥,造型质朴雄壮,装饰洗练	以"石碉楼""白藏房"为特色,建筑形态虚实对比,空间变化丰富
木雅文化景观区	2～4层、平屋顶+坡屋顶	毛石、片石、土、木	红、黑、白、冷灰(毛石本色)	门框、窗框牛角形状的白色外框;穿斗式木架构,门窗木雕工艺(汉文化区)	受汉文化影响,建筑装饰手法更加细腻,建筑空间更加开放
嘉绒文化景观区	3～5层、平屋顶	灰岩片石、黄土及木材	白、朱红、黑、黄	窗套多为朱红色与黑色相间,花窗上多为绚丽的藏式彩画;屋顶多用白石装饰,屋角有象征雪山的白色"班爪"	建筑色彩明快,形体没有过多的凹凸变化,体现石砌建筑线条硬朗的风格
安多文化景观区	2～3层、平坡结合	黄土、木	土黄(夯土本色)、白、黑	一般以木格图案和彩绘作为门窗的主要装饰手法,有些民居的小窗周围的墙上会学习当地藏传佛教建筑的样式绘有黑色边框,呈现为上小下大的梯形	建筑形体自然而厚重,轮廓表现出强烈的力量感
白马文化景观区	2～3层、坡屋顶	木材、土、石板、小青瓦	冷灰(石材本色)、白、褐色(木材本色)、深灰色(小青瓦)	建筑晒台上多悬挂五彩经幡,屋顶也插有经幡,建筑屋檐、露台下多悬挂装饰	崇尚天人合一,自然古朴,与自然环境有机融为一体
羌文化景观区	3～5层、平屋顶	石材、木材	冷灰(石材本色)、黄、白	门窗细部的花窗、入口的垂花门等装饰物、白石崇拜、石敢当	防御性强,碉楼作为视觉焦点,建筑群体布局密集,形成街巷空间和立体交通

表6-9 文化景观廊道表

类型	主题定位	风貌定位	重点展示内容	涉及县(市)
茶马商贸文化景观廊	东西汉藏贸易的通道	汉藏交流、活力开放	城乡聚落的开放性，沿途商业活动历史景观、茶马商贸活动遗址、藏汉文化交融的空间过程	理县、马尔康、金川、丹巴、康定、泸定、雅江、道孚、炉霍、甘孜、德格、理塘、巴塘
民族融合文化景观廊	南北民族交融的纽带	多元文化、兼容并蓄	民族迁徙的历史遗迹，藏羌彝民族文化建筑、特色碉楼建筑，民族风情习俗，牧业生产景观、农业生产景观	九寨沟、松潘、茂县、汶川、阿坝、红原、马尔康、金川、丹巴、康定、九龙
自然宗教文化景观廊	天人合一理念的载体	神秘圣洁、天人合一	宗教文化景观、宗教建筑、自然保护区、风景名胜区、高海拔草原景观	石渠、德格、色达、白玉、新龙、甘孜、理塘、稻城、乡城、得荣

3. 以文化景观廊道为线索，凝聚文化认同

以三类文化景观廊道为线索，彰显地区纽带特性，按照不同的主题和风貌定位分类梳理沿线自然和人文景观要素。

以茶马商贸文化景观廊道、民族融合文化景观廊道、自然宗教文化景观廊道的不同主题，引导沿线自然和城乡聚落景观的组织和优化，结合城镇、景区节点设置旅游服务设施和文化服务设施；重点地段道路断面进行提升和优化；结合旅游规划，整合文化景观廊道与旅游线路、文化线路、骑行绿道建设，形成文道、绿道和风景道（表6-9）。

6.4 旅游发展与空间布局优化

6.4.1 现状特征与问题

1. 旅游资源类型质优多样，但空间分布不均

川西北地区旅游资源类型多样、文化底蕴深厚，既有雪山森林、草原湿地、大河峡谷、原始森林、冰川温泉等气势恢宏的自然景观，又有宗教寺庙、藏羌风情、红色遗址等人文景观，不仅是全国重点红色旅游区之一，同时还有九寨沟、黄龙、大熊猫栖息地等著名世界自然遗产。但从空间分布来看，各类景观资源分布不平衡，规模较大的景区大多分布在川西北东部地区。

2. 旅游业产值逐年递增,惠民功能显著但发展较为滞后

从旅游资源开发来看,川西北地区资源优势度和增长率较高,惠民功能显著,但旅游经济水平较低,具有很大的开发潜力。

川西北地区旅游对当地经济和就业的综合贡献度较高。2018年旅游总收入占GDP的比重为65.39%,相比2008年(15.15%)增加了50%。旅游业对区域GDP的贡献率超过8%(其中旅游业对阿坝州GDP的贡献率上涨超过47%),逐步成为全州的支柱性产业(图6-21)。2019年,川西北地区接待旅游人次6 441.7万,占全省8.58%。

川西北地区旅游业惠民功能显著,直接和间接解决川西北地区一半以上人口的就业,成为农牧民增收的重要路径。以阿坝州为例,2006—2016年间,旅游接待总人次和旅游总收入增长近6倍。2016年,阿坝州接待游客3 761.5万人次,约为州常住人口(93.46万人)的40倍,全州旅游从业人数7.4万。据阿坝州旅发委估算,旅游业带动农牧民增收约2 000元,约占2016年阿坝州农村居民可支配收入的20%,全市乡村旅游收入11.5亿元,带动贫困群众户均增收近2 000元。

然而,相对而言,川西北地区整体经济发展较为滞后,全区面积占省域总面积的41.6%,但GDP却只占全省的1.6%。全区旅游发展水平在全省而言也处于相对落后的水平。同时,区内两州之间旅游发展发展不平衡,甘孜州旅游业发展较晚,受制于旅游产品开发及交通配套等因素,旅游资源优势尚未充分转换,导致居民收入差距拉大(表6-10)。景区体系不合理,各级景区在全省的数量占比呈倒三角分布,即5A级旅游

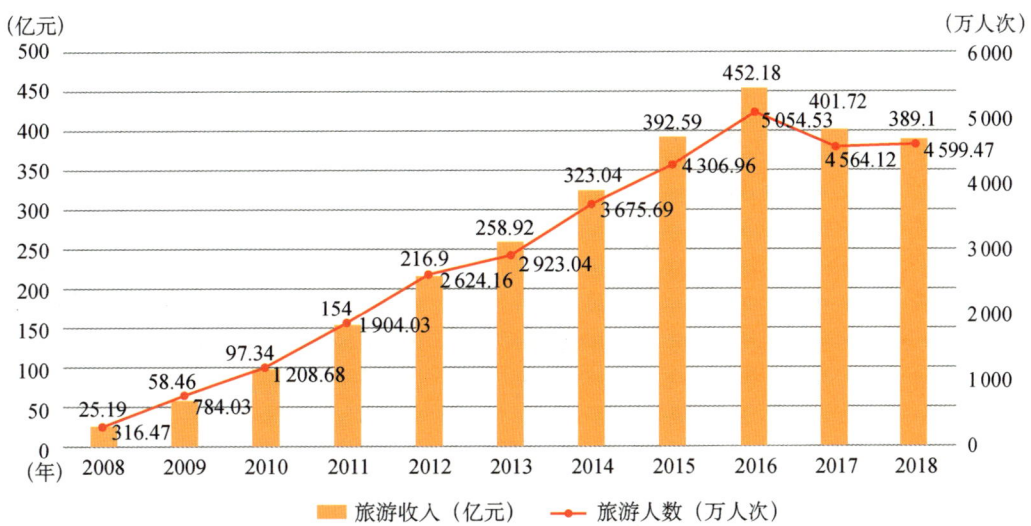

图6-21 2008—2018年川西北地区旅游接待总人次与旅游总收入变化图

景区占全省比达30.77%,4A级景区占全省比重仅为18.81%,并且4A级及以下级别景区发展滞后,同类低端基础服务设施过多,适应不同层次游客需求的设施少,与旅游业相关的服务,如游客咨询、住宿接待、餐饮、购物、娱乐、金融等,产业规模小,服务功能弱,没有形成为旅游者服务的产业集群,未能发挥旅游及相关产业的集群效应。

3. 存在发展机遇,但旅游资源未实现高效转换

"一带一路"、成渝地区双城经济圈建设等宏观战略的落实,以及川藏铁路、成兰铁路等重大交通项目的建设,大大提升了川西北地区旅游业的发展环境,为川西北地区旅游的发展带来了新的机遇。但当前川西北地区的旅游优势资源有效转化不足,其原因主要包括三个方面。

一是资源环境强约束的影响。川西北地区生态环境脆弱,生态保护压力大,适宜开发空间占比偏低,限制了部分旅游项目开发和旅游设施配套项目落地。此外,川西北地区旅游受到气候及地质灾害等因素的影响,区域内地震、泥石流、滑坡等突发性自然灾害会给旅游业造成严重的影响。以2017年"8·8"九寨沟地震为例,受灾害的影响,2017年后阿坝州的旅游收入出现大幅度下滑,尤其是九寨沟,旅游收入出现持续大幅度的下滑(表6-11)。

表6-10 2016年川西北地区两州旅游经济差异

市(州)	总收入(亿元)	总人次(万)	国内旅游		入境旅游	
			人次数(万)	收入(亿元)	人次数(万)	收入(万美元)
阿坝州	314.95	3 761.49	3 750.29	313.72	11.0	1 855.63
甘孜州	133.74	1 300.32	1 290.59	128.02	2.6	697.66

表6-11 2016—2018年阿坝州各县旅游收入情况

县	2016年		2017年		2018年	
	旅游收入(亿元)	增速	旅游收入(亿元)	增速	旅游收入(亿元)	增速
若尔盖县	15.98	12.27%	13.50	−15.49%	12.98	−3.87%
汶川县	37.46	5.58%	27.03	−27.85%	25.01	−7.47%
茂县	19.97	38.13%	15.42	−22.81%	10.40	−32.55%
松潘县	63.10	12.38%	42.95	−31.93%	25.01	−41.77%
九寨沟县	90.07	5.44%	60.68	−32.63%	1.72	−97.17%
全州	318.44	11.70%	235.72	−25.98%	166.71	−29.28%

二是经济社会发展滞后带来的旅游设施配套能力不足。2020年,川西北地区常住人口城镇化率36.6%,比全国(57.35%)低约20%,比全省(48.9%)低约11%,城镇对旅游服务的支撑能力不足。同时,旅游厕所、汽车加油维修、医疗急救、通信等功能性设施配套水平低,宾馆饭店等服务设施简陋、星级饭店数量较少,管理水平和服务质量尚待改进,难以支撑旅游发展的需求。此外,许多地方医疗条件较差,难以满足游客对高海拔地区医疗保障的需求等(表6-12)。

三是受到旅游通道制约的影响。川西北地区目前已形成以亚丁机场、九寨黄龙机场、红原机场、康定机场和格萨尔机场为支撑,以国道213线和国道317线以及省道为主骨架的立体交通网络。但由于川西北地区地貌地形复杂并且受到海拔高度和恶劣气候的影响,旅游航空交通成本高且航线较少,东部九环线和南部西环线部分地段地质灾害严重,旅游通达性和安全性受到很大影响。同时,部分道路海拔较高、路面狭窄、坡陡弯、安全性差,沿线旅游服务设施少,旅游标识标牌等导引指示系统不完整,自驾游服务体系尚未形成(表6-13)。

表6-12 川西北地区旅游星级饭店统计情况

星级	川西北地区数量(个)	四川省数量(个)	占比
五星级	3	33	9.09%
四星级	8	112	7.14%
三星级	9	134	6.70%
二星级	3	80	3.78%
一星级	0	1	0%
合计	23	360	6.39%

注:数据截至2019年12月31日。

表6-13 川西北地区机场和邻近地区机场对比情况

片区	机场	通航时间	航线数量(条)	架次	2019年吞吐量(人次)	2019年全国排名
川西北地区	九寨黄龙机场	2003年9月	14	286	20 459	231
	亚丁机场	2013年9月	7	2 612	226 273	183
	红原机场	2014年8月	2	/	39 502	228
	康定机场	2007年10月	2	1 290	55 020	225
	格萨尔机场	2019年9月	4	104	9 601	236
邻近地区	香格里拉机场	1999年	>14	6 852	617 941	129
	玉树巴塘机场	2009年8月	5	3 578	318 714	101

6.4.2 旅游发展的空间潜力评价

川西北地区的旅游资源优势度较高,具有很大的开发潜力。本书拟从旅游发展的基础要素和相关要素两个方面对旅游发展的空间潜力进行评价,为区域旅游资源整合、资源利用效率优化和全域旅游空间结构优化提供支撑,评价要素详见表6-14。

1. 基础要素评价

基础要素评价重点是识别旅游资源的分布和旅游发展水平的地区差异。这部分的内容以现状评价为主,初步分析旅游资源、文化资源及生态资源分布在原始地形地貌海拔高度等的自然类属性,通过对自然灾害的危险等级评价、生态保护重要性等级评价以及城镇建设适宜性评价等,筛选出适宜发展文化旅游的区域。研究通过分析区域旅游资源数量、旅游接待等级和旅游接待人次等,对旅游资源进行综合评价,识别出目前阶段旅游热度主要集中在九寨—黄龙、汶川、康定—泸定、稻城—亚丁等川西北地区东部一线,德格县的旅游接待等级较高,九寨—黄龙、马尔康、德格、汶川—理县—茂县、康定—泸定和稻城—亚丁有形成区域旅游集群的条件(图6-22)。

表6-14 旅游发展空间潜力评价要素

类型	要素	关联性
基础要素	旅游资源分布	分布情况、数量、等级
	历史文化保护现状	分布情况、数量、等级
	生态保护重要性等级	保障生态安全,旅游发展确保不破坏生物多样性和水源涵等重要生态功能
	自然灾害危险等级	保障旅游安全,避免或减少突发性自然灾害的影响
	旅游资源数量	分布情况、数量、密度
	旅游接待等级	服务设施、旅游设施
	旅游接待人次	接待能力、环境承载力
结构要素	区域旅游节点	区域旅游目的地、区域旅游集群
	区域旅游廊道	生态廊道影响度、交通廊道影响度、文化走廊影响度

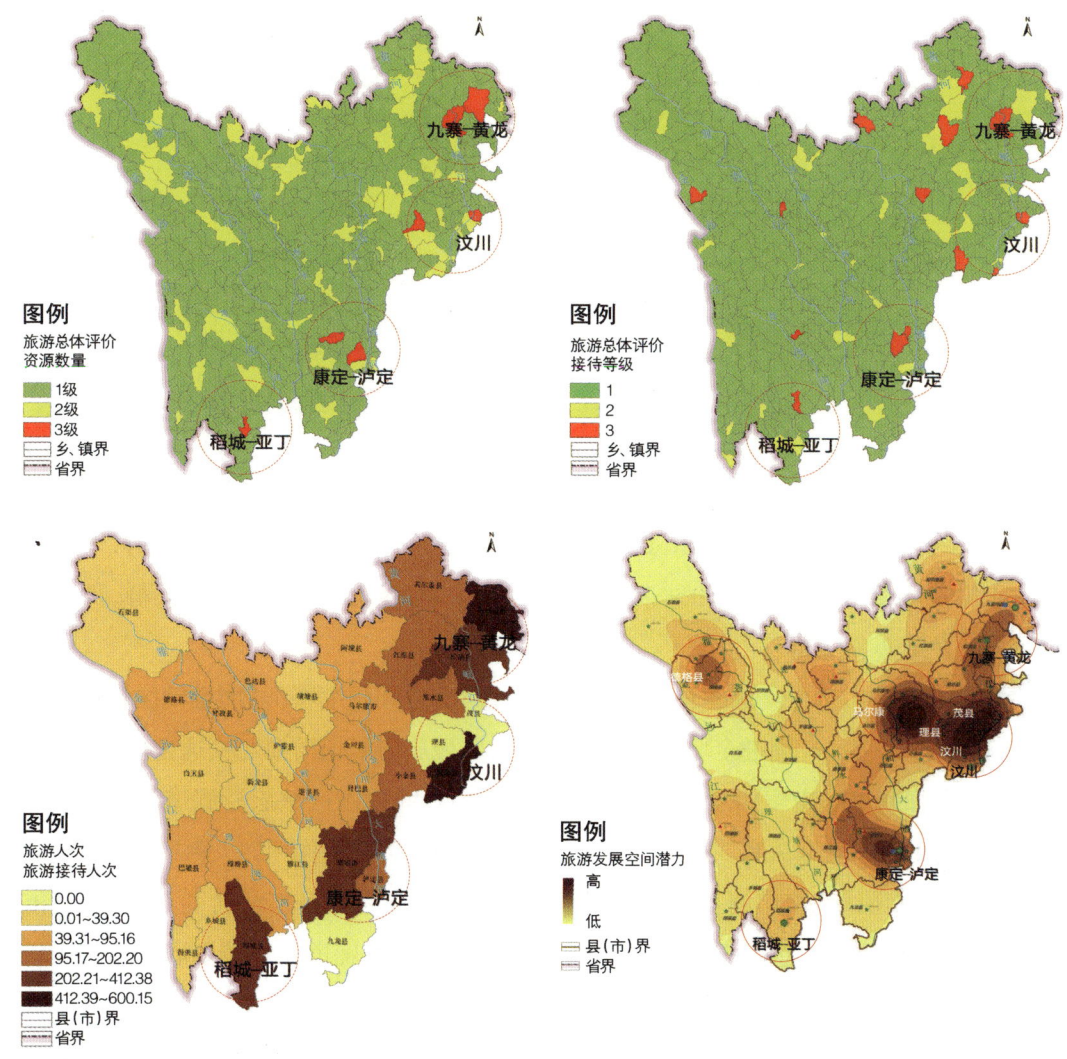

图 6-22 旅游发展空间潜力评价

2. 结构要素评价

从经济地理学的角度，区域旅游空间结构是指人类旅游活动作用于旅游区域这个特定地域范围所形成的组织形式。区域空间结构由点、线、网络和面域四个基本要素组成，区域旅游空间是由区域旅游节点（点状要素）和区域旅游廊道（线状要素）相互作用、共同形成的一个网格化的区域旅游经济圈（图 6-23）。研究对于旅游结构的评价主要针对点状要素和线状要素。

区域旅游节点通常为综合性旅游目的地，或者多个旅游目的地形成的区域旅游集群，能吸引资源并且对周边区域有辐射带动作用。川西北地区可初步分为六个旅游集

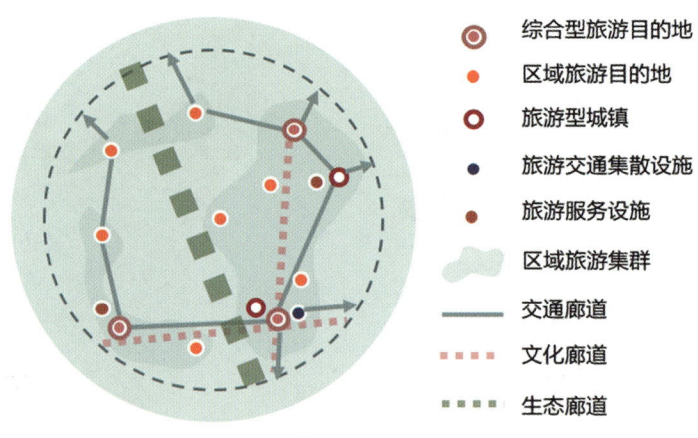

图6-23　区域旅游空间结构示意图

群(图6-24):北部地区环格萨尔机场旅游集群、大草原冰山红色文化旅游集群,东部地区大九寨旅游集群、大熊猫保护—羌文化旅游集群,南部地区环贡嘎旅游集群,西部地区环亚丁生态旅游集群。

区域旅游廊道通常集聚各种旅游产业要素,具有空间延续特征,能推动区域旅游形成一个网络化的整体,促进全域旅游协同发展。区域旅游廊道需要与交通走廊、文化走廊、产业走廊和生态走廊相互协同。交通廊道是川西北地区区域旅游廊道的重要空间载体,交通系统布置对人口、要素资源和信息流动起着决定性作用,以旅游景点为主要节点的交通旅游线路将串联景区,提高旅游的便捷度,不仅有利于旅游的开展,而且能解决旺季干线交通与支线交通的矛盾,旅游设施应沿交通廊道和城镇发展廊道集中设置。如横跨川西北地区的国道317和国道318,既是重要的交通干道,同时也是旅游产业聚集空间及重要的文旅大通道和景观大通道。文化和产业走廊是具有空间载体的文化、产业廊道,对促进文旅深度融合发展有重要意义,并且影响旅游文化分区和旅游产品体系策划、旅游线路规划等,如"藏羌彝"文化旅游产业走廊、红色文化走廊(红军长征路线)。生态走廊则整合了生态和文化旅游资源。应积极发展全域生态旅游,但旅游接待设施、娱乐区等游客集中活动的区域布局应远离自然生态环境脆弱或珍稀动植物区,串联生态型可观光景点,如黄河大湿地、红色大草原、达古冰川、大熊猫卧龙自然保护区等。

3. 综合评价

川西北地区的旅游资源类型丰富且多样,旅游整体发展趋向合理化,但全域旅游发展整体空间存在较大差异。东部区域旅游集群发展较为成熟,极具旅游发展潜力的东

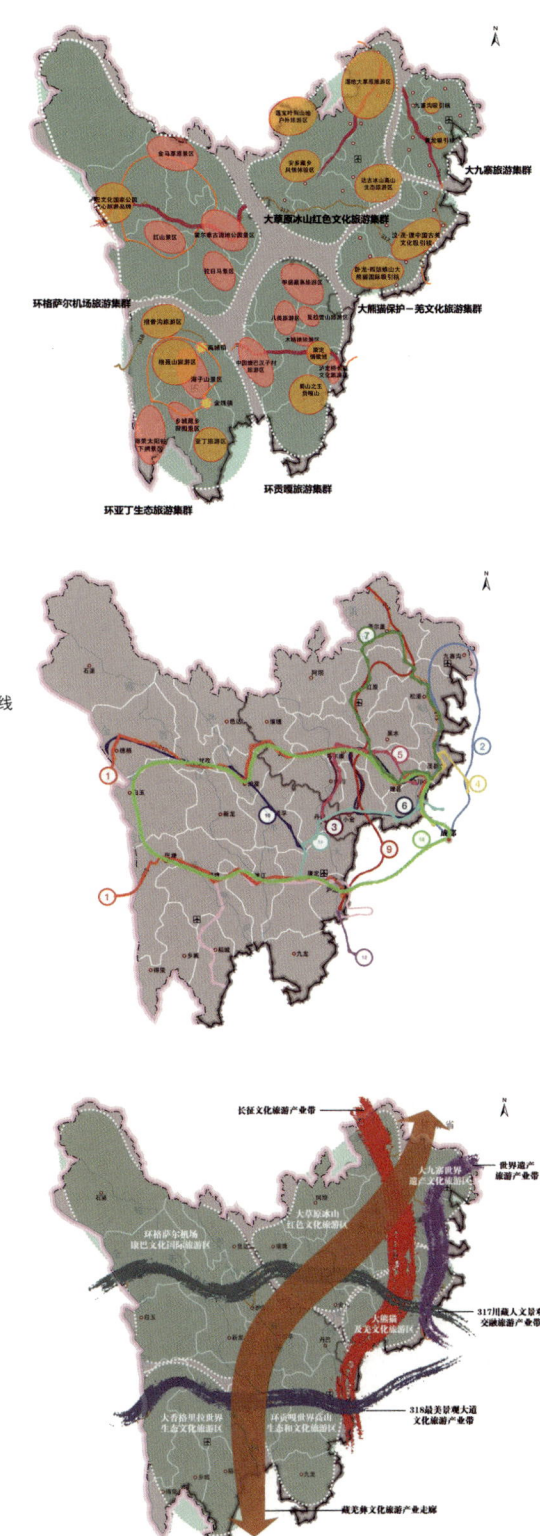

图 6-24 区域旅游结构要素分析评价

部四个旅游集群：九寨沟—松潘、汶川—理县—茂县、阿坝—红原—若尔盖、稻城—亚丁—乡城、康定—泸定—甘孜新区。依托空间廊道发展的旅游集群发展潜力较大：如国道317和国道318川藏旅游沿线、环亚丁香格里拉旅游环线、康巴民俗文化旅游走廊、大熊猫国际生态旅游线、大九寨世界遗产精品旅游线、长征丰碑红色旅游线。靠近生态功能区附近的小型且较分散景点的旅游发展潜力受限，可结合周边村镇旅游资源统筹共建。

6.4.3　旅游服务体系与空间布局优化

针对川西北地区旅游发展的特征与问题，未来川西北地区旅游发展优化的重点是在全域旅游及文旅融合双重目标导向下的旅游空间布局与旅游服务体系构建，具体包括三个方面：一是加强旅游资源和文化资源的整合，完善产业体系，推进全域旅游，融入大区域旅游体系；二是结合川西北地区的旅游资源分布，优化旅游空间格局；三是完善旅游服务体系，统筹考虑旅游空间及设施布局，协调生态保护与旅游发展矛盾，促进景镇融合发展。

1. 全域旅游和文旅融合

从文旅融合发展角度，川西北地区民族众多且属于藏文化旅游区中的康巴、安多文化交会区，也是藏羌彝民族走廊文化旅游带的主体旅游区。未来应进一步加强自然旅游资源与文化旅游资源的整合，实施"旅游+"战略，促进旅游与文化、生态、农业、城镇、乡村、清洁能源、牧业、商贸的融合发展，构建川西北地区"旅游+"的大旅游产业体系，将优美的自然风光与极具特色的民族文化有机结合。

从全域旅游角度，川西北地区的旅游发展需融入区域发展大旅游格局，利用国家加快推进藏羌彝文化走廊和世界自然遗产走廊建设的机遇，积极融入国家丝绸之路旅游带，完善交通设施，吸引更多国内外游客关注，促进与丝路沿线国家与地区的双向旅游交流，进一步带动川西北地区旅游经济发展。同时，发挥川西北地区的旅游资源优势和文化特色，与周边地区建立区域联动、资源共享、优势互补机制，共同建设大香格里拉生态旅游圈（环亚丁香格里拉旅游环线）、国家长征精品旅游线路、康巴民俗文化旅游走廊、大熊猫国际生态旅游线、大九环世界遗产精品旅游线、长征丰碑红色旅游线，提升国道317和国道318川藏旅游线的旅游服务水平。

2. 全域旅游空间格局优化

全域基于打造"区域联动、生态友好、景镇互助、互利共享"的原则优化文旅融合旅游格局，打造"一廊、四带、四核、六区"的旅游格局（图6-25）。一廊指藏羌彝旅游文化产业走廊；四带包括长征文化旅游产业带（青海、甘肃方向）、国道317川藏人文景观交融旅游产业带（西藏方向）、国道318最美景观大道文化旅游产业带（西藏方向）、康巴—香格里文化旅游产业带（青海、云南方向）；四核包括稻城亚丁旅游核心、环贡嘎旅游核心、大熊猫旅游核心以及九寨—黄龙旅游核心；六区指大九寨世界遗产文化旅游区、大熊猫及羌文化国际旅游区、大草原冰山红色文化旅游区、环亚丁生态文化旅游区、环贡嘎世界高山生态和文化旅游区、环格萨尔机场康巴文化国际旅游区。

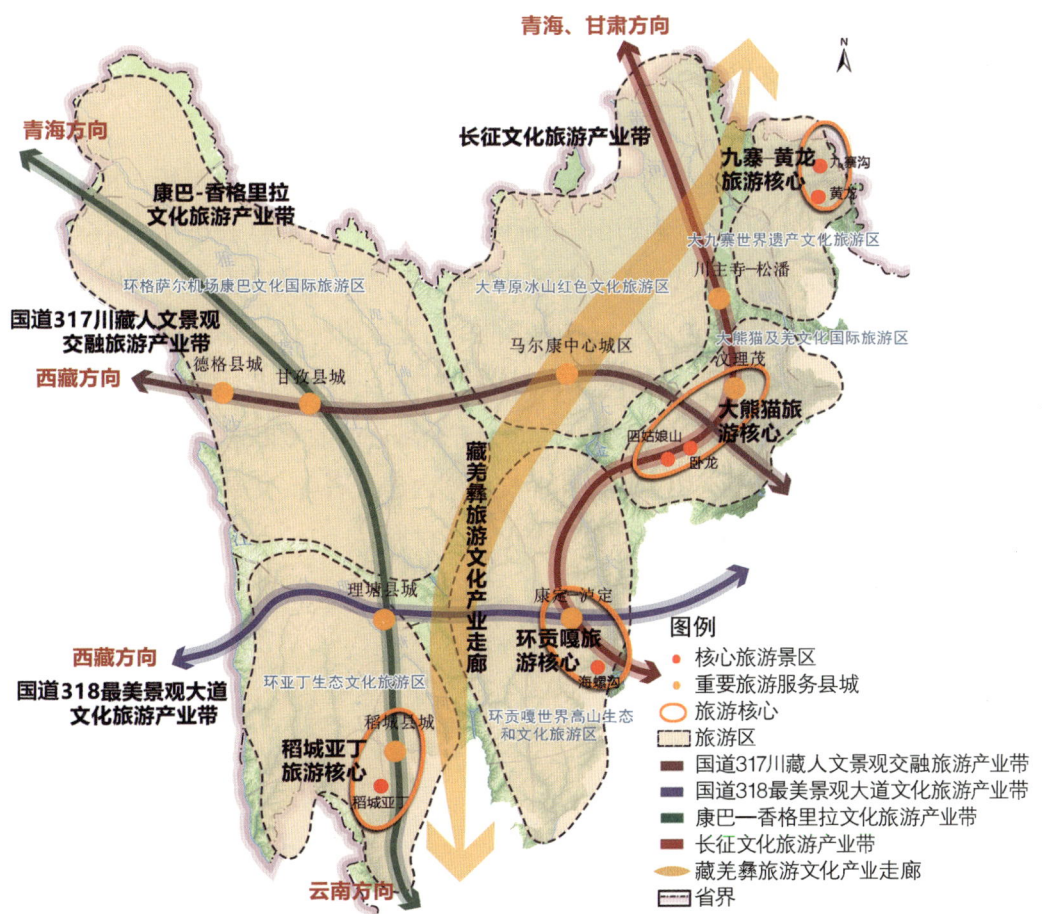

图6-25 川西北地区旅游系统规划示意图

旅游空间遵循"增加服务设施支撑，减少低效建设用地"的布局原则，适度均衡开发，缓解核心压力，提高旅游对地方经济增长的贡献。川西北地区很多具备潜力的旅游资源都分布在重要的生态功能区内或者周边。旅游资源的开发要遵循生态保护优先的原则，以不影响生态环境质量为前提进行开发。生态调控区外的旅游以保持原生态的自然风光为主，限制新增建设用地。生态调控区按照不超过区域生态承载力原则，以城镇、景区、特色村落为空间载体，集约开发，集中建设，布局民族文化体验旅游、高原红色旅游、休闲度假旅游等业态；支持发展特色民俗手工业、特色农牧产品加工业等服务旅游型工业发展。乡村地区强调对现状村庄、旅游服务设施的整合，可在景区附近合适的城镇集中建设旅游服务设施，形成城镇网、旅游网、生态网相耦合的区域旅游空间结构；增加公共服务设施及旅游服务设施等的建设用地指标，增加对全域旅游的支撑；以生态旅游促进乡村振兴，主要是设施共建共享，结合"乡村生活圈"的构建来配套旅游服务设施，以少量的旅游增量用地，撬动乡村生态旅游。

3. 旅游服务要素支撑

1) 建立五级旅游服务中心体系

全域构建"综合服务中心—集散中心—重要旅游城镇——般旅游城镇—特色旅游村"的五级旅游服务中心体系，建设用地指标向旅游服务中心倾斜（表6-15，图6-26）。旅游综合服务中心服务全域，选择交通便捷、具有一定规模、能够提供综合旅游服务的城镇，重点提升国际化旅游服务水平。旅游集散中心起到旅游交通集散、提供旅游住宿餐饮服务的作用。重要旅游城镇选择位于半小时或者1小时交通圈内，景区点较密集，景区级别较高，空间利用潜力大的城镇。同时基于全域旅游的考虑，其余城镇全部纳入一般旅游城镇。特色旅游村选择景区半小时交通圈内的人居点，发展乡村旅游，开发民宿，为景区提供住宿餐饮等服务设施，以旅游促进乡村振兴。

表6-15 川西北地区旅游服务中心体系

中心体系		城镇名称	主导功能及管控策略
2个区域旅游中心		康定城区—泸定县城、川主寺—松潘县城	提供交通、信息、休闲、娱乐购物等综合服务;重点提升国际化旅游服务水平
6个旅游集散中心		茂县县城、甘孜县城、理塘县城、马尔康城区、稻城县城、德格县城	以旅游交通集散功能为主;增强综合接待能力
26个重要旅游城镇	旅游核心城镇	九寨沟漳扎镇、稻城香格里拉镇、汶川水磨镇、泸定磨西镇、小金四姑娘山镇、理县县城、黑水县城、金川观音桥镇	提供景区配套服务;适度控制旅游容量,突出国际化、高品质服务
	旅游服务型城镇	九寨沟县城、红原县城、红原安曲镇、若尔盖县城、阿坝县城、壤塘县城、汶川县城、丹巴县城、道孚县城、道孚八美镇、九龙县城、雅江县城、石渠县城、色达县城、炉霍县城、巴塘县城、得荣县城、乡城县城	为县域及周边景区提供旅游综合服务;加快完善旅游服务配套设施建设
X个一般旅游城镇		若干	提供乡村旅游服务;改善基础服务设施和公共环境、建立保护管理机制
X个特色旅游村		若干	提供乡村旅游服务;保护传统村落、改善基础服务设施和公共环境、建立保护管理机制

加强旅游交通网络体系建设,从而与省域、省际间多式联运高效衔接和运输通道互联互通。建设国际航空口岸体系,包括九黄航空港,红原航空港,提升机场两小时服务范围覆盖率。构建旅游干线公路网络,实施"交通+旅游"战略,推进国省道干线旅游化改造,加快构建"快旅慢游、便捷安全、无缝换乘"的旅游立体交通体系。打造自驾车旅游服务体系,重点围绕世界级景观廊道(国道317、国道318)、大九寨风景道(九黄机场—红原机场环线)、大香格里拉风景道(康定机场—亚丁机场环线)等入境精品自驾车风景打造。

3) 分级分类打造十条精品旅游线路

精品旅游线路包括六条国际旅游精品线路和四条特色旅游精品线路(图6-27)。其中,国际旅游精品线路为川藏317国道、318国道最美景观大道旅游线(综合性)、九黄

图6-26 川西北地区旅游服务中心体系规划示意图

图6-27 旅游线路规划示意图

世界文化遗产线、长征丰碑红色旅游线、大熊猫生态文化旅游线、香格里拉文化和生态旅游线、康巴文化旅游线。特色旅游精品线路为以大草地为主题的"红原—九黄"落地自驾旅游线、以藏羌文化为主题的"藏羌走廊—美人谷"风情旅游线、以自然风光为主题的"四姑娘山—小金—金川—丹巴"环线、以抗震救灾为主题的汶川地震遗址与灾区新貌旅游线。

第 7 章

突出刚弹结合的川西北生态示范区国土空间规划传导研究

7.1 研究背景与思路

7.1.1 研究背景

《中共中央 国务院关于建立国土空间规划体系并监督实施的若干意见》明确指出，要"健全规划实施传导机制，确保规划能用、管用、好用"。作为省级层次以协调性为主的规划，川西北生态示范区国土空间规划更要注重建构有效的传导机制，要充分认识次区域规划作为省级专项规划的特点，发挥其上承下导的作用，落实省级空间规划安排的同时进行次区域尺度的深化细化，并能向下传导至实施性更强的州级及县（市）级规划。因此，次区域规划要通过强化传导路径的设计来保障规划确定的指标、标准、规则等能由下层次规划有效承接。为保障规划的操作性和可实施性，传导路径设计既包括自上而下的规划内容传导，也包括自下而上的反馈机制。

7.1.2 技术思路

川西北生态示范区国土空间规划传导体系的构建，要在完善细化四川省"四级三类"规划编制体系的基础上，重点明确下层级甘孜、阿坝两州国土空间总体规划及州级专项规划的约束性指标和管控、引导要求，并与省级相关专项做好衔接，保障次区域规划所确定的规划要点能够由下层级的实施性规划予以落实，并通过协调好同级相关专项规划实现专项规划系统内部逐层落实。在工作方式上，要加强上下联动，通过分解、引导、反馈等，确保管控目标和任务重点在下级规划中能够落实或进一步细化。

传导体系的建立要遵循事权对应、刚弹相济和有效反馈的基本原则。事权对应是指要与省级政府的规划事权相对应，以自然资源部门和其他部门事权为基础，确定传导框架，分类施策、精准传导规划内容。刚弹相济是指规划传导要以约束性要求和战略引导为重点，既要刚性传导约束指标和底线管控内容，又需要发挥规划战略引导作用、为下层次规划留出充足的弹性，通过刚弹结合的传导体系建设，最终提高国土空间的使用效率、实现高质量发展。有效反馈是指规划传导最终要通过建立上下联动的规划反馈机制保障传导体系的有效性、传导内容的合理性和可操作性。

传导框架的建立需要厘清传导要素（内容）与传导手段及控制力度三者的相互关

系。不同的规划内容,需要采用空间(图示)、指标或政策组合的方式,采用刚性、弹性或刚弹结合等不同的控制力度向下层次及相关规划传导。

7.2 国土空间规划传导体系

7.2.1 规划编制体系

规划编制体系是规划核心内容传导的基础。四川省建立了省、市、县、乡四级及总体规划、专项规划、详细规划三类的"四级三类"规划编制体系。由于四川省面积大且地区差异较大,为针对性地解决特定区域的问题,更有效地发挥省级规划的综合协调作用,四川省在省级层次增加了以五大片区为规划对象的次区域专项规划,并将在省级国土空间规划指导下编制的次区域专项规划的核心内容反馈纳入省级国土空间规划。

总体规划方面,川西北生态示范区国土空间规划核心内容将反馈至四川省国土空间规划并向甘孜州、阿坝州两州国土空间总体规划传导,两州之下各县(市)编制县级国土空间总体规划。针对甘孜、阿坝州实际情况,建议重点及特色乡镇单独编制乡镇国土空间规划,其他乡镇视情况确定编制方式,可与县(市)级规划同编,也可几个乡镇采用联合的方式统一编制。

专项规划方面,研究建议在省级增加编制大渡河流域、雅砻江流域国土空间规划以及对川西北地区生物多样性保护有重大意义的川西北地区生物多样性保护专项规划等三项专项规划。川西北地区内部甘孜、阿坝两州,建议根据川西北地区的特征编制区域类、发展类、保护类、安全类、要素类和行动类六类专项规划。州级编制的区域类专项建议为康定—甘孜新区—泸定、马尔康及周边地区、汶川—理县—茂县等八个重点城镇发展区规划,发展类专项规划建议为旅游发展规划、乡村振兴规划、农牧业发展规划等,保护类的专项规划建议包括生态功能区规划、环境保护规划、草原保护利用规划等,安全类专项规划包括地质灾害防治规划等,要素类规划建议包括清洁能源发展规划、农村地区基础设施类规划等,行动类的规划建议包括生态修复规划、土地综合整治规划等。规划编制可根据重要和紧迫程度安排编制时序。

县及以下则编制详细规划,在城镇开发边界外的乡村地区,以一个或几个行政村为单元,编制村庄规划作为详细规划(图7-1)。

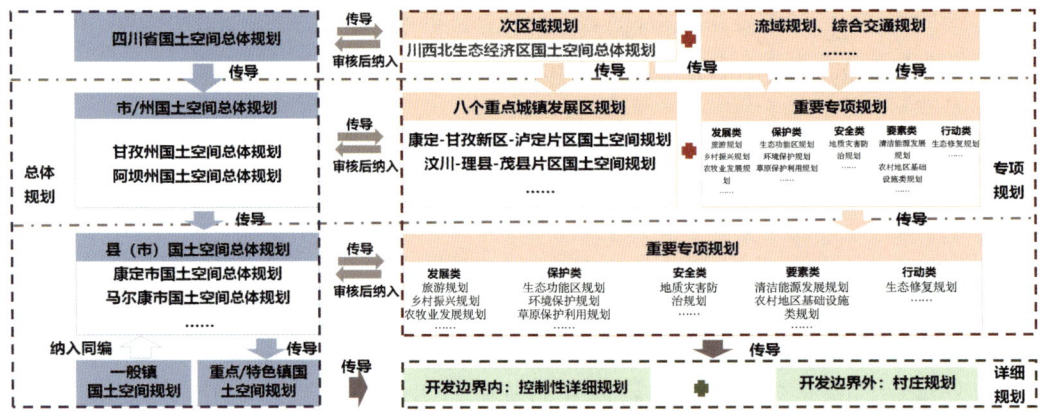

图 7-1 规划编制体系深化细化建议

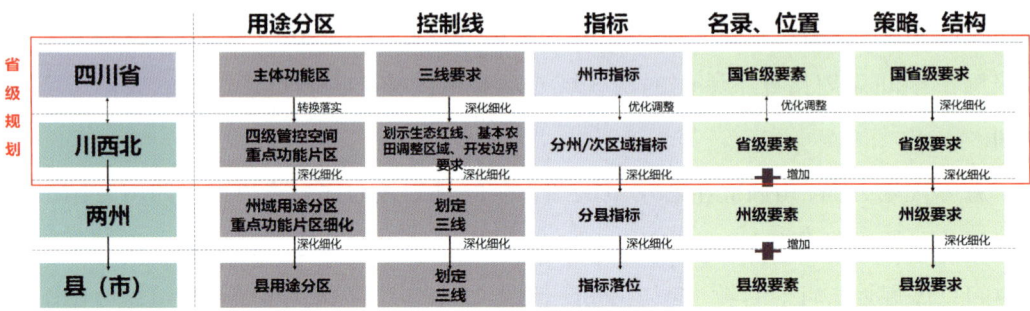

图 7-2 规划编制体系示意图

7.2.2 规划传导框架

采用州规划指引及城镇集中发展区规划指引相结合的方式将川西北生态示范区国土空间规划要点向两州及下辖县（市）规划传导。根据传导要素（内容）的不同，确定传导手段和控制力度。

川西北生态示范区国土空间规划的传导要素（内容）主要包括策略与结构、约束性指标、规划分区、控制线及名录等，通过空间（图示）、指标及政策相互组合的方式，实现对下位和相关规划的刚弹相济的传导（图 7-2）。

1）策略的传导

规划所确定的发展目标和指标、空间分区、发展指引等在下层级州规划中应严格遵循，并通过空间布局、要素配置、支撑体系等方式加以具体落实或调整优化。从传导的方式和控制强度来看，策略的传导主要采用政策传导方式，为引导性要求，具有较大的弹性。

2）结构的传导

规划确定的生态安全格局、城乡空间格局、农牧业空间格局、旅游空间格局等重要保护与开发格局，应在下层级州规划中通过规划分区等方式加以具体落实、深化细化或调整优化。结构的传导采用图示与政策结合的方式，多为引导性弹性要求。

3）规划分区的传导

规划对省级规划中的主体功能区进行转译落实，以生态功能维护为基础构建四类管控分区。核心生态区、重要生态区和生态维育区突出生态保护的主导功能。在下层级州规划中，核心生态区由生态保护区进行边界落实；重要生态区细化应以生态保护区和生态控制区为主，允许少量乡村发展区及矿产能源发展区进入。生态维育区在下层级州规划中的细化允许少量农田保护区、城镇发展区、乡村发展区及矿产资源发展区等分区进入；生态调控区的细化可以城镇发展区、乡村发展区、农田保护区及矿产能源发展区为主，但应保证一定比例的生态控制区。规划分区的传导采用图示、政策与指标结合的方式，刚弹结合保证次区域规划意图能够在下层级规划中得以体现和落实（图7-3）。

4）控制线的传导

根据三条控制线不同的管控要求，采用不同的传导方式和控制力度向下传导。

与省国土空间规划协同划定生态保护红线，由下位规划严格进行空间边界、保护指标和管控政策的落实（图7-4）。在省国土空间规划要求的基础之上，以县为基础单元

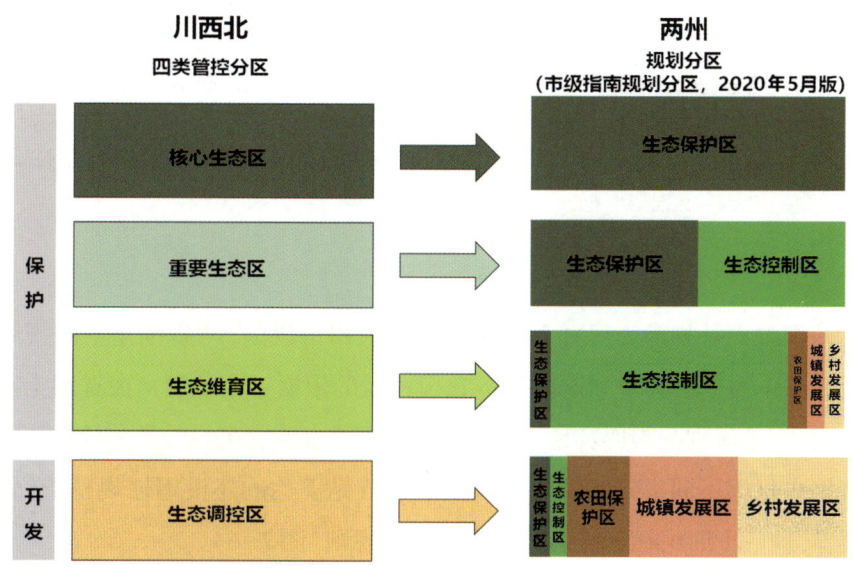

图7-3 分区传导示意图

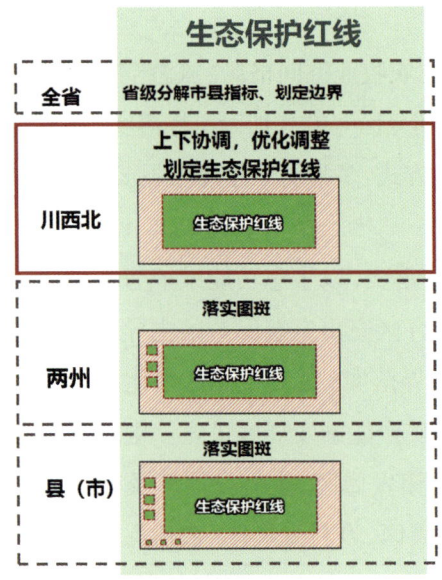
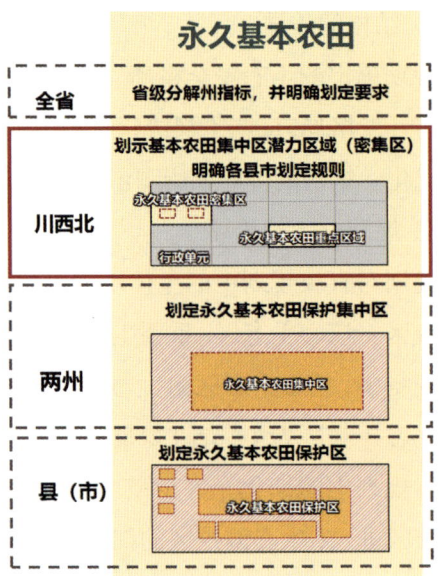

图7-4 生态保护红线传导示意图　　图7-5 永久基本农田传导示意图

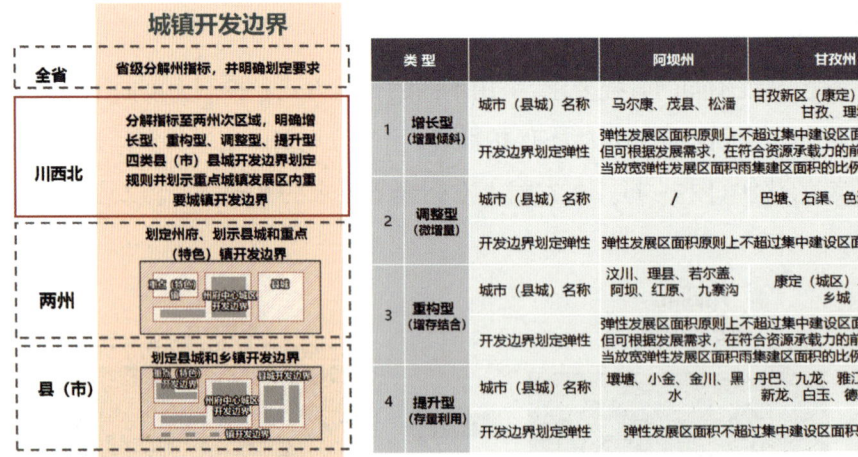

图7-6 城镇开发边界传导示意图

提出永久基本农田补划潜力区并划示永久基本农田密集区，与省国土空间规划分解的保护指标共同作为下层次规划永久基本农田补划的依据（图7-5）。在省国土空间规划要求基础上，将县城划分为四类地区，提出城镇开发边界划定的四类差异化要求。下层级的州规划中根据不同类别的要求分解由省级规划下达的建设用地规模指标，划示城镇开发边界，进一步细化制定城镇开发边界划定规则（图7-6）。

5）指标的传导

在省国土空间规划的基础上规划确定的指标，特别是其中的约束性指标，应在州规划中分解落实，并向省级规划反馈相关数据。在川西北生态示范区国土空间规划中，重点确定相关约束性指标的分解规则，指导州规划进行分解。

以建设用地指标为例，川西北生态示范区国土空间规划根据实际确定了以下分解原则：一是州级层面机动指标预留。建议州级层面应加强区域土地供给结构分析，结合区域发展特征预留一定比例机动指标，应对发展的不确定性。预留机动指标重点包括无法直接申请国家级、省级指标的重点项目，维护民族团结的设施建设、区域性交通设施建设、对州域旅游有重大提升的景区及区域性旅游服务设施建设、对提升区域防灾救灾能力的设施建设等。二是州级规划向县（市）分解指标要向重点地区倾斜，重点地区包括川西北生态示范区国土空间规划所确定的八个城镇集中发展区，马尔康、松潘、稻城、甘孜等增长型县城，以及规划所确定旅游综合服务中心、旅游集散中心等高等级旅游服务中心等。

6）名录与位置的传导

名录传导指规划确定自然保护地、历史文化名镇名村等名录应在下层级州规划中落实和丰富，州规划也可根据实际情况，增加需要管控的名录。位置传导指规划确定的综合交通线网、市政基础设施廊道、重大公共服务设施点位的位置要求，在州规划深化落实和明确落位要求。在传导方式上，名录与位置的传导采用政策和空间（图示）结合的方式。在控制力度上，上层次规划确定的内容需要在下层次规划中严格落实，但下层次规划编制时可采取逐级增加或细化的方式增加本层级需要控制的相关名录和重大基础设施廊道、公共服务设施点位等。

7.3 市（州）级国土空间总体规划指引——以阿坝州为例

7.3.1 州国土空间总体规划指引的主要内容

研究采用"1表+1图"的形式对甘孜、阿坝两州国土空间总体规划的编制提出规划指引。

"1表"指按照战略引导、刚性管控、清单管理三个板块，对各项传导要素（内容）采用指标（数）和政策（文）结合的方式，形成传导指引表。三个板块内部再根据具体内容进行进一步的细分,明确各项内容需要向两州传导的数量指标(如人口规模、城镇化率等引导性指标),以及规划策略(如生态安全重要战略区的保护与管控)、名录(如历史文化保护名录、重要交通基础设施名录)等。

"1图"指州规划指引图,将三条控制线、规划分区、城镇体系、重要的交通及基础设施廊道等需要采用图示方式传导空间信息的内容,用规划指引图的方式向甘孜、阿坝两州国土空间规划传导。

7.3.2 指引表("1表")

(1) 战略格局

从发展规模、总体格局、生态空间、城镇空间、区域协同和重点区域几个方面总结川西北生态示范区国土空间规划对阿坝州的具体要求(表7-1)。生态空间方面,需要落实州生物多样性保护重点生态功能区以及陆生生物多样性廊道保护要求。农业空间方面,重点明确永久基本农田密集区位置,各县(市)特色农业发展指引以及与生态保护要求相匹配的牧业结构优化要求等。城镇空间方面,首先将规划确定的城镇等级规模结构向下传导,同时对州域内部需要重点发展的4个城镇集中发展区的范围、重点及发展方向提出引导要求,根据县城的分类情况提出指标投放和县城品质提升指引;明确州域内部的高价值旅游资源,并提出州旅游服务中心体系建设指引。区域协同方面,对阿坝州与周边省区、甘孜州与其他片区的协同关系提出要求。最后,明确阿坝州的生态安全战略区和城镇重点发展区。

2) 刚性管控

从主体功能区、特色指标、生态协调、特色边界、特色名录和重点流域等方面对阿坝州规划提出刚性管控要求(表7-2)。主体功能区遵循省国土空间规划要求,明确各县(市)的主体功能区,需要州级规划严格落实。特色指标主要是规定本地区特有的且需要刚性落实的约束性指标。生态协调重点是对规划所确定的四级生态管控分区的准入标准作出规定,需要州级规划严格执行。特色边界指州域内部需要严格管控的区域灾害联防区和矿产能源管控区,在指引表中明确并向州规划传导。特色名录指世界自然遗产、自然保护地、历史文化名城名镇名村等名录,需要阿坝州规划承接并落实保护。最后,明确岷江流域和大渡河流域两个需要在州规划中重点予以关注的重点流域。

表7-1　阿坝州规划指引(战略引导)

战略引导	发展规模	2035年,全州常住人口数控制在100万以内,城镇化率60%左右
	总体格局	落实川西北地区"两屏、七区、四廊、多点"的开发保护总体格局(阿坝部分)
	生态空间	落实岷山—邛崃山生物多样性保护重点生态功能区、红原—若尔盖黄河源高原湿地生物多样性保护重点生态功能区两大生态安全重要战略区的保护与管控要求;落实阿坝—甘孜三江源区(阿坝段)、岷山—邛崃山(阿坝段)两条陆生生物多样性廊道的保护要求,重点控制人为活动,推动地质灾害重点区域的搬迁修复,监测生态系统和物种群落,推动生境系统的恢复,保护生物迁徙廊道。保护岷江、大渡河两条水生生物廊道,恢复河流连通性,保证洄游鱼类自由游动,通过增殖放流等措施恢复鱼类种群、数量和多样性
	农业空间	州域永久基本农田须重点分布在划定的岷江流域和大渡河流域的永久基本农田密集区内;若尔盖、红原和阿坝大力推进以藏牦牛等为主的高原畜牧产业,岷江流域和大渡河流域重点发展以中药材、马铃薯、菌菇蔬菜等为主的特色农业;对州内沙化石漠化等生态退化问题严重的牧区实行禁牧修复,其他核心生态区和重要生态区内限制放牧强度、生态维育区内进行牧业结构优化、生态调控区内的超载地区优化牧业结构
	城镇空间	地区性中心城市:马尔康市(3万~5万人);重点县城:九寨沟县城(3万~5万人)、松潘县城(3万~5万人)、茂县县城(5万~10万人)、阿坝县城(1万~3万人);一般县城及重点镇(1万~3万人):黑水县城、红原县城、若尔盖县城、壤塘县城、金川县城、小金县城、理县县城、汶川县城、川主寺镇、漳扎镇、四姑娘山镇;其他乡镇:水磨镇(3万~5万人)及其他0.5万人以下乡镇。
		重点打造四大城镇集中发展区:①阿坝—红原—若尔盖:城镇旅游复合型,加强与青海和甘肃之间在旅游和特色农牧业之间的区域协作发展。依托红原机场,加强与马尔康和汶理茂之间的交通联系,强化红原阿坝州北部重要交通节点的地位。完善县城公共服务和农牧业生产服务配套水平,提升地方性服务功能。②马尔康及周边地区:城镇主导型,加强资源与空间的统筹以及服务与设施的共建共享,强化马尔康市的州府和地区中心的职能,构建川西北地区的政治、经济、文化和旅游等综合性中心。③松潘—川主寺—漳扎—九寨沟:旅游主导型,以九寨沟县、松潘县为中心,包括漳扎镇、白河乡、南坪镇、川主寺镇、十里乡、黄龙镇、牟尼镇等周边小城镇,重点打造大九寨世界遗产文化旅游圈,保护各类自然生态和人文资源,完善县城和城镇的道路交通、公共服务、基础设施和旅游服务支撑,重点推进自然生态旅游、历史文化和民族文化等文化旅游以及沿线乡村旅游的发展。④茂县—汶川——理县:城镇旅游复合型,加强关于成都平原经济区的功能衔接,重点加强对各类自然保护地的保护;重点发展高半山特色农产品生产及加工和文化旅游产业,强化其阿坝州成都经济圈重要交通枢纽节点的功能,完善县城和城镇的综合交通、公共服务、基础设施和旅游服务支撑。

（续表）

战略引导	城镇空间	分类指引县城城镇开发边界划定：城镇发展的增量指标重点投向马尔康、松潘和阿坝；适度向茂县倾斜；汶川、理县、若尔盖、红原、九寨沟鼓励增存结合；壤塘、小金、金川、黑水以存量挖潜为主，打造藏羌彝国际文化旅游产业走廊、长征文化旅游产业带与317川藏人文景观交融旅游产业带，重点打造大草原冰山红色文化旅游区、大九寨世界遗产文化旅游区和大熊猫及羌文化国际旅游区三大旅游片区，推进川主寺—松潘旅游综合服务中心和茂县及马尔康两个旅游集散中心的建设
	区域协同	加强与甘肃的联系，以藏羌彝文化走廊、长征丰碑、抗震救灾为主题的区域红色文化带建设为重点加强区域文化共融共通；保障阿坝西北部、川西北至成都平原等区域电力外送通道。加强与成都平原经济区的流域治理与区域经济合作，加强与攀西经济区的生态保护与文化旅游合作
	重点区域	生态安全重要战略区：岷江—邛崃山生物多样性保护重点生态功能区、岷山—邛崃山生物多样性保护重点生态功能区。 城镇重点发展区：阿坝—红原—若尔盖、马尔康—金川、松潘—川主寺—漳扎—九寨沟和茂县—汶川—理县

表7-2 阿坝州规划指引（刚性管控）

主体功能区	州域全部县市均为国家重点生态功能区，其中马尔康市、阿坝县、若尔盖县、红原县、壤塘县、松潘县在生态主体功能的同时协调承载农产品主产的功能
特色指标	重要江河湖泊水质达标率、自然保护地面积、载畜率、两小时机场服务范围覆盖率、旅游总收入、清洁能源占比、县城社区生活圈覆盖率、农村垃圾无害化处理率、城镇人均应急避难场所面积
生态协调	落实四级生态管控分区的管控要求及对规划分区的准入要求。核心生态区由生态保护区进行落实，重要生态区内适度准入乡村发展区和矿产能源发展区；生态维育区以生态控制区为主，适度准入开发类分区；生态调控区准入所有规划分区，但应保证一定比例的生态控制区
特色边界	区域灾害联防区：龙门山断裂带联防区（汶川、茂县、理县、九寨沟、松潘、黑水），大渡河流域联防区（康定、泸定、丹巴、金川、小金），川西北高原联防区（马尔康、壤塘、红原、阿坝、若尔盖）。 矿产能源管控区：落实上级规划中明确的矿产能源管控区
特色名录	世界自然遗产：九寨沟、黄龙、大熊猫栖息地（草坡自然保护、卧龙自然保护区、四姑娘山自然保护区）。

（续表）

特色名录	自然保护地：大熊猫国家公园、若尔盖国家公园、黄龙省级自然保护区、米亚罗自然保护区、阿坝严坡也则自然保护区、白河国家级自然保护区、包座自然保护区、达古冰川自然保护区、贡杠岭省级自然保护区、金汤孔玉自然保护区、九寨沟国家级自然保护区、喀哈尔乔湿地自然保护区、漫泽塘湿地自然保护区、南莫且湿地自然保护区、松岗自然保护区、四姑娘山国家级自然保护区、竹厂沟自然保护区、黄龙国家地质自然公园、达古冰川国家地质自然公园、叠溪松坪沟地质自然公园、红原嘎曲湿地自然公园、金川措朗沟湿地自然公园、莲宝叶则国家湿地自然公园、松潘岷江源国家湿地自然公园、夹金山国家森林自然公园、金川国家森林自然公园、九寨国家森林自然公园、巴布纳森林自然公园、梦笔山森林自然公园、热务沟森林自然公园、三奥雪山森林自然公园、梭磨河森林自然公园、雅克夏国家森林自然公园。 历史文化名城/镇/村：松潘（省级）；汶川县水磨镇（省级）；汶川县雁门乡萝卜寨村（国家级）、茂县黑虎乡小河坝村（省级）、理县桃坪羌寨（省级）、小金县两河乡两河村（省级）
重点流域	岷江流域、大渡河流域

3）清单管理

清单管理包括生态修复和国土整治、农牧业基地、综合交通、市政与能源设施及其他重要项目等需要通过清单形式向下层次州级规划传导的信息（7-3）。生态修复和国土整治明确阿坝州需要重点开展生态修复和国土整治的重点区域及修复整治目标等，农牧业基地部分明确规划期内各县市重点建设的优势农牧产品生产基地，综合交通部分明确规划期内阿坝州铁路、公路、机场与物流枢纽等重要交通基础设施，市政与能源设施明确规划期内阿坝州重点工程，其他重要项目主要指与旅游开发高度相关的项目。

7.3.3 指引图（"1图"）

通过指引图的形式明确需要向阿坝州规划传导的空间信息，与"指引表"对应，将战略引导、刚性管控和清单管理三个板块中需要传导空间信息的内容在指引图上图示化表达。指引图以核心生态区、重要生态区、生态维育区和生态调控区为功能底图，叠加城镇体系、生态结构、重要基础设施廊道、三条控制线关键要求以及涉及安全等的刚性管控要求，向下级规划传导空间信息（图7-7）。

表7-3 阿坝州规划指引表（清单管理）

生态修复和国土整治	生态修复：①汶川、茂县、松潘和九寨县的核心生态区（大熊猫国家公园），动植物栖息地和连通性的生态修复，建设和完善管护设施；②若尔盖沙化和石漠化地区的生态恢复与治理，调整放牧模式，开展林草恢复和鼠虫害生物防治；③汶川、理县、茂县、松潘和九寨的震灾区修复，加强地质灾害综合整治和重要物种栖息地恢复与重建，控制旅游开发强度；④岷江沿线的流域整治与生态多样性修复。 国土整治：汶川县、若尔盖县，城乡土地综合整治，在有条件的地区开展宜耕后备土地资源开发
农牧业基地	马尔康：青稞、绿豌豆等； 汶川：马铃薯、樱桃、苹果等； 理县：马铃薯、樱桃、苹果等； 茂县：马铃薯、脆李、苹果等； 红原：牦牛、牧草等； 若尔盖：青稞、牧草、牦牛、藏羊等； 九寨沟：油菜、枇杷、葡萄等； 阿坝：油菜、牧草、牦牛、藏羊等； 松潘：青稞、中草药等； 小金：马铃薯、绿豌豆、苹果等； 金川：马铃薯、藏香猪等； 黑水：藏香猪等； 壤塘：青稞、油菜等
综合交通	铁路：一般铁路、旅游轨道； 公路：高速、国道、省道等； 机场与物流枢纽：一般机场、物流枢纽
市政与能源设施	电力工程：500千伏输变电工程、110千伏输变电工程、220千伏线路改接工程等； 其他：景区和旅游服务基地的市政基础设施
其他重要项目	其他州级及以上的旅游开发项目

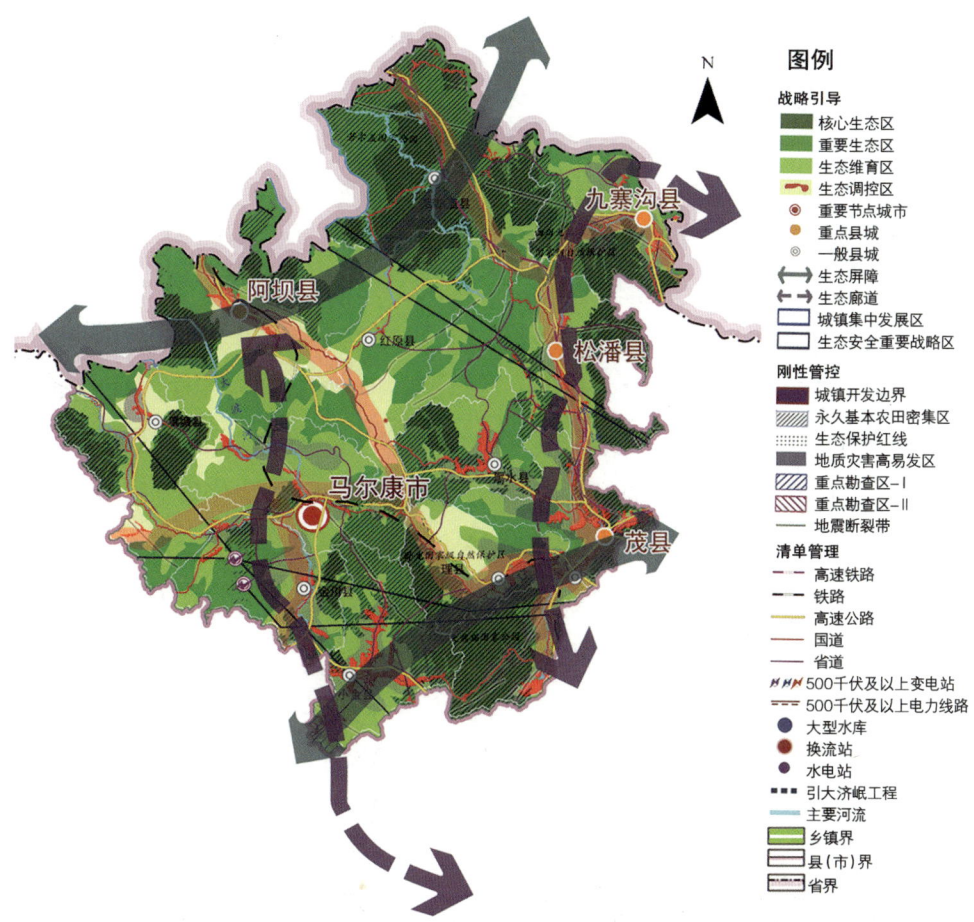

图7-7 阿坝州规划传导指引图

7.4 重点片区国土空间规划指引

7.4.1 重点片区国土空间规划指引的主要内容

综合研究甘孜州、阿坝州的生态保护重要性、现状发展基础以及未来发展潜力,规划选择布局了八个城镇集中发展片区,以"面上保护、点状开发",将八个城镇集中发展片区作为重点稳步推进城镇化的重要区域。八个重点片区一般均涉及多个县(市)级行政单元的协调,由于主导功能与自身条件的差异,各片区在规划策略方面各有侧重,相关内容需要向州级规划传导并在州级规划中予以细化落实。

作为州规划指引的重要补充，八个重点片区从战略引导、底线管控、空间格局及系统指引等四个方面，同样以规则和图示的方式（一表一图），提出城镇集中发展区规划指引，进一步深化落实规划提出的"三增三减"空间优化策略。

7.4.2 城镇功能主导型片区：以马尔康及周边为例

该片区以马尔康为中心，统筹协调周边松岗镇、卓克基镇等城镇。作为阿坝州州府所在地区，该片区需要在处理好区内生态保护要素（生态保护红线、自然保护地）等前提之下，加强城镇功能建设。以建设川西北地区政治、经济、文化和旅游等综合性中心为目标，一方面加强资源与空间的统筹以及服务与设施的共建共享，强化马尔康市的州府和地区中心的职能，完善通道和客货运体系，建设区域性交通枢纽。另一方面，该片区要加强城镇之间的协调发展，引导功能的集聚和产业的整合，改造提升城镇公共服务的能力，加强城镇之间以及与辐射范围内的村庄的联系，优化城镇集中发展区内的公共交通体系（图7-8，表7-4）。

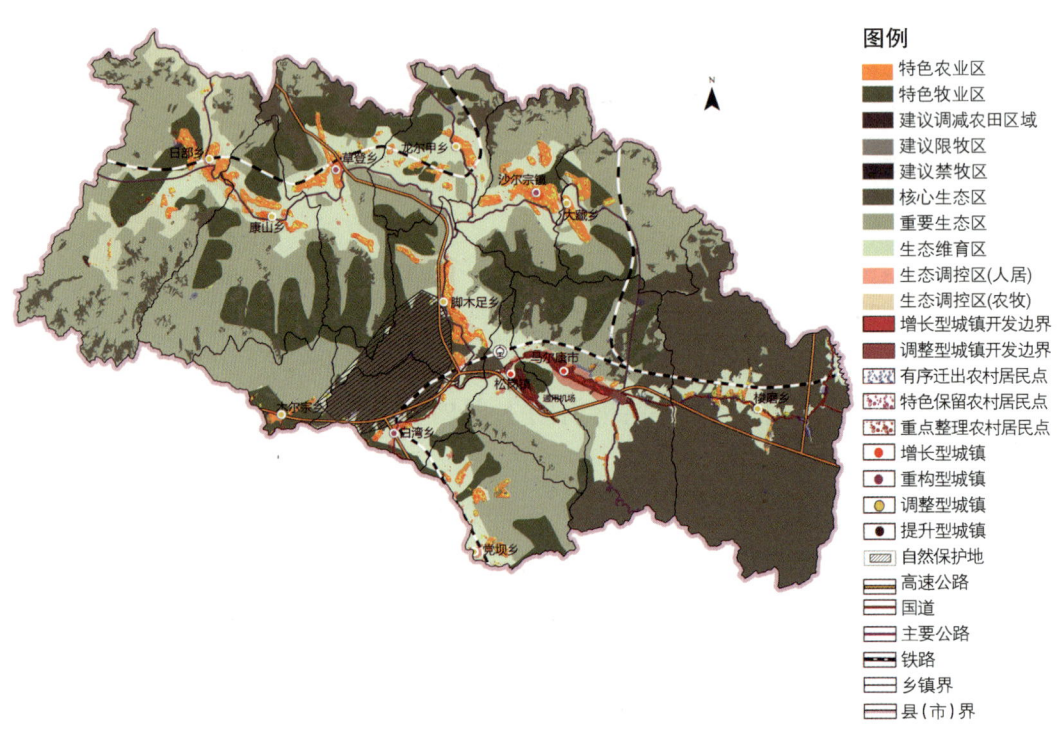

图7-8 马尔康片区规划指引图

表7-4 马尔康及周边片区传导

类别		内容	
		规则	图示
战略引导	区域协同	向东加强与成都平原经济区的功能衔接；大力发展特色文化旅游和改造提升传统服务业，构建面向川西北、甘肃、青海周边地区的商贸集散地	/
	发展策略	交通提升策略，打通高速公路、新建铁路、通用机场等措施，融入成都平原经济区；文化提升策略，挖掘地方民族文化特色，打造特色文化旅游功能区；产业提升策略，大力发展特色农牧业生产及加工、文化旅游、现代物流，适当发展锂硅矿深加工产业	/
底线管控	生态保护红线	/	生态保护红线
	基本农田保护红线	优先在基本农田密集区划定	永久基本农田集中划定区域
	城镇开发边界	城镇开发边界要求	城镇开发边界划示区域（中心城区）
	安全防灾底线	主要包括地震断裂带、地震次生灾害、雨洪灾害等，在城乡开发建设中需按照相关地质灾害管理要求进行灾害评估，制定建设方案和治理方案	灾害风险密集区
空间格局	空间结构 - 城镇体系	地区性中心城市：马尔康（马尔康镇、卓克基镇、松岗镇）	县城、重点镇、一般乡镇
		重点镇：沙尔宗镇、白湾镇；一般乡镇：其余乡镇	划示发展廊道
	空间结构 - 发展廊道	阿坝州中部经济区，依托马尔康作为州府行政中心，沿梭磨河河谷台地发展城镇建设、旅游服务、交通设施等，该区主要发展行政办公、旅游服务、商贸物流等内容	划示县城及市级重点镇的城镇发展区（本层次的城镇开发边界划示区域）
	功能分区 - 城镇发展区	马尔康中心城区：以马尔康镇为中心，串联卓克基、松岗，形成依山傍水的组团式格局	划示生态保护红线区
	功能分区 - 生态保护区	主要包括岷江柏自然保护区和高山雪线以上无人区等生态空间	划示特色农业发展区和一般农业发展区

(续表)

类别		内容	
		规则	图示
空间格局	农业发展区	高半山特色农业区域，以水果种植、蔬菜、中草药等为主，畜牧业为辅。调减高半山区域的低效耕地、低效基本农田；增加高半山特殊农业种植区	划示特色农业发展区和一般农业发展区
系统指引	综合交通	高速、铁路等	划示区域交通廊道控制线；重要站点布点
	历史文化	主要物质文化遗产：卓克基土司官寨、松岗直波碉群、哈休遗址、大藏寺、甲扎尔甲山洞窟壁画	县级及以上文保单位位置（布点），重要古迹遗址保护区范围（划定范围线）
	公共服务设施	重要次区域和旅游服务设施	/
	市政基础设施	/	设施（布点）
	综合防灾	该区域的城镇处于为地质灾害重点防治区域和次重点防治区域。地震设防烈度7度；中心城区梭磨河采用50年一遇防洪标准，市域其他乡镇防洪采用20年一遇的防洪标准	县级及以上防灾指挥中心、重要邻避设施（布点）
	线性廊道	高压输电线路、高压输气管线、国防光缆等，重点标示与生态保护、永久基本农田的冲突	划示线性廊道

7.4.3　城镇旅游功能复合型片区：以汶川—理县—茂县片区为例

该片区以汶川县、理县和茂县为中心，包括威州、绵虒、映秀、漩口、卧龙、水磨、雁门、耿达、南新、叠溪、富顺、米亚罗、薛城、古尔沟、杂谷脑、凤仪、光明等城镇。作为阿坝州发展基础较好且发展条件较优的城镇功能主导型片区，该片区要在高水平生态保护的基础上重点突出城镇和旅游服务功能的培育。其规划要在对大熊猫国家公园、米亚罗自然保护区等各类自然保护地的保护的基础上突出以下三点：第一，要向东加强关于成都平原经济区的功能衔接。第二，协调三县之间的功能与产业，重点发展高半山特色农产品生产及加工和文化旅游产业，强化其作为阿坝州融入成都经济圈重要交通枢纽节点的功能，发展现代物流业。第三，要完善县城和城镇的公共服务、基础设施和旅游服务支撑，优化城镇集中发展区内的公共交通体系（表7-5，图7-9）。

表7-5 汶川—理县—茂县片区传导

类别		内容	
		规则	图示
战略引导	区域协同	向东加强关于成都平原经济区的功能衔接；协调三县之间的功能与产业，重点发展高半山特色农产品生产及加工和文化旅游产业，强化其作为阿坝州融入成都经济圈重要交通枢纽节点的功能，发展现代物流业	/
	发展策略	阿坝州向东融入成都平原城镇区的核心区域，阿坝州工业集中区域，阿坝州与成都经济圈交通枢纽节点，以发展高半山特色农产品生产及加工、发展文化旅游、现代物流为主导产业	/
底线管控	生态保护红线	/	生态保护红线
	基本农田保护红线	优先在基本农密集区划定	永久基本农田集中划定区域
	城镇开发边界	城镇开发边界要求	城镇开发边界划示区域（县城）
	安全防灾底线	主要包括地震断裂带、地震次生灾害、雨洪灾害等，在城乡开发建设中需按照相关地质灾害管理要求进行灾害评估，制定建设方案和治理方案	灾害风险密集区
空间格局	空间结构 城镇体系	区域中心城市：汶川县城、理县县城、茂县县城	
		区域次中心：绵虒、映秀、漩口、卧龙、水磨、雁门、耿达、南新、叠溪、富顺、米亚罗、薛城、古尔沟	县城，重点镇，一般乡镇
	生态廊道	岷江河谷城镇工贸生态功能亚区，以土壤保持功能、生物多样性保持功能、林业发展服务功能为主	划示生态廊道
	发展廊道	阿坝州东南部经济区，依托将建成的茂县交通枢纽，立足工业园区，在该区主要发展特色农产品、旅游纪念品加工业、现代物流产业	划示发展廊道

(续表)

类别			内容	
			规则	图示
空间格局	功能分区	城镇发展区	汶川中心城区：县城中心串联七盘沟、雁门，形成滨江丰富多样的城区	划示县城及市级重点镇的城镇发展区（本层次的城镇开发边界划示区域）
			理县中心城区：以杂谷脑河为中轴线，形成依山傍水的组团式格局	
			茂县中心城区：以土地岭森林公园（大熊猫走廊）为生态绿心，东翼沿岷江以城镇建设为主，西翼沿土门河以工业发展为主	
		生态保护区	主要包括卧龙、宝顶沟、草坡大熊猫、米亚罗自然保护区，叠溪—松坪沟、四姑娘山风景名胜区，土地岭森林公园，大熊猫走廊等生态空间	划示生态红线区、生态控制区与自然保留区
		农业发展区	高半山特色农业区域，以水果种植、蔬菜、中草药等为主，畜牧业为辅。调减高半山区域的低效耕地、低效基本农田；增加高半山特殊农业种植区域	划示特色农业发展区和一般农业发展区
系统指引		综合交通	高速、铁路、旅游轨道等	划示区域交通廊道控制线；重要站点布点
		历史文化	省级历史文化名镇：汶川县水磨镇、理县薛城镇	县级及以上文保单位位置（布点），重要古迹遗址保护区范围（划定范围线）
			历史文化名村：理县桃坪羌寨、汶川县萝卜寨村、茂县黑虎乡小河坝村	
			主要物质文化遗产：甘堡藏寨、黑虎古碉群、布瓦黄土碉群、姜维城新石器时代彩陶文化遗址、营盘山新石器时代文化遗址	
		公共服务设施	重要次区域和旅游服务设施	/
		市政基础设施	500千伏变电站、220千伏变电站	设施（布点）
		综合防灾	该区域的城镇处于为地质灾害重点防治区域和次重点防治区域。地震设防烈度Ⅷ度，防洪标准20年一遇	县级及以上防灾指挥中心、重要邻避设施（布点）
		线性廊道	高压输电线路、高压输气管线、国防光缆等，重点标示与生态保护、永久基本农田的冲突	划示线性廊道

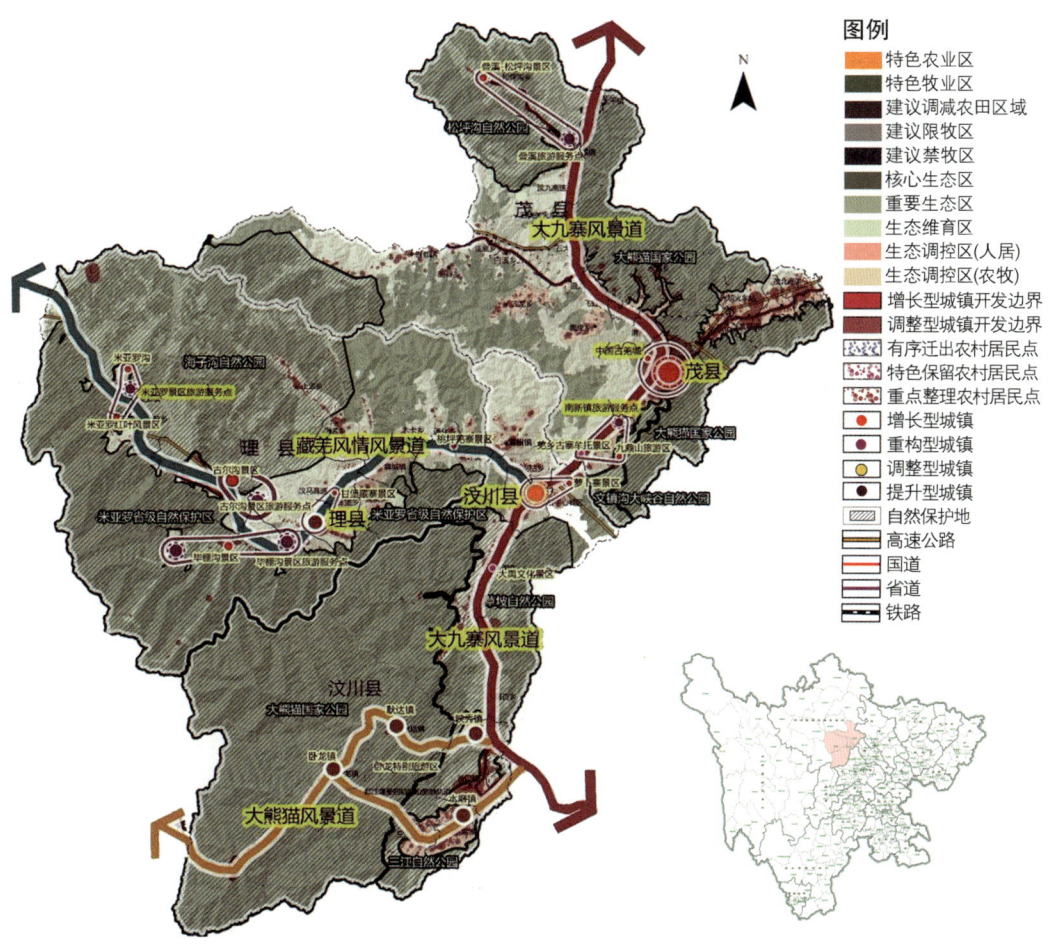

图7-9 汶川—理县—茂县片区规划指引

7.4.4 旅游功能主导型片区：以稻城—亚丁—乡城为例

该片区以稻城和乡城的县城及亚丁国家级自然保护区为中心，包括周边乡镇。作为旅游功能主导型片区，需要重点协调好区内旅游发展和生态保护的关系。该片区的规划策略包括以下内容：加强对亚丁国家级自然保护区等自然保护地及周边生态环境的保护。突出稻城亚丁国际精品旅游度假区核心区的功能，积极承担国家推进川滇藏无障碍旅游区的要求，加强与云南、西藏的区域旅游的统筹发展，共同打造金沙江流域大香格里拉世界生态文化旅游圈；优化提升稻城和乡城县城旅游服务设施建设与旅游服务能力，提升周边乡镇旅游接待能力，完善交通、基础设施和旅游服务设施体系，优化城镇化集中发展区内的公共交通体系，打造环亚丁旅游服务圈（表7-6，图7-10）。

表7-6 稻城—亚丁—乡城片区传导

类别		内容	
		规则	图示
战略引导	区域协同	向南、向北加强关于大香格里拉世界生态文化旅游区的功能衔接；大力发展特色文化旅游和改造提升传统服务业，构建面向川西北、云南周边地区的旅游集散地	/
	发展策略	甘孜州向南衔接大香格里拉世界生态文化旅游区的核心区，结合生态保护红线和稻城亚丁自然保护区、海子山自然保护区，以发展文化旅游、生态旅游为主导产业	/
底线管控	生态保护红线	/	生态保护红线
	基本农田保护红线	优先在基本农田密集区划定	永久基本农田集中划定区域
	城镇开发边界	城镇开发边界要求	城镇开发边界划示区域（县城）
	安全防灾底线	主要包括地震断裂带、地震次生灾害、雨洪灾害等，在城乡开发建设中需按照相关地质灾害管理要求进行灾害评估，制定建设方案和治理方案	灾害风险密集区
空间格局	空间结构 城镇体系	地区性中心城市：稻城县城、乡城县城	县城、重点镇、一般乡镇
		重点镇：香格里拉镇、桑堆镇、热打镇；一般乡镇：其余乡镇	
	空间结构 发展廊道	康巴—香格里文化旅游产业带的南部核心区，向南对接云南，沿山谷台地发展城镇建设、旅游服务、交通设施等	划示发展廊道
	功能分区 城镇发展区	稻城中心城区：沿G227、G549和亚三公路组团发展，形成沿江带状组团、南北舒畅、山水融城的格局；乡城中心城区：沿硕曲河谷呈带状、组团式发展，形成大"山水田园"的组团式格局	划示县城及市级重点镇的城镇发展区（本层次的城镇开发边界划示区域）
	功能分区 生态保护区	主要包括稻城亚丁自然保护区、海子山自然保护区和高山雪线以上无人区等生态空间	划示生态红线区、生态控制区与自然保留区
	功能分区 农业发展区	高半山特色农业区域，以水果种植、蔬菜等为主，畜牧业为辅。调减高半山区域的低效耕地、低效基本农田；增加高半山特殊农业种植区域	划示特色农业发展区和一般农业发展区

（续表）

类别		内容	
		规则	图示
系统指引	综合交通	高速、国道、机场等	划示区域交通廊道控制线；重要站点布点
	历史文化	国家级非物质文化遗产——"阿西土陶"	县级及以上文保单位位置（布点），重要古迹遗址保护区范围（划定范围线）
	公共服务设施	重要区域和旅游服务设施	/
	市政基础设施	/	设施（布点）
	综合防灾	该区域的城镇处于为地质灾害重点防治区域和次重点防治区域，地震设防烈度Ⅷ度，防洪标准20年一遇	县级及以上防灾指挥中心、重要邻避设施（布点）
	线性廊道	高压输电线路、高压输气管线、国防光缆等，重点标示与生态保护、永久基本农田的冲突	划示线性廊道

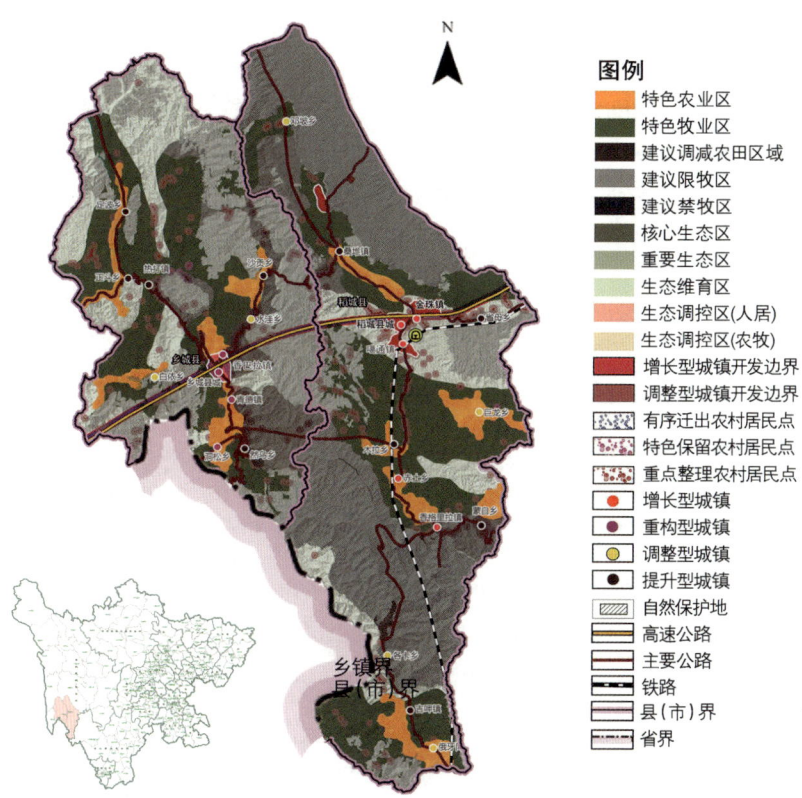

图7-10 稻城—亚丁—乡城片区发展指引

参考文献

[1] 谭纵波,龚子路.任务导向的国土空间规划思考——关于实现生态文明的理论与路径辨析[J].城市规划,2019,43(9):61-68.

[2] 崔功豪,魏清泉,刘功伟.区域分析与区域规划[M].2版.北京:高等教育出版社,2006.

[3] 胡序威.国土规划与区域规划[J].经济地理,1982(1):3-8.

[4] 刘亦师.区域规划思想之形成及其在西方的早期实践与影响[J].城市规划学刊,2021(6):109-117.

[5] 周静,沈迟.荷兰空间规划体系的改革及启示[J].国际城市规划,2017,32(3):113-121.

[6] 张书海,冯长春,刘长青.荷兰空间规划体系及其新动向[J].国际城市规划,2014,29(5):89-94.

[7] 牛赓,翟国方,朱碧瑶.荷兰的空间规划管理体系及其启示[J].现代城市研究,2018(5):39-44.

[8] 张佶,李亚洲,刘冠男,等.寻求强控与发展的平衡——空间规划央地协同治理的国际经验与启示[J].国际城市规划,2021,36(4):82-90.

[9] EVERS D, J DE VRIES. Metropolitan government and governance in the Dutch Randstad: new perspectives and lessons from abroad[C]//AESOP-ACSP Joint congress. Bridging the Divide: Celebrating the City. Chicago, 2008.

[10] 田颖,耿慧志.英国空间规划体系各层级衔接问题探讨——以大伦敦地区规划实践为例[J].国际城市规划,2019,34(2):86-93.

[11] 周姝天,翟国方,施益军.英国空间规划经验及其对我国的启示[J].国际城市规划,2017,32(4):82-89.

[12] 杜坤,田莉.城市战略规划的实施框架与内容:来自大伦敦实施规划的启示[J].国际城市规划,2016,31(4):90-96.

[13] 吴骞.尺度重构下的国外首都特大城市地区空间规划分析[J].国际城市规划,2019,34(2):78-85.

[14] Greater London Authority.The London Plan: the Spatial Development Strategy for London Consolidated with Alterations since 2011[R].London: Greater London Authoriy, 2016.

[15] 刘健.法国国土开发政策框架及其空间规划体系——特点与启发[J].城市规划,2011,35(8):60-65.

[16] 刘健,周宜笑.从土地利用到资源管治,从地方管控到区域协调——法国空间规划体系的发展与演变[J].城乡规划,2018(6):40-47+66.

[17] 严涵,聂梦遥,沈璐.大巴黎区域规划和空间治理研究[J].上海城市规划,2014(6): 65-69.

[18] 庄少勤,赵星烁,李晨源.国土空间规划的维度和温度[J].城市规划,2020,44(1): 9-13+23.

[19] 张险峰,吴邦銮,王健,等.立足省情,因地制宜、特色发展——省级国土空间规划基本原则解读[EB/OL].(2020-03-13).https://mp.weixin.qq.com/s/QalAyLWti7YFmiQJmEEiMg.

[20] 王健,朱沛,刘晋媛,等.省级次区域国土空间规划实践探索与思考[J].城乡规划,2021(Z1): 31-37.

[21] 解永庆,张婷,曾鹏.省级国土空间规划中主体功能区细化方法初探[J].城市规划,2021,45(4): 9-15+23.

[22] 张京祥.国家—区域治理的尺度重构:基于"国家战略区域规划"视角的剖析[J].城市发展研究,2013,20(5): 45-50.

[23] 中共中央.中共中央关于全面深化改革若干重大问题的决定[EB/OL].(2013-11-12).https://www.gov.cn/zhengce/2013-11/15/content_5407874.htm.

[24] 中共中央 国务院.中共中央 国务院印发《生态文明体制改革总体方案》[EB/OL].(2015-09-21).https://www.gov.cn/gongbao/content/2015/content_2941157.htm.

[25] 中共中央.中共中央关于深化党和国家机构改革的决定[EB/OL].(2018-02-28).https://www.gov.cn/zhengce/2018-03/04/content_5270704.htm.

[26] 中共中央 国务院.中共中央 国务院关于建立国土空间规划体系并监督实施的若干意见[EB/OL].(2019-05-23).https://www.gov.cn/zhengce/2019-05/23/content_5394187.htm.

[27] 四川省自然资源厅.关于征求《四川省国土空间规划(2020—2035年)(草案)》社会公众意见的公告[EB/OL].(2021-06-10).https://dnr.sc.gov.cn/scdnr/scyjzj/2021/6/10/e3c8fd7fad3f47079b0b440ffef844b7.shtml.

[28] 许宏斌.不同放牧强度对呼伦贝尔草甸草原群落特征及群落生物量分布的影响[D].呼和浩特:内蒙古大学,2018.

[29] 郑群英,刘刚,肖冰雪,等.放牧对川西北高寒草甸植物物种丰富度和生物量的影响[J].草业科学,2017,34(7): 1390-1396.

[30] 吴飞,张晓蕾,周秦.国土空间规划赋能生态产品价值实现的思考[J].中国土地,2022(1): 35-37.

[31] 自然资源部办公厅关于印发《生态产品价值实现典型案例》(第三批)的通知自然资办函〔2021〕2375号[J].自然资源通讯,2022(1): 44-53.

[32] 张颖,杨桂红.生态价值评价和生态产品价值实现的经济理论、方法探析[J].生态经济,2021,37(12): 152-157.

[33] 张丽佳,周妍.建立健全生态产品价值实现机制的路径探索[J].生态学报,2021,41(19): 7893-7899.

[34] 张彩平,姜紫薇,韩宝龙,等.自然资本价值核算研究综述[J].生态学报,2021,41(23):9174-9185.

[35] 孙志.生态价值的实现路径与机制构建[J].中国科学院院刊,2017,32(1):78-84.

[36] 陈妍.完善生态补偿机制,促进区域协调发展[J].科技中国,2020(12):47-50.

[37] 於方,杨威杉,马国霞,等.生态价值核算的国内外最新进展与展望[J].环境保护,2020,48(14):18-24.

[38] 环境保护部,国家发展改革委.生态保护红线划定指南[Z].2017.

[39] 生态环境部环境规划院,中国科学院生态环境研究中心.陆地生态系统生产总值(GEP)核算技术指南[Z].2020.

[40] 吴之见,杜思敏,黄云,等.基于生态系统生产总值核算的生态保护成效评估——以赣南地区为例[J/OL].生态学报,2022(16):6670-6683.

[41] 王梓辰,孙传谆,王超,等.基于单位面积价值当量因子的生态系统生产总值(GEP)核算研究——以清远市为例[J].环境科学与管理,2022,47(3):148-153.

[42] 张籍,邹梓颖.雅鲁藏布江流域生态产品总值(GEP)核算及其应用研究[J].生态经济,2022,38(10):167-172+227.

[43] 陈敬东,潘燕飞,刘奕玺.生态产品价值实现研究——基于浙江丽水的样本实践与理论创新[J].丽水学院学报,2020,42(1):1-9.

[44] 彭文甫,叶玲,罗艳玫,等.川西北高原藏区农村贫困化分异机制探测[J].中国农业资源与区划,2019,40(6):128-139.

[45] 沈茂英,杨程.川西北藏区生态扶贫特征与持续运行探究——以国家扶贫工作重点县壤塘县为例[J].西藏研究,2018(6):139-145.

[46] 罗敏,彭文甫,杨存建.川西北高原藏区贫困乡村发展战略与创新脱贫政策[J].农村经济与科技,2018,29(15):145-147.

[47] 沈茂英.农业生产经营者构成及其自我发展能力提升探究——以川西北深度贫困藏区为例[J].中国西部,2018(4):70-79.

[48] 陈杰.川西北民族地区畜牧业循环经济发展的路径研究[J].贵州民族研究,2015,36(4):116-119.

[49] 沈茂英.川西北藏区人口城镇化现状与城镇可持续发展研究[J].中共四川省委省级机关党校学报,2014,(1):89-95.

[50] 张素兰,严金明,高成凤,等.基于粮食安全保障的土地整理区域差异与对策研究——以四川省为例[J].资源开发与市场,2009,25(5):432-436.

[51] 王晋峰,周嘉友,郭成满.关于建立合理的川西北草地农业生态经济系统若干问题的探讨[J].西南民族学院学报(自然科学版),1994(1):89-91+95.

后记

川西北地区对我而言是一个既熟悉又陌生的地方。自2008年开始，我先后任职上海同济城市规划设计研究院西南所所长、都江堰分院院长、成都分院院长，期间参与了包括汶川大地震震中映秀镇灾后重建、阿坝州牧民定居点等大量川西北地区的规划建设工作，同时还担任阿坝州规委会成员，对川西北地区的规划建设有比较深入的了解。

这次上海同济城市规划设计研究院有限公司受四川省自然资源厅委托作为牵头单位编制《川西北生态示范区国土空间规划（2021—2035年）》，给了我又一次深入了解川西北地区的机会。从2019年9月开始，我跟随团队多次深入阿坝、甘孜两州踏勘和座谈，走遍了川西北地区31个县（市），川西北这片世人眼中的生态文化胜地也在全体项目组成员面前揭开了神秘的面纱。

这里山河纵列，皑皑雪峰穿云破雾，点点湖泊如梦似幻；广袤的森林草原，多样的气候与地貌，庇护了包括大熊猫与川金丝猴在内的万千生灵；世居于此的同胞，孕育出多元文化，形成了藏羌彝民族走廊与茶马古道。这里又深受地质灾害的侵扰，龙门山断裂带与鲜水河断裂带贯穿这片土地，我们始终铭记"5·12"汶川大地震，我们曾致力于灾后规划与重建，也希冀构建安全韧性综合防灾减灾体系。此外，川西北地区在生态环境保护与修复、脱贫攻坚与乡村振兴等方面，依然任重道远，我们希望对生态、农牧、城镇化等课题进行深入思考与探索，从而获得解题的钥匙。由此，项目组整合了同济大学、四川省国土科学技术研究院、四川大学、四川省社会科学院、四川省农业科学院和成都理工大学等研究团队，重点开展了10项专题研究作为技术支撑。至2023年3月，经过多次专家咨询论证和修改完善，规划形成了初步成果，面向公众征求意见。而这四年来的工作成果，也最终凝聚成了这本书。

在此，由衷感谢夏南凯教授、侯丽教授、干靓副教授、倪春教授等专家学者对本书提出的宝贵意见。特别感谢陈涛总规划师对项目组在研究过程中的探索一直给予宽容和支持，感谢四川省自然资源厅对本书出版的肯定，感谢同济大学出版社对本书出版的支持。

最后，向所有参与了本书创作过程的伙伴们致敬与致谢，请原谅我无法全部列出你们的姓名，但我们一同付出的努力成果将永远融入川西北高原的蓝天里。

肖达

2023年10月12日